21世纪普通高等院校系列教材

旅游开发与规划原理及案例

Lüyou Kaifa Yu Guihua Yuanli Ji Anli

主　编　李东

西南财经大学出版社

中国·成都

图书在版编目(CIP)数据

旅游开发与规划原理及案例/李东主编.—成都:西南财经大学出版社,
2020.8

ISBN 978-7-5504-4410-2

Ⅰ.①旅…　Ⅱ.①李…　Ⅲ.①旅游资源开发②旅游规划　Ⅳ.①F590.31
②F590.1

中国版本图书馆 CIP 数据核字(2020)第 087326 号

旅游开发与规划原理及案例

主编　李东

策划编辑:李邓超
责任编辑:杨婧颖
封面设计:杨红鹰　张姗姗
责任印制:朱曼丽

出版发行	西南财经大学出版社(四川省成都市光华村街55号)
网　址	http://www.bookcj.com
电子邮件	bookcj@foxmail.com
邮政编码	610074
电　话	028-87353785
照　排	四川胜翔数码印务设计有限公司
印　刷	郫县犀浦印刷厂
成品尺寸	185mm×260mm
印　张	15.5
字　数	369 千字
版　次	2020 年 9 月第 1 版
印　次	2020 年 9 月第 1 次印刷
印　数	1— 1000 册
书　号	ISBN 978-7-5504-4410-2
定　价	39.80 元

21世纪普通高等院校系列教材
编 委 会

►► 总序

为推进中国高等教育事业可持续发展，经国务院批准，教育部、财政部启动实施了"高等学校本科教学质量与教学改革工程"（下面简称"本科质量工程"），《国家中长期教育改革和发展规划纲要（2010—2020年）》也强调全面实施"高等学校本科教学质量与教学改革工程"的重要性。这是落实"把高等教育的工作重点放在提高质量上"的战略部署，是在新时期实施的一项意义重大的本科教学改革举措。"本科质量工程"以提高高等学校本科教学质量为目标，以推进改革和实现优质资源共享为手段，按照"分类指导、鼓励特色、重在改革"的原则，对推进课程建设、优化专业结构、改革培养模式、提高培养质量发挥了重要的作用。为满足本科层次经济类、管理类教学改革与发展的需求，培养具有国际视野、批判精神、创新意识和精湛业务能力的高素质应用型和复合型人才，迫切需要普通本科院校经管类学院开展深度合作，加强信息交流。在此背景下，我们协调和组织部分高等院校特别是四川的高校，通过定期召开普通本科院校经济管理学院院长联席会议，就学术前沿、教育教学改革、人才培养、学科建设、师资建设和社会科学研究等方面的问题进行广泛交流、研讨和合作。

为了切实推进"本科质量工程"，2008年的第一次联席会议将"精品课程、教材建设与资源共享"作为讨论、落实的重点。与会人员对普通本科的教材内容建设问题进行了深入探讨并认为，在高等教育进入大众化教育的新时期，各普通高校使用的教材与其分类人才培养模式脱节，除少数"985"高校定位于培养拔尖创新型和学术型人才外，大多数高校定位于培养复合型和应用型经管人才，而现有的经管类教材存在理论性较深、实践性不强、针对性不够等问题，需要编写一套满足复合型和应用型人才培养要求的高质量的普通本科教材，以促进人才培养和课程体系的合理构建，推动教学内容和教学方法的改革创新，形成指向明确、定位清晰和特色鲜明的课程体系，奋力推进经济管理类高等教育质量的稳步提高。与会人员一致认为，共同打造符合高教改革潮流、深刻把握普通本科教育内涵特征、满足教学需求的系列教材，非常必要。鉴于此，本编委会与西南财经大学出版社合作，组织了30余所普通本科院校的经济学类、管理学类的学院教师共同编写本系列教材。

本系列教材编写的指导思想是：在适度的基础知识与理论体系覆盖下，针对普通本科院校学生的特点，夯实基础，强化实训。编写时，一是注重教材的科学性和前沿性，二是注重教材的基础性，三是注重教材的实践性，力争使本系列教材做到"教师易教、学生乐学、方便实用"。

本系列教材以立体化、系列化和精品化为特色。一是除纸质教材外，还配备课件、视频、案例、习题等数字化教学资源；二是力争做到"基础课横向广覆盖，专业课纵向成系统"；三是力争把每种教材都打造成精品，让多数教材能成为省级精品课教材、部分教材成为国家级精品课教材。

为了编好本系列教材，我们在西南财经大学出版社的协调下，经过多次磋商和讨论，成立了首届编委会。首届编委会主任委员由西华大学管理学院院长章道云教授担任。2017年，由于相关学院院长职务变动，编委会的构成也做了相应调整。调整后的编委会由西南财经大学副校长张邦富教授任名誉主任，蒋远胜教授任主任，李成文教授、张华教授、周佩教授、赵鹏程教授、董洪清教授、傅江景教授任副主任，20余所院校经济管理及相关学院院长或教授任编委会委员。

在编委会的组织、协调下，该系列教材由各院校具有丰富教学经验并有教授或副教授职称的教师担任主编，由各书主编拟订大纲，经编委会审核后再编写。同时，每一种教材均吸收多所院校的教师参加编写，以集众家之长。自2008年启动以来，经过近十年的打造，该系列现已出版公共基础、工商管理、财务与会计、旅游管理、电子商务、国际商务、专业实训、金融经济、综合类九大系列近百种教材。该系列教材出版后，社会反响好，师生认可度高。截至2017年年底，已有30多种图书获评四川省"十二五"规划教材，多个品种成为省级精品课程教材，教材在西南地区甚至全国普通高校的影响力也在不断增强。

当前，中国特色社会主义进入了新时代，我们要建设教育强国，习近平总书记在党的十九大报告中对高等教育提出明确要求，加快一流大学和一流学科（简称"双一流"）建设，实现高等教育内涵式发展。"双一流"建设的核心是提升学校自身的办学水平，关键是提高人才培养质量和学科建设水平，同时办学声誉得到国际社会的认可。为此，高等学校要更新教育思想观念，遵循教育教学规律，坚持内涵式发展，进一步深化本科人才培养模式改革。而教材是体现高校教学内容和方法的知识载体，是高等院校教学中最基本的工具，也是高校人才培养的基础，因此，高校必须加强教材建设。

为适应"双一流"建设的需要，全面提升高校人才培养质量，构建学术型人才和应用型人才分类、通识教育和专业教育结合的培养制度，满足普通本科院校教师和学生需求，需要对已出版的教材进行升级换代。一是结合教学需要对现有教材进行精心打造。具体而言，贯穿厚基础、重双创的理念，突出创新性、应用性、操作性的特色，反映新知识、新技术和新成果的学科前沿；利用数字技术平台，加快数字化教材建设，打造立体化的优质教学资源库，嵌入可供学生自主学习和个性化学习的网络资源模块。二是根据学科发展的需要，不断补充新的教材，特别是规划旅游类、实训类、应用型教材。

我们希望，通过编委会、主编和编写人员及使用教材的师生的共同努力，将此系列教材打造成适应新时期普通本科院校需要的高质量教材。在此，我们对各经济管理学院领导的大力支持、各位作者的智力成果以及西南财经大学出版社员工的辛勤劳动表示衷心的感谢！

21 世纪普通高等院校系列教材编委会

2018 年 5 月

►► 前言

改革开放 40 多年来，中国旅游业取得了举世瞩目的成就。中国旅游市场从世界旅游市场中的无名一族，成为世界最大的国内旅游市场、世界第一大国际旅游消费地及世界第四大旅游目的地。如今旅游业在我国的定位和地位也发生了巨大变化，已经成为国民经济战略性支柱产业。旅游业已进入全域旅游时代，"旅游+"为经济社会发展提供新动能、新活力。旅游已经从"旧时王谢堂前燕"变为如今的"飞入寻常百姓家"，成为人们日常休闲活动的重要组成部分，成为人们追求美好生活、提升幸福指数的重要途径。旅游需求日益个性化、多样化。现阶段我国经济由高速增长阶段转向高质量增长阶段，这在客观上要求中国旅游业把握新时代旅游发展的新趋势、新方向与新使命，树立新思维，坚持以供给侧结构性改革为主线，将其作为解决供需矛盾的主要方面来抓，从而推动旅游业由高速增长转向高质量发展，推进旅游产业结构调整转型升级，使中国旅游业迈向优质旅游发展时代，满足最终消费需求。因此，有必要在科学理论的指导下，准确把握旅游业的发展趋势、发展规律，以目标、发展、问题、需求为导向，树立"以人民为中心""绿水青山就是金山银山"的理念，与时俱进、解放思想，科学规划和开发旅游资源，以实现旅游业高质量发展和可持续发展。

同时，人才是旅游业发展的保障。旅游规划与开发是一项技术性、知识性、创新性很强的综合活动。高等教育必须主动适应国家战略发展新需求和世界高等教育发展新趋势，牢牢抓住全面提高人才培养能力这个核心点，主动对接经济社会发展需求，优化专业结构，完善课程体系，更新教学内容，改进教学方法，切实提高高校人才培养的目标达成度、社会适应度，培养适应全域旅游发展背景下的旅游规划与开发方面的应用型人才。

基于上述原因，本书在总结近年来从事旅游规划与开发的科学研究、教育教学，特别是实践教学工作的认识和体会，吸收国内相关旅游规划与开发教材及著作精华的基础上，搜集和吸收国内外旅游规划与开发的研究成果、规划成果、实践案例，以及我国关于旅游业的方针政策和国内外旅游业发展趋势、旅游规划与开发最新理念、我国关于旅游业的政策接轨，构建理论和实践相结合的旅游规划与开发体系，特别是通过近年来各地旅游规划与开发的大量成功和失败的典型案例、研究成果，理论结合实践、实践支撑理论，提高旅游规划与开发的操作性、实践性，为我国旅游规划与开发实践提供指导，为旅游规划与开发方面的应用型人才培养提供指导，帮助他们掌握旅游规划与开发的体系，认识旅游规划与开发的基本概念、发展趋势、目的及意义，掌握旅游规划与开发的基本规范、基本流程、基本内容、基本方法，从而服务于我国旅游规划与开发的实践。

本书共分为十章：第一章主要回顾国内外旅游规划与开发的历史；第二章主要阐释旅游规划与开发的概念体系；第三章主要阐释旅游规划的内容和编制步骤；第四章主要介绍旅游规划与开发的理论基础，包括区位理论、空间结构理论、可持续发展理论、旅游人类学理论、旅游地生命周期理论、旅游系统理论；第五章主要介绍旅游资源的内涵与特征，旅游资源调查、分类和评价的方法；第六章主要介绍旅游市场调查的内容、方法，旅游市场分析与预测的方法，以及旅游市场细分的意义、方法和目标市场定位；第七章主要阐释旅游地旅游形象的内涵，旅游地塑造旅游形象的目的，以及旅游形象的形成过程、定位方法和旅游形象的传播；第八章主要介绍旅游产品的定义、分类和构成，旅游线路的定义、分类，以及旅游线路设计的原则和程序；第九章主要阐释旅游地功能分区的定义、目的、基本原则，介绍国内外主要的旅游地功能分区模式；第十章主要阐释旅游规划与开发环境影响评估的内容、意义、原则、程序，以及旅游规划与开发环境影响识别，实现旅游规划与开发的经济效益、社会效益和生态效益最大化。

在编写本书的过程中，编者得到了西南财经大学出版社的大力支持与帮助，在此表示衷心感谢！

本书是适应我国旅游业高质量发展需要，推动旅游教学方法改革，培养应用型旅游规划与开发人才的成果。由于编者的水平有限，书中难免存在不足之处，恳请广大专家、读者批评指正。编者将在今后的教学、实践中进一步搜集资料、案例、数据，使本书日臻完善。

编者

2020 年 4 月

►► 目录

176/ 第八章 旅游产品规划与开发

191/ 第九章 旅游地功能分区

第一章

旅游规划与开发的历史回顾

旅游规划与开发是旅游业发展的产物。伴随旅游需求的不断增长和旅游业的快速发展，经济、社会和环境的平衡关系被打破，人们对旅游规划和开发的需求也日益强烈。这就需要我们认识和把握世界旅游规划与开发的发展历史、发展趋势，运用历史唯物主义的方法，将历史、现实和未来有机融合，帮助读者认识和把握世界旅游规划与开发的产生背景、发展过程、阶段特征，以及未来趋势和发展方向。

第一节　国外旅游规划与开发的历史回顾

纵观世界旅游活动的产生和发展，旅游活动的出现需要一些客观条件：一是旅游者可支配的收入；二是闲暇时间；三是诸如旅游者的身体健康，以及旅游目的地的交通、环境、设施等因素。自工业革命以来，尤其第二次世界大战之后，和平和发展成为世界的主要潮流，西方国家大都致力于经济的恢复和发展，使得人类社会生产力和生产效率得到巨大进步，生产力和生产关系发生重大变化，加上带薪假日制度的实行，增加了人们的可自由支配的收入和闲暇时间，使得人们旅游的条件逐渐成熟。交通条件的改善和发展，缩短了人类出行的时间耗费。这些都对西方国家旅游业的迅速发展和普及起到了巨大的推动作用。旅游业的发展对旅游规划与开发提出了要求并促进其快速发展。国外旅游规划与开发的研究和实践工作起步较早，主要是由于国外的旅游业发展较早。

一、旅游规划与开发的初始阶段（20 世纪 30 年代至 50 年代末）

旅游规划最早起源于 20 世纪 30 年代中期的英国、法国、爱尔兰等国。那时的旅游规划实际上只是为一些旅游项目或旅游接待设施做一些基础性的市场评估和场地设计，例如，为旅游饭店或宾馆进行选址等，算不上真正意义上的旅游规划。

1950 年，世界经济开始复苏，作为世界经济一部分的旅游业也开始起步。世界旅游组织资料显示，这一年，国际旅游者达 2 500 万人次，国际旅游收入达 21 亿美元。

从此，世界旅游业的发展就与世界经济的发展休戚相关了。当旅游业让政府意识到其既能带来可观的经济效益，又会带来积极影响时，一些国家、地区在进行规划时就开始将其纳入国家和地区的发展规划中。

1959 年，美国夏威夷州制定了州发展总体规划（*State Plan of Hawaii*），该规划被视为西方国家旅游规划与开发的先驱。在夏威夷州的州发展总体规划中，旅游规划第一次成为区域规划中的一个重要的组成部分。在州发展总体规划的影响下，同年，夏威夷州的卡纳帕里海滩度假村开始兴建，它至今仍是旅游者的度假天堂。夏威夷州的这次旅游规划工作的形式已经比较规范，从旅游规划成果的具体形式到基本体系已经接近现代的旅游规划。因此，其一致被公认为是现代旅游规划的起始标志。旅游规划，第一次成为区域规划的一个重要组成部分。

二、旅游规划与开发的推广阶段（20 世纪 60 年代至 70 年代初）

从 20 世纪 60 年代开始，国际旅游业平均以每年 10% 左右的速度迅速发展。法国、英国相继出现了正式的旅游规划。1963 年，在罗马举行的联合国国际旅行与旅游业的大会强调了旅游规划的重大意义。随后，马来西亚、斐济、波利尼亚、加拿大等国相继掀起了制定旅游规划的热潮。如法国的郎济道海岸、印度尼西亚的巴厘岛、澳洲中部都相继制定了地区旅游发展规划。在 60 年代中期到 70 年代初期的几年里，世界旅游业发展迅速，旅游开发的需求也逐步加大。与此相应的旅游规划也在欧洲得到了进一步的发展，并逐步发展到了北美洲的加拿大，然后进一步向亚洲和非洲的一些国家扩展。

这一阶段，旅游规划着眼于旅游资源的开发、利用和新旅游区的开发，以及对旧旅游区的改造。学术界在这一时期也针对旅游规划的问题进行了讨论并形成了许多研究成果。如沃尔夫于 1960 年发表了《安大略旅游地》、斯坦菲尔德发表了《美国海滨避暑胜地》等论文，这些论文都从不同角度探讨了旅游资源的开发问题，同时也从另一个方面体现了当时的旅游规划研究的焦点主要集中于旅游资源的开发。经过研究，他们认为旅游区应该是具有一定的经济结构和形态的旅游资源的相互组合，而旅游业在该地域内的经济结构应占有重要地位。

三、旅游规划与开发观念转变阶段（20 世纪 70 年代至 80 年代）

1970—1980 年，世界旅游业在这十年间的年均增长率高达 19%，旅游收入翻了两番半，十年净增 844 亿美元。旅游业成为许多新兴国家的发展亮点和支柱产业，世界旅游业跃上了一个新台阶。旅游业的继续发展使旅游规划研究得到进一步加强，旅游需要规划的观念开始真正为许多国家和国际组织所认同和重视。如世界旅游组织、世界银行等国际组织都积极推动旅游规划的发展，并参与了菲律宾、斯里兰卡、肯尼亚等国家的旅游规划编制工作。

在这一阶段，对旅游规划进行系统性总结的各种著作开始出现。1972 年甘恩（Gunn）出版了第一本关于观光旅游的专著《假日风景：观光地区设计》，确定了通过规划和设计改善旅游业环境的程序和方法。1979 年，他还出版了早期旅游规划思想体系的总结著作《旅游规划》（*Tourism Planning*）。

1977 年，世界旅游组织（World Tourism Organization，UNWTO）首次对各国的旅游开发规划进行了调查。调查表明，43 个成员国中有 37 个国家有了国家级的旅游总体规划。随后，世界旅游组织出版了两个旅游开发文件即《综合规划》（Integrated Planning）和《旅游开发规划明细录》（Inventory of Tourism Development Plans）。《综合规划》是为发展中国家提供技术指导的一本手册，《旅游开发规划明细录》则汇集了对 118 个国家和地区实施旅游管理机构和旅游规划的成果。1979 年，世界旅游组织更是实施了全球范围内的旅游规划调查，共有调查案例 1 619 个，并形成了第一份全球在旅游开发方面的经验报告。该报告指出，只有 55.5% 的规划和方案被实施，规划的制定和实施之间存在脱节；制定旅游规划使用的各种方法之间差别很大；规划对成本收益方面考虑较多，而对社会因素涉及较少；地区级规划要比区域级、国家级、世界级的规划更有效和普遍。这些由世界旅游组织出版的对当时世界旅游规划发展的经验性总结的文件，对日后旅游规划的发展起到了重要的推动和指导作用。

四、旅游规划与开发快速发展阶段（20 世纪 80 年代至 90 年代）

20 世纪 80 年代以来，世界旅游业在激烈动荡的世界经济中产生了越来越强的应变能力，逐步走向成熟。世界旅游收入总量在 1990 年比 1980 年翻了一番多，净增 1 276 亿美元。旅游业发展速度之快，旅游业消费数额之大，旅游业带动其他行业发展之广泛，旅游业前景之光明，使得很多国家，尤其是发展中国家和地区，都采取了积极支持和大力发展旅游业的政策。

这一阶段，旅游规划普及到了许多欠发达国家和地区，同时在发达国家进一步深化和普及，出现了对旅游规划的修编。如夏威夷州于 1980 年对 1959 年的规划做了修编等。旅游政策学、旅游生态环境学被引入了旅游规划中。

这一阶段是旅游规划研究的大发展时期，大量的研究使规划理论思想和方法得到进一步充实，研究方面也日趋多样化。甘恩（Gunn）在 1988 年出版了《旅游规划》第二版，墨菲（Murphy）在 1985 年出版了《旅游：社区方法》，盖茨（Getz）在 1986 年发表了"理论与实践相结合的旅游规划模型"，道格拉斯·皮尔斯（Douglas Pearce）在 1989 年出版了《旅游开发》（Tourism Development）。他们在论著里深入地揭示了旅游规划的内涵。此时，学术界已基本上达成共识，即他们认为旅游规划是一门综合性极强的交叉学科，任何其他学科的规划，包括城市规划和建筑规划都不能替代它。

这一时期学者们提出了一系列指导旅游规划的理论，其中包括著名的门槛理论和旅游地生命周期理论。在规划方法方面，墨菲（Murphy）的社区方法和投入产出分析方法也被应用到规划之中。定量技术研究得到迅速发展。

西方的主要旅游期刊如《旅游研究记事》（Annals of Tourism Research）、《旅游研究杂志》（Journal of Tourism Studies）、《旅行研究杂志》（Journal of Travel Research）、《旅游管理》（Tourism Management）、《旅游娱乐》（Tourism Recreation）、《休闲科学》（Leisure Science）、《旅游评论》（Tourist Review）和《可持续旅游杂志》（Journal of Sustainable Tourism）等都发表了大量的有关旅游规划与开发方面的研究论文。另外，世界旅游组织出版了旅游规划方面的多项著作，如《国家和区域旅游总体规划的建立与实施方法》等，显示出了世界旅游组织对规划指导性和操作性的重视。20 世纪 80 年代末，学界开始重视对休闲、娱乐和度假规划的研究。其中《度假景观：旅游区设计》是比较成熟的度假地设计指导手册。

五、旅游规划与开发深入发展阶段（20 世纪 90 年代至今）

20 世纪 90 年代初，旅游业发展成为超过石油工业、汽车工业的一大产业。世界旅游业收入的增速明显高于同期世界经济年均增速。这一时期，旅游业增长高速、持续、稳定，没有哪一个行业可与之相提并论。旅游业成为世界经济中持续高速稳定增长的重要战略性、支柱性、综合性产业。20 世纪 90 年代以来的旅游规划与开发研究的内容日益系统化，规划所使用的理论和方法也逐渐完善。

旅游规划与开发经过 60 多年的发展后，其理论研究和实践的经验已经比较丰富了，可是旅游规划标准程序框架的建立则一直到 20 世纪 90 年代初才完成。为此做出杰出贡献的是美国著名旅游规划学家爱德华·因斯凯普（Edward Inskeep），其著作《旅游规划：一种集成的和可持续的方法》和《国家和地区旅游规划》，是针对旅游规划师操作的理论和技术指导著作。同期，世界旅游组织也出版了《可持续旅游开发：地方规划师指南》及《旅游度假区的综合模式》等。这些著作的问世使旅游规划的内容、方法和程序日渐成熟。

这一时期，旅游业及相关学者们不仅关注和研究旅游规划操作本身，还对规划实施监控和管理给予了很多的关注。

与此同时，可持续发展理念被引入旅游业。1990 年，加拿大的旅游国际大会通过了《旅游业可持续发展行动纲领》，提出了"旅游业可持续发展"概念。旅游规划界对旅游资源开发与保护的关系开始加以关注，力求在旅游规划与开发过程中体现可持续发展的思想。澳大利亚学者罗斯克·道林（Rorsk Dowling），提出从环境适应性来探讨旅游发展规划，从而把环境规划和旅游规划融为一体，体现其可持续发展的思想。1995 年 4 月 27—28 日，在西班牙加那利群岛兰沙罗特岛，联合国教科文组织、环境计划署和世界旅游组织共同召开了由 75 个国家和地区共计 600 余名代表出席的"可持续旅游发展世界会议"，会议通过了《可持续旅游发展宪章》和《可持续旅游发展行动计划》，确立了可持续发展的思想、方法在旅游资源保护、开发和规划中的地位，并明确规定了在旅游规划中要执行的行动。

市场的重要性也引起了旅游规划编制者的注意，旅游规划开始注重旅游市场的营销规划。例如，亚太旅游协会（PATA）高级副总裁罗杰·格里芬（Roger Griffin）就在辩证理解旅游规划与市场营销关系的基础上提出了"创造市场营销与旅游规划的统一"的观点。

道格拉斯·皮尔斯（Douglas Pearce）于 1995 在《旅游新的变化：人、地、过程》中提出了一个"动态、多尺度、集成的旅游规划方法"。这是对以前综合和动态方法的总结和提高，应该说是提出了一个规划体系结构。

第二节　中国旅游规划与开发的历史回顾

我国的旅游规划的实践和研究是与我国旅游业的发展同步的。

一、资源基础规划阶段（1978—1991 年）

1978 年改革开放使我国一切工作的重心回到经济建设上来，旅游业的创汇作用受到国家的重视。邓小平同志在视察黄山时明确指示，要把旅游当作产业来办。发展黄山旅游业，"省里要有个规划"。1979 年 9 月，正值改革开放初期，国务院在北戴河召开全国旅游工作会议，原中国旅行游览事业管理总局在此次会议上讨论了《关于 1980 年至 1985 年旅游事业发展规划（草案）》。该规划尽管只是关于国际旅游人数与旅游创汇等几个经济指标的规划，却是我国最早的旅游规划，在我国旅游规划发展史上具有里程碑式的意义。此后，国家级旅游发展规划对应国民经济发展五年计划（见应用案例 1-1），系统的旅游经济产业思想与旅游发展规划先行的理念开始形成。1979 年春，原国家建委在杭州召开风景区工作座谈会，研究了重点风景区的保护和规划工作，会后一些重点风景区如峨眉山、庐山、泰山、黄山、千山等开始了资源调查和总体规划编制工作。1982 年，我国第一个国家森林公园——"张家界国家森林公园"的建成标志着我国森林公园建设开始起步。我国森林公园经审批后必须编制规划，所以森林公园的迅速发展，推动了森林公园景区规划的发展。林业部门也开始对其辖区的森林旅游资源进行了森林公园的规划和开发。这些早期编制的规划，不是由专业的旅游规划专家编制的，而是由城市规划及建筑设计规划者编制的。

应用案例 1-1

国务院关于印发"十三五"旅游业发展规划的通知

国发〔2016〕70 号

各省、自治区、直辖市人民政府，国务院各部委、各直属机构：

现将《"十三五"旅游业发展规划》印发给你们，请认真贯彻执行。

国务院

2016 年 12 月 7 日

我国旅游规划的规范化管理从 20 世纪 80 年代中期开始起步。1982 年中国旅行游览事业管理总局更名为国家旅游局，中国国家旅游局成立。1984 年，原国家旅游局《关于开创旅游工作新局面几个问题的报告》提出"在旅游风景区开发上，要统一规划，突出重点，分批建设"的方针政策。此后，《风景名胜区管理暂行条例》（1985）、《中国旅游资源普查规范》（1989）、《旅馆建筑设计规范》（1990）相继颁布。

我国旅游规划是在人才极度匮乏的背景下起步的。1979 年年底，以中国科学院地理科学与资源研究所组建旅游地理学科组为标志，中国开始了旅游地理学的系统科学研究。旅游地理学是中国地理学、旅游学衔接研究国际学术界最为突出的学科，中国旅游地理学者成为中国旅游研究的中坚力量，并开始涉足旅游规划研究。此后，在中国的旅游规划与开发的发展中，涌现出了一批专门从事旅游规划与开发的科研机构和专家学者，他们凭借在旅游地理学学科上的优势，将地理学科的区域性、综合性和实践性与旅游规划与开发结合起来，并积极参与国内旅游规划与开发的实践。由于地理学者在早期对旅游规划的直接参与，使得我国旅游规划早期带有明显的地理学色彩，绝大多数对规划的研究起源于对旅游资源的分析。20 世纪 80 年代初，有关旅游资源评价和开发思想逐步形成，为其后的旅游资源开发规划奠定了基础。1982 年，由北京旅游学会主持召开的慕田峪长城开发规划研讨会是国内首次涉及景区开发规划的专家会议。1983 年，郭来喜在全国保护长城的工作会议上提出了"保护长城，研究长城"的口号，首次倡导国内外集资修复长城的代表区段，发展旅游业。1985 年，郭来喜主持完成我国第一个旅游规划课题——"华北海滨风景区昌黎段开发研究"，其是一个成功的旅游地开发范例，使得一片荒凉的沙碱地成了新兴的旅游热点，取得了可喜的经济、社会和生态效益。这项课题的完成是旅游规划资源基础论的重要成果。1985 年年底，国务院决定把旅游业纳入我国国民经济和社会发展计划，确定了旅游业在国民经济中的产业地位。1986 年 1 月 21 日至 28 日，原国家旅游局在北京召开全国旅游工作会议，更加明确了旅游业在国民经济体系中的地位，为国家和地方此后编制旅游发展规划奠定了政策基础。从此中国的旅游业进入了一个加速发展的阶段。旅游业的快速发展对旅游规划与开发提出了更高的要求。

这一阶段，地方旅游规划以郭来喜、陈传康、卢云亭为代表的地理学派和以丁文魁为代表的风景学派为主流。1982 年，中科院地理所旅游地理组将前期研究成果汇编出版《旅游地理文集》。其中，郭来喜的《旅游规划问题初探》《中国旅游业发展的十个问题及其解决途径》是我国对旅游规划理论基础研究的最早成果。

资源基础旅游规划是以旅游资源评价开发为核心、区域旅游布局为导向的旅游规划框架体系。全国积极应用遥感等新技术开展资源普查，建立国家旅游资源信息系统，并且对旅游资源和旅游地进行评价。1992 年，原国家旅游局完成《中国旅游资源普查规范（试行稿）》。理论创新上，出现了包括黄辉实的"美、古、名、特、奇、用"，卢云亭的"三大价值""三大效益"与"六大条件"，保继刚的定量评价模型树，楚义芳的观赏型旅游地评价的模型系统。区域旅游规划空间布局方法以中心地理论为核心，区域旅游总体规划程序、旅游业空间布局实践等也取得了长足进步。这个时期旅游资源的基本概念体系和分类系统初步建立，旅游资源定性评价和定量评价的方法体系开始形成，旅游规划的内容体系和基本规范初步建立，我国旅游规划研究的基本框架已经形成。

二、市场导向规划阶段（1992—2002 年）

随着我国社会主义市场经济的确立，我国旅游业从 20 世纪 90 年代初开始引导和促进旅游产品结构的战略调整，其标志就是应原国家旅游局等部门建议，国务院批准试办国家级旅游度假区。1992 年，首批 11 个国家级旅游度假区项目开启了我国旅游产业向市场经济转型的先河。与此相应地，旅游资源的规划也进入了以市场需求为导向的产业化规划阶段。旅游规划与开发的内容开始注重对旅游客源市场的分析，并开始将旅游业作为一个产业部门，对旅游业及与其相关的各个经济部门加以系统化的规划，旅游规划的数量开始逐渐增多。"市场"成为20世纪90年代我国旅游规划研究的主旋律。

1992年，原国家旅游局联合其他部委在国务院的领导下，首次以国家名义举办市场促销活动"国家旅游年"。政府在旅游规划中的作用越来越大，原国家旅游局先后完成《旅游规划工作纲要》（1997）、《旅游业可持续发展——地方旅游规划指南》（1997）、《旅游发展规划管理暂行办法》（1999）、《旅游发展规划管理办法》（2000）、《旅游规划设计单位资质认定暂行办法》（2000）等。这一系列文件的出台表明我国旅游规划市场开始走向成熟。

1992年，孙大明、范家驹等完成了"海南省旅游发展规划大纲"，这是我国第一部省级区域旅游规划成果，规划文本系统、精要，具有划时代意义。1997年，郭来喜等编制完成了《北海市旅游业发展与布局总体规划（1997—2020）》，该规划采用当时诸多的先进技术，旅游资源普查全面，市场调查详细，是当时最系统的规划成果，为后来业界编制地方旅游发展规划提供了完整的参考样本。2001年，《旅游学刊》主办"2001中国旅游规划高峰研讨会"，该研讨会是当时规模最大的一次旅游规划研讨会。

1998年，旅游业被确立为国民经济新的增长点。1999年，国民休假制度改革，"黄金周"概念诞生，对我国旅游业发展产生了巨大推动作用，多个省（自治区、直辖市）相继将旅游业列为支柱产业、先导产业，并对其发展给予前所未有的政策性扶持。旅游业的快速发展引发了对旅游业发展进行规划的需求。于是全国出现了各地争相编制旅游发展规划的热潮，旅游规划的水平也日渐提高。同时，我国的旅游规划开始注意与国际接轨，1997—2003年，世界旅游组织通过原国家旅游局，采取直接委托或国际招标等方式，组织国际专家，先后帮助四川、山东、云南、海南、安徽、贵州、黑龙江七省人民政府编制全省旅游发展规划，开创了世界旅游组织与中国政府合作的新领域，带动了我国旅游规划走向国际化。世界旅游组织规划的特点是以可持续发展为指导，以资源为基础，以市场为导向，以国际需求为目标，在推动地方旅游资源开发和旅游产业可持续发展方面发挥了重要作用，并进一步带动了中国旅游规划工作迈向市场化、现代化、国际化，推动了我国旅游规划的创新研究，促进了我国旅游规划队伍建设和规划编制水平的提高。

市场导向旅游规划阶段以旅游市场需求为出发点，以1991年提出的"吃、住、行、游、购、娱"六要素为核心，市场以及客源分析在旅游规划中的作用受到重视。在市场导向基础上，我国"九五"以及"十五"旅游规划分别提出"塑造地区旅游形象"以及"旅游产品体系建设"，旅游规划衍生出产品与形象两个导向，市场细分、形象定位、形象营销等理论开始出现，旅游地生命周期理论、可持续发展理论、社区理论等从国外引入，昂普（RMP）分析技术被提出，以市场为导向的旅游规划理论与实践基础不断完善，这其中比较具有代表性的著作有《旅游开发与规划》（邹统钎，1993）、《旅游产业规划指南》（王兴斌，2000）、《区域旅游规划原理》（吴必虎，2001）。

三、目的地整合规划阶段（2003—2014年）

经过2003年的SARS后，世界旅游组织在全球推广世界最佳旅游目的地城市的做法使旅游目的地的观念深入人心。我国旅游规划研究进入了目的地整合规划时期。2003年，原国家旅游局出台了《旅游规划通则》《旅游资源分类、调查与评价》和《旅游区（点）质量的评价和划分》，这些规定和标准标志着中国旅游规划开始走上规范化、标准化的轨道。专业化的旅游规划公司蓬勃兴起，学院派与公司派在理论与实践中不断创新，同时国外学者以目的地整合为主体的框架对我国旅游规划产生了深远影响。2002年，魏小安所著的《旅游目的地发展实证研究》促进了旅游目的地概念的普及，原国家旅游局举办的主题旅游年活动如红色旅游（2005）、乡村旅游（2006）、奥运旅游（2008）、海洋旅游（2013）、智慧旅游（2014）等带动了各种专项旅游规划的崛起，《国务院关于加快发展旅游业的意见》（1999）、《2004—2010年全国红色旅游发展规划纲要》（2004）、《国民旅游休闲纲要》（2013）、《关于促进智慧旅游发展的指导意见》（2015）等文件相继出台。各地旅游部门在区域旅游合作上加快了脚步，环渤海、山东半岛、大西北、长三角、闽浙赣皖等区域旅游合作协议相继签署，掀起区域旅游合作热潮。这些都促进了目的地整合规划的兴起。

知识链接1-1

《旅游规划通则》（GB/T18971-2003）

General specification for tourism planning
中华人民共和国国家质量监督检验检疫总局发布

为规范旅游规划编制工作，提高我国旅游规划工作总体水平，达到旅游规划的科学性、前瞻性和可操作性，促进旅游业可持续性发展，特制定本标准。

本标准是编制各级旅游发展规划及各类旅游区规划的规范。

本标准的制定，总结了国内并借鉴了国外旅游规划编制工作的经验和教训，在体现中国旅游规划特色的同时，在技术和方法上努力实现与国际接轨。

本标准规定了旅游规划（包括旅游发展规划和旅游区规划）的编制的原则、程序和内容以及评审的方式，提出了旅游规划编制人员和评审人员的组成与素质要求。

本标准适用于编制各级旅游发展规划及各类旅游区规划。

......

2013年10月，《中华人民共和国旅游法》（以下简称《旅游法》）实施，从规划主体、规划内容等方面对旅游规划做了规定。《旅游法》明确了国务院和县级以上人民政府组织编制旅游发展规划的责任，要求将旅游业发展纳入国民经济和社会发展规划。《旅游法》还规定了旅游规划应当包含10个方面的内容，即总体要求、发展目标、旅游资源保护和利用的要求和措施、旅游产品开发、旅游服务质量提升、旅游文化建设、旅游形象推广、旅游基础设施建设、旅游公共服务设施建设、旅游促进措施。《旅游法》规定采取措施推动区域旅游合作，鼓励跨区域旅游线路和产品开发，促进旅游与工业、农业、商业、文化、卫生、体育、科教等领域的融合，旅游发展规划应当与土地利用总体规划、城乡规划、环境保护规划以及其他自然资源和文物等人文资源的保护和利用规划相衔接。

知识链接 1-2

中华人民共和国旅游法（2018 修正）

（2013 年 4 月 25 日第十二届全国人民代表大会常务委员会第二次会议通过。根据 2016 年 11 月 7 日第十二届全国人民代表大会常务委员会第二十四次会议《关于修改〈中华人民共和国对外贸易法〉等十二部法律的决定》第一次修正。根据 2018 年 10 月 26 日第十三届全国人民代表大会常务委员会第六次会议《关于修改〈中华人民共和国野生动物保护法〉等十五部法律的决定》第二次修正。）

……

第三章 旅游规划和促进

第十七条 国务院和县级以上地方人民政府应当将旅游业发展纳入国民经济和社会发展规划。国务院和省、自治区、直辖市人民政府以及旅游资源丰富的设区的市和县级人民政府，应当按照国民经济和社会发展规划的要求，组织编制旅游发展规划。对跨行政区域且适宜进行整体利用的旅游资源进行利用时，应当由上级人民政府组织编制或者由相关地方人民政府协商编制统一的旅游发展规划。

第十八条 旅游发展规划应当包括旅游业发展的总体要求和发展目标，旅游资源保护和利用的要求和措施，以及旅游产品开发、旅游服务质量提升、旅游文化建设、旅游形象推广、旅游基础设施和公共服务设施建设的要求和促进措施等内容。根据旅游发展规划，县级以上地方人民政府可以编制重点旅游资源开发利用的专项规划，对特定区域内的旅游项目、设施和服务功能配套提出专门要求。

第十九条 旅游发展规划应当与土地利用总体规划、城乡规划、环境保护规划以及其他自然资源和文物等人文资源的保护和利用规划相衔接。

第二十条 各级人民政府编制土地利用总体规划、城乡规划，应当充分考虑相关旅游项目、设施的空间布局和建设用地要求。规划和建设交通、通信、供水、供电、环保等基础设施和公共服务设施，应当兼顾旅游业发展的需要。

第二十一条 对自然资源和文物等人文资源进行旅游利用，必须严格遵守有关法律、法规的规定，符合资源、生态保护和文物安全的要求，尊重和维护当地传统文化和习俗，维护资源的区域整体性、文化代表性和地域特殊性，并考虑军事设施保护的需要。有关主管部门应当加强对资源保护和旅游利用状况的监督检查。

第二十二条 各级人民政府应当组织对本级政府编制的旅游发展规划的执行情况进行评估，并向社会公布。

目的地整合旅游规划阶段以旅游可持续竞争力为核心理念，里奇与克劳奇（Ritchie & Crounch, 2003）的旅游目的地可持续竞争力模型认为，旅游目的地竞争力的塑造是在比较优势（资源禀赋）基础上发掘竞争优势（资源配置）的过程，这为我国旅游目的地规划提供了完整的理论框架。在规划内容上，旅游目的地规划不仅仅聚焦在资源、环境、市场与产品方面，社区参与、旅游影响等因素同样被纳入旅游规划之中，社区居民在旅游规划的前、中、后过程中开始受到重视；在规划形式上，摆脱了以往投资、开发、设计的单一导向，更加注重整合宏微观、软硬件、内外部等各种因素以及规划后的管理形式；在规划分类上，更加主题化与专项化，宏观区域规划以及总体规划逐步减少，景区景点规划、详规、控规、专项规划（产品策划、营销规划、区域旅游合作规划）、专题规划（红色旅游、乡村旅游、商务旅游、文化旅游）等的数量逐渐增加。目的地整合营销的经典案例不断出现，"好客山东""灵秀湖北"等旅游目的地品牌战略的实施引导规划面向市场，整合各利益相关者。

四、全域旅游规划阶段（2015年至今）

2015年3月，《中共中央 国务院关于加快推进生态文明建设的意见》正式通过，"绿水青山就是金山银山"的理念被写进中央文件，旅游业成为践行"两山"理论的最好样板，在保护生态环境、带动区域协调发展等方面发挥了重要作用。旅游业在实现区域资源整合、产业融合发展上的重要性愈发明显，"全域旅游"应运而生。2015年9月，原国家旅游局印发《国家旅游局关于开展"国家全域旅游示范区"创建工作的通知》。2016年，全国旅游工作会议提出，中国旅游要从"景点旅游"向"全域旅游"转变。2018年国务院办公厅印发《国务院办公厅关于促进全域旅游发展的指导意见》，标志着全域旅游上升为国家战略。

应用案例1-2

南宁市人民政府办公厅关于印发南宁市
全域旅游总体规划（2017—2025年）的通知

各县、区人民政府，市政府各部门，各管委会，市级各双管单位，市直各事业、企业单位：
　　《南宁市全域旅游总体规划（2017—2025年）》已经市十四届人民政府第57次常务会议审议并原则通过。现印发给你们，请结合实际，认真组织实施。

2019年1月2日

　　资料来源：南宁市人民政府网站. 南宁市人民政府办公厅关于印发南宁市全域旅游总体规划（2017—2025年）的通知[EB/OL].（2019-01-02）[2020-01-03].http://www.nan-ning.gov.cn/xxgk/xxgkml/jcxxgk/zcwj/zfwj/t1599992.html？from=groupmessage.

全域旅游为旅游规划提供了一种立足于旅游产业、更加注重区域协调可持续的全新发展模式，以"旅游+"为基础，打破了传统旅游规划以景点建设为核心的建设理念，进一步深化旅游目的地整合的概念内涵，从对量的追求转向对质的追求。全域旅游强调"多规合一"，突出"旅游+"的产业融合理念。全域旅游强调"全要素、全行业、全过程、全时空、全方位、全社会、全部门以及全游客"的八全内涵，以社会共建共享实现旅游公共服务的整合发展。在这一理念指引下的旅游规划具有开放性与动态性的特征，拓展了旅游业发展的空间范围，打通了旅游产业发展链条，明确了旅游业在区域经济发展中的优势地位，同时对旅游业带动区域经济社会改革创新、转型升级发展的作用进行了肯定。全域旅游时代的旅游规划契合了现阶段我国多层次、多形态的旅游需求，突出了旅游业在社会发展过程中的带动作用，这不仅是我国旅游改革创新、转型提质发展的必然要求，也符合世界旅游发展的总体规律与趋势。

应用案例 1-3

南宁市人民政府办公厅关于印发南宁市
全域旅游总体规划（2017—2025 年）的通知

第六条　相关规划与全域规划关系解读

（一）南宁市全域旅游规划与旅游"十三五"规划的区别。

南宁市全域旅游总体规划与《南宁市旅游业发展"十三五"规划》相比，更强调旅游引领、多产融合、域面聚集、城乡统筹、景城一体和目的地建设。

（二）南宁市全域旅游规划与相关规划的衔接。

南宁市全域旅游规划在编制过程中，遵循了《广西壮族自治区全域旅游发展规划纲要（2017—2020）》等相关上位规划的指引，将相关规划的核心思路和重点内容融入全域旅游打造的七大工程中，并从全域旅游的角度对其思路和内容进行深化、调整与提升，增强全域旅游与其他核心规划的衔接性。在空间布局、发展策略及产品打造等层面充分结合《南宁市国民经济和社会发展第十三个五年规划纲要》《南宁市土地利用总体规划（2006—2020 年）调整完善方案》（2015 年调整）、《南宁市城市总体规划（2011—2020 年）》《南宁市空间发展战略规划》等重要规划，兼顾各旅游相关专项规划，形成南宁市以旅游"十三五"规划为统领、全域旅游发展规划为指导、县（区）旅游规划为基础、景区建设规划和专项规划为重点的旅游规划体系（见表 1-1）。

表 1-1　全域旅游规划与相关规划衔接关系

内容板块	全域旅游规划内容	与相关规划的衔接
全域旅游规划的全域资源整合及产品打造	旅游产品体系：以南宁旅游资源为本底提炼三大核心主题——壮乡风情、东盟风情、养生之都，打造四大旅游核心板块——休闲城区、风情乡村、集聚型泛景区化旅游目的地以及十大主题风景道和丰富的主题游线	《南宁市国民经济和社会发展第十三个五年规划纲要》提出要优化提升旅游业，积极创建中国国际养生休闲特色旅游目的地和国家全域旅游示范区。加快创建大明山等国家 5A 级旅游景区，推进环大明山养生度假旅游产业发展，建设邕江观光休闲游览旅游带。完善精品线路，大力发展壮民族民俗文化旅游、中国-东盟特色旅游、商务会展旅游、绿色生态休闲旅游，加快发展度假旅游、乡村旅游、养生养老旅游、文化旅游，鼓励发展低空旅游、游艇旅游、自驾游等新业态，打造"壮乡歌海、中国绿城、东盟风情、养生之都" 《南宁市旅游业发展"十三五"规划》提出培育"东盟风情"产品品牌、提升"壮乡歌海"产品品牌、丰富"养生之都"产品品牌、丰富其他产品体系支撑（活化历史文化旅游产品、打造体验性红色旅游产品、鼓励发展山水休闲度假旅游产品、创新培育运动体验产品），并梳理出"十三五"期间详细的提升与新建项目库 《南宁市乡村旅游发展规划（2012—2020 年）》提到打造乡村自然景观旅游、乡村民俗风情旅游、古村镇旅游、休闲农业旅游、乡村休闲娱乐五大产品体系

表1-1(续)

内容板块	全域旅游规划内容	与相关规划的衔接
全域旅游规划的全域空间扩展以及全域空间布局	南宁全域旅游空间结构：构建南宁市"12316"空间发展结构，即"一城两带三区十六地"，一城为南宁国际都市休闲城，两带为百里秀美邕江滨水休闲旅游带和环首府生态旅游圈，三区分别为生态养生旅游区、特色文化旅游区和环城游憩旅游区，十六地是十六大泛景区化旅游目的地	《南宁市城市总体规划（2011—2020年）》中心城突出"一轴两带多中心"的发展模式，逐步形成沿邕江两岸串珠式展开、沿其支流纵深发展的城市布局形态。打破"环形+放射"的向心聚集的空间发展模式和结构，着眼于区域性中心城市职能，充分考虑区域性基础设施布局，采取多中心、组团式布局结构 《南宁市空间发展战略规划（2016）》提出的市域构建"一个中心城区、两个发展片区、六大发展带"的"一区两片六带"的空间结构 《南宁市旅游业发展"十三五"规划》提出"一核三廊三区"总体布局，一核：南宁国际都市休闲核（北部湾RBD）；三廊：西江（邕江）黄金水道旅游走廊、西安—南宁—北钦防旅游走廊、中国—东盟（南宁—新加坡）旅游合作走廊；三区：环城游憩旅游区、生态养生旅游区、特色文化旅游区 《南宁市旅游业发展总体规划（2011—2020年）》提出南宁旅游发展打造"158"基本布局，即"一个中心、五大片区、八条廊道"，形成"大南宁"旅游的发展格局
全域旅游规划的旅游资源与生态环境保护体系建设以及旅游产品打造	旅游资源与生态环境保护体系：从旅游资源保护和生态环境保护两个方面解决自然资源保护、人文资源保护、自然生态环境保护、旅游生态环境保护的问题	《南宁市土地利用总体规划（2006—2020年）调整完善方案》（2015年调整）提出土地生态环境保护和建设要取得明显成效。重要生态功能区得到严格保护，退化土地得到有效治理，森林覆盖率稳步提高。到2020年，全市森林覆盖率达到45%；具有改善生态环境功能的耕地、园地、林地、牧草地、水域等基础性生态和景观用地占全市土地总面积的比例达到80%左右，列入自然保护区、水源保护区、森林公园、生态公益林区等范围的受保护土地占全市土地总面积的比例达到20%左右 《南宁市环境保护"十三五"规划》提出加快生态南宁建设，要开展创建国家环保模范城市、水生态文明城市、海绵城市、生态文明试点示范、生态县、生态乡镇和生态村等生态创建活动；大力推进生态综合示范区（带）建设，推进市级生态示范区的建设 《南宁市国民经济和社会发展第十三个五年规划纲要》提出以提升生态环境质量为目标，加强环境保护，推进生态文明体制改革，着力解决群众身边的环境问题。到2020年，主要污染物排放总量控制在自治区下达的范围内，森林覆盖率提高到47.7%，生态系统稳定性增强，人居环境明显改善
全域旅游规划的交通体系方面内容	交通体系：从交通网络体系以及交通服务体系方面进行交通体系旅游功能的转换，实现全域旅游交通无缝对接	《南宁市综合交通运输发展"十三五"规划》提出南宁将加快完善综合交通基础设施网络，构建面向中国—东盟合作的区域性国际城市和联动珠三角、沟通中南西南地区、引领北部湾城市群的区域性综合交通枢纽城市，打造现代化一体化的立体综合交通运输体系，并且提出相关路网建设以及高铁、机场方面内容。
全域旅游规划的旅游公共服务等方面内容	全要素提升：住宿、餐饮、购物、文化娱乐等全要素提升。 体系建设：厕所革命体系、旅游集散体系、自助旅游服务体系等建设	《南宁市旅游业发展"十三五"规划》涉及旅游交通工程、"1+5+6"三级旅游集散服务中心工程、打造精品旅游住宿、开发特色旅游餐饮、丰富旅游购物消费等内容。 《南宁市旅游公共服务体系规划（2016—2020）》涉及的智慧景区工程、旅游集散中心工程、旅游交通工程、自驾车营地工程、旅游标识工程、特色街区工程、旅游咨询中心工程、满意酒店工程、旅游厕所工程、生态绿道工程

表1-1(续)

内容板块	全域旅游规划内容	与相关规划的衔接
全域旅游规划的全产业融合方面的内容	全产业融合思路：促进旅游产业与会展、农林、工业、文化、体育、康养、城镇化等相关产业的有效融合，催生旅游新业态，加快实现南宁市旅游产业升级	《南宁市旅游业发展"十三五"规划》涉及旅游与农业融合、旅游与林业融合、旅游与文化结合、旅游与商务会展融合、旅游与养生融合、旅游与体育融合、旅游与水利融合、旅游与城镇化融合、旅游与信息科技融合、旅游与工业融合的内容

资料来源：南宁市人民政府网站. 南宁市人民政府办公厅关于印发南宁市全域旅游总体规划（2017—2025年）的通知［EB/OL］.（2019-01-29）［2020-01-03］. http://www.nanning.gov.cn/xxgk/xxgkml/jcxxgk/zcwj/zfwj/t1599992.html？from=groupmessage.

思考题

1. 国外旅游规划与开发经历了哪几个阶段？各有什么特征？
2. 我国旅游规划与开发经历了哪几个阶段？各有什么特征？
3. 旅游规划与开发是在什么样的背景下产生和发展的？
4. 谈谈你对未来旅游规划与开发发展趋势的看法。

第一章　旅游规划与开发的历史回顾

第二章

旅游规划与开发的概念体系

本章将专门介绍旅游规划的概念、分类、目的、作用和编制步骤，旅游开发的含义、原则和内容。希望读者通过本章的学习能够对旅游规划与开发的概念体系、旅游规划与旅游开发的关系有初步的认识。

第一节　旅游规划的概念

一、旅游规划的界定

要认识旅游规划就要先知道什么是规划。规是古代画圆的工具，引申为规章、规则、计划、谋划之意。划有划分、筹划的意思。朗文大词典中指出，规划是制订或实施计划的过程，尤其是作为一个社会或经济单元（企业、社区）确立目标、政策与程序的过程。规划是对未来的可能的状态所进行的一种设想或构想，以找到达到不同情景所采取的不同策略。这种设想以及所要达到的目标必须通过人们的努力，并且采取必要的行动才能实现。

甘恩（Gunn，1979）指出，规划是经过一系列选择决定合适的未来行动的过程。

盖茨（Getz，1987）认为，旅游规划是在调查研究与评价的基础上寻求旅游业对人类福利及环境质量的最优贡献的过程。

墨菲（Murphy，1985）认为，旅游规划是预测与调整旅游系统内的变化，以促进有秩序地开发，从而扩大旅游开发所产生的社会、经济与环境效益。它是一个连续的操作过程，以达到某一目标或平衡几个目标。

上述学者是国外旅游规划与开发的集大成者。他们的阐述分别强调了旅游规划是以调查评价为基础（盖茨，1987），以预测（甘恩，1979）和调整为手段（墨菲，1985），以扩大旅游开发所产生的社会、经济与环境效益（或使旅游业获得好处，或对人类福利及环境质量的最优贡献）为目标。

我国学者卢云亭认为，旅游规划是对区域旅游发展的未来状态的科学设计与设想。

孙文昌认为，旅游规划是以旅游市场的变化和发展为出发点，以旅游项目设计为重点，按照国民经济发展的要求和当地旅游业发展基础，对旅游消费六大要素及相关行业进行科学的安排和部署的过程。马勇认为，旅游规划是指在旅游系统要素发展现状调查评价的基础上，针对旅游系统的属性、特色和发展规律，并根据社会、经济和文化发展的趋势，以综合协调旅游系统的总体布局、系统内部功能结构以及旅游系统与外部系统发展为目的的战略策划和具体实施。

《旅游规划通则》（GB/T18971-2003）为规范旅游规划编制工作，进一步明确了旅游发展规划和旅游区规划的定义。旅游发展规划是根据旅游业的历史、现状和市场要素的变化所制定的目标体系，以及为实现目标体系在特定的发展条件下对旅游发展的要素所做的安排。旅游区规划是指为了保护、开发、利用和经营管理旅游区，使其发挥多种功能和作用而进行的各项旅游要素的统筹部署和具体安排。

本书认为，旅游规划是在调查与评价的基础上，对未来旅游发展状况的构思和安排，以预测和调整为手段，实现旅游经济效益、社会效益和环境效益的最大化。

二、旅游规划的目的和作用

（一）旅游规划的目的

旅游业是国家和地区经济社会发展的重要组成部分。对旅游规划目的的认识，应从旅游业自身发展的角度和国家、地区经济社会发展的角度两个方面来考虑。

从旅游业自身发展角度来看，旅游规划的目的就是尽可能地合理有效分配与利用一切旅游资源以及旅游接待能力、交通运输能力、社会可能向旅游业提供的人力、物力和财力，以预测和调整为手段，增强计划性，减少盲目性，从而获得发展旅游业的经济效益、社会效益和环境效益最大化，使旅游业可持续发展。

从国家和地区经济社会发展角度来看，旅游规划的目的则是明确旅游业在国民经济和社会发展中的地位与作用，推进"旅游+"，促进产业融合、产城融合，实现国民经济和社会发展总体规划所提出的要求，有计划、有步骤地发展旅游业，促进旅游业在本国或本地经济社会发展中更好地发挥牵引、带动作用，促进整个社会和地区经济的繁荣。

（二）旅游规划的作用

旅游规划具有战略性的指导意义，它明确提出了旅游发展的方向、规模、速度和目标，以及实现目标的战略，是旅游业发展的依据。其作用主要表现在以下几个方面：

1. 制定旅游发展的目标

凡事预则立，不预则废。只有在行政规划的指引下旅游业才有前进的目标和一致的努力方向。旅游规划的发展目标用以规定旅游系统合理的发展总水平和总方向，寻求理想状态与可达状态之间的平衡点，实现旅游资源合理利用和旅游业可持续发展。这就要求旅游规划必须立足现实，以客观调查和评价为基础，以旅游系统发展规律为依据，全面分析规划区旅游业的发展历史与现状、优势与劣势，并与相关规划衔接，从未来着眼，从宏观战略的高度，科学制定并提出旅游系统发展的战略目标，如旅游业在旅游地的定位、旅游业收入、接待旅游者人数、旅游产业在国民经济中的比重等。

2. 合理配置资源

旅游业要达到既定目标，达到经济效益、社会效益、生态效益最大化，只靠目标的设定是绝对不够的，还必须在社会现实的基础上，调动一切积极的人力、物力、财力，实现多方共赢、社会和谐进步、经济发展。没有规划，则其他的行政管理活动如组织、人事、协调、控制等方面都无从实施。

资源是旅游发展的基础，市场是现代旅游发展的手段，效益是旅游规划与开发的目的。忽视资源条件，旅游市场竞争的风险就会大大增加；没有需求基础，不能推出适销产品，就无法取得市场的成功。旅游资源的吸引力往往带有隐性和原始性，因而必须通过一定的规划和开发予以发掘，加以修饰，才能凸显出其独特之处。另外，旅游资源的吸引力在很大程度上受游客心理的影响。随着社会的不断进步，游客的需求品位越来越高，旅游资源要保持持久的吸引力就必须常变常新，才能满足游客多样化、个性化的旅游需求，因而对旅游资源的规划和开发就显得十分重要。旅游规划通过资源评价、区位分析、市场调查、发展预测、资源保护等一系列步骤，科学合理地确定资源与市场的结合点，为旅游资源开发指明方向，规划出具有竞争力的产品体系，使旅游资源优势得到充分的挖掘和利用。

3. 规避旅游系统的发展风险

实践表明，绝大多数旅游系统在现实的社会经济环境条件下，均会存在不同程度的内部稳态失调和外部环境变化的压力。旅游规划必须在遵循旅游系统自身规律的前提下，通过发展选择，预先谋划和及时调节旅游系统的耦合结构，来维持旅游系统持续发展所必经的内部变化，以抵御环境变化所带来的风险。

对旅游系统的整体演变做出发展选择，实质上是对旅游系统的发展动态的引导和控制过程。其中，旅游规划的引导作用，主要是通过预测、宣传、鼓励政策、公共资源配置与财政投入等手段，形成旅游发展的基本条件，影响其他旅游开发与经营活动的基本趋向。旅游规划的控制作用，则是通过立法司法、行政条例与规划监管，并委托其他管理部门（如工商、城建、公安、环保等）协同管理，使旅游发展的状况限制在必要的阈值范围之内，确保各部分发展的同时，使旅游系统的整体效益达到最佳，并符合全局的、长远的利益。

4. 修正旅游发展的目标偏离

旅游规划一旦实施，由于环境的变化、内部规律的强制作用、规划目标的不准确性及主体追求的变化，旅游系统的实际发展与规划目标之间会存在一定的距离或方向偏差。旅游规划是预测与调整旅游系统内的变化，以促进有秩序的开发，从而扩大旅游开发所产生的社会、经济与环境效益。旅游规划不是一次性的、描述终极状态的技术活动，而是一个在谋划未来与实践之间的循环往复的过程，必须随着旅游发展而不断密切跟踪目标本身的变化。旅游规划的作用不在于完全准确地预知和精确地制造未来，而在于正确地认识趋势、利用变化和影响未来。它是一个连续的操作过程，以达到某一目标或平衡几个目标。

5. 引导旅游市场发展

旅游规划不属于法定保密范围的行政规划，属于向社会公开的事项，具有较强的透明度。旅游规划面向社会发布后，规划区的旅游发展目标、定位、发展战略、发展方向等都会被社会广泛认知和了解，特别是对旅游业经营者具有很大的启发和诱导的功能。对于社会中的人们来说，了解旅游行政规划本身就是获取行政信息、把握就业机会和商业机会的重要途径，从而避免了创业和投资方向的盲目性。旅游规划，一方面能使旅游经营者和潜在的旅游经营者更加理性的选择；另一方面也使旅游行政管理者的管理活动更加方便，旅游市场主体和旅游消费者的行为能够更加的规范，从而使旅游业的发展更加顺利。

6. 保障区域旅游可持续发展

在旅游开发的过程中，未经认真考察和科学分析便匆匆实施开发的现象普遍存在，这容易导致对旅游资源的破坏性开发。同时，由于缺乏旅游环境容量（Tourism Environment Carrying Capacity，TECC）的限制而导致旅游资源超负荷利用及旅游管理工作的一些失误，也会严重破坏旅游资源，降低环境质量。此外，由于旅游资源产权不明晰，旅游资源的价值核算体系没有建立，导致旅游开发商经营行为的短期性，他们重经济效益，轻社会效益和环境效益，常常将社区居民排斥在旅游业发展之外。针对这一系列问题，归宿点就只能诉诸旅游规划。旅游规划对旅游地旅游发展的经济目标、社会目标、环境目标进行引导和控制，从而保证区域旅游发展的持续性。因此，认真搞好旅游规划对于保证旅游业的经济、社会和生态环境三大效益协调发展具有十分重要的意义。

三、旅游规划的分类

目前，国内外对于旅游规划有不同的分类标准，没有形成完全统一的认识。

（一）世界旅游组织的旅游规划分类

1997 年，世界旅游组织从地域范围、规划期限、组织结构方面对旅游规划进行了分类。

1. 按照旅游规划地域范围分类

按照旅游规划地域范围，将旅游规划分为国际性规划、全国规划、区域及区域间规划（规划图纸比例为 1：100 000）、地方性规划（规划图纸比例为 1：1 000 或 1：5 000）。

2. 按照旅游规划时间

按照旅游规划时间，将旅游规划分为短期规划（1~2 年）、中期规划（3~6 年）和长期规划（10~25 年）。

3. 按照旅游规划组织结构

按照旅游规划组织结构将旅游规划分为部门规划、项目规划和综合规划。

（二）因斯凯普的旅游规划分类

因斯凯普按照旅游规划等级的不同，将旅游规划分为国际级旅游规划、国家级旅游规划、区域旅游规划、亚区域旅游规划（subregional planning）、旅游开发区土地利用规划（development area land use planning）、旅游设施区规划（facility site planning）、设施设计（facility design）、专项规划等。

其中，旅游开发区土地利用规划是专门针对旅游度假区、度假城镇、城市旅游和旅游景点土地用地的规划；旅游设施区规划是专门针对旅游饭店、商业中心和游客设施的具体规划；设施设计是关于旅游设施的建筑、景观设计和工程要求；专项规划是除前述规划与设计外的专题研究，如经济影响分析、环境和社会影响评价、营销分析和促销计划等独立于总体规划外的开发方案。

（三）甘恩的旅游规划分类

甘恩将旅游规划分为区域尺度规划、目的地尺度规划、场址尺度规划。该分类实际上是世界旅游组织和因斯凯普旅游规划分类的简化。

应用案例 2-1

滇西南澜沧江—湄公河国际旅游区发展规划纲要

澜沧江—湄公河是亚洲唯一的一江连六国的跨国河流，它发源于我国青藏高原，穿越云南省七个州市，在西双版纳中缅边境 243 号界碑出境后称为湄公河，流经老挝、缅甸、泰国、柬埔寨、越南五国后汇入太平洋，被称为"东方的多瑙河"，全长 4 880 千米。自古以来，澜沧江—湄公河就是沿岸人民友好往来的天然枢纽。

由云南省旅游局主持的《滇西南澜沧江—湄公河国际旅游区发展规划纲要》，深入分析了滇西南旅游区的特点、旅游资源特征、旅游业发展现状与趋势，并在《云南省旅游发展总体规划》框架下，确立了滇西南旅游发展战略与目标、旅游发展布局、旅游开发重点等，并就旅游配套设施建设、旅游资源与环境保护、旅游发展对策措施等提出了建议。

规划的战略地位：滇西南旅游区是云南省参与澜沧江—湄公河次区域旅游合作的切入点和桥头堡。通过澜沧江—湄公河次区域旅游合作可以实现云南省旅游发展的两大战略目标：一是真正融入大湄公河旅游圈，实现入境游客跨越式增长，为实现旅游倍增计划和提质增效发挥作用；二是通过澜沧江—湄公河次区域旅游合作，控制次区域旅游资源，减少旅游经济漏损。

资料来源：云南省文化和旅游厅. http：//www. ynta. gov. cn/item/993. aspx。

分析与思考：1. 按照旅游规划的分类，《滇西南澜沧江—湄公河国际旅游区发展规划》属于哪类规划？

2. 谈谈你对云南省旅游局主持编制《滇西南澜沧江—湄公河国际旅游区发展规划纲要》的认识和体会。

（四）吴必虎的时空二维旅游规划分类

吴必虎按照时空二维分类法，将旅游规划分为区域旅游规划和社区旅游规划两种，如表 2-1 所示。

表 2-1　旅游规划的时空二维分类

时间维度	空间维度	
	区域旅游规划	社区旅游规划
发展初期	区域旅游发展（开发）规划	旅游区（点）开发规划
发展成熟期	区域旅游管理规划	旅游区（点）管理规划

其中，从空间维度来看，旅游规划可分为区域旅游规划和社区旅游规划两种。两者在空间范围、土地利用布局、旅游产品功能及支持系统构建等方面有明显不同。从时间维度来看，区域旅游规划和社区旅游规划根据旅游发展阶段的不同，可分为初期的旅游开发规划和成熟期的旅游管理规划。由于发达国家旅游业起步时间早、发展相对成熟，所以，发达国家的旅游规划大多数已经进入了管理规划和营销规划的时期，发展中国家的大多数规划属于开发规划。

（五）《旅游规划通则》的旅游规划分类

2003 年，国家旅游局颁布《旅游规划通则》（GB/T18971-2003），将旅游规划分为旅游发展规划和旅游区规划两类。

1. 旅游发展规划

按照规划的范围和政府管理层次，旅游发展规划可分为全国旅游业发展规划、区域旅游业发展规划和地方旅游业发展规划。其中，地方旅游业发展规划又可分为省级旅游业发展规划、地市级旅游业发展规划和县级旅游业发展规划等。

旅游发展规划按照规划期间，可分为近期发展规划（3~5 年）、中期发展规划（5~10 年）和远期发展规划（10~20 年）。

应用案例 2-2

国家旅游局等关于印发《长江三峡区域旅游发展规划纲要》的通知

重庆、湖北、湖南、贵州、四川省（市）旅游局、三峡办、移民局、发展改革委、西部开发办、交通厅（委）、水利厅（局）：

长江三峡是我国最主要的旅游目的地之一，是我国参与国际旅游市场竞争的拳头产品。经过改革开放几十年的发展，长江三峡旅游业取得了巨大成就，为推动三峡地区经济社会发展，带动西部开发，发挥了重要作用。但是，长期以来，三峡地区经济社会发展水平低，基础设施建设滞后，贫困人口比重高，产业发展基础弱，发展任务艰巨。

随着三峡工程建设的推进和西部大开发战略的实施，长江三峡旅游业发展面临着前所未有的机遇。举世瞩目的三峡工程极大地提高了三峡旅游的知名度和吸引力，库区交通条件、城市建设和生态环境的改善为三峡旅游业发展注入新的活力。进一步发挥好长江三峡旅游品牌优势、资源优势和市场优势，协调和整合好各方面的力量，推进长江三峡旅游业发展，使之尽快成为三峡库区新兴支柱产业，是建设世界旅游强国，促进三峡库区移民稳定和发展，带动区域经济社会全面、协调、可持续发展的要求。

为了更好地服务于三峡移民安置和库区生态经济建设，促进三峡旅游业持续、快速、健康发展，推进西部旅游发展战略的实施，国家旅游局、国务院三峡办、国家发展改革委、国务院西部开发办、交通部、水利部共同组织编制了《长江三峡区域旅游发展规划》。现将规划纲要发给你们，请结合实际认真贯彻。

一、规划的性质、范围和期限

（一）本规划纲要是指导三峡工程建设期长江三峡区域旅游发展的总体性文件，旨在促进三峡库区及其周边地区旅游业全面、协调、可持续发展，促进三峡库区移民发展致富，促进三峡区域旅游合理分工协作。

（二）本规划范围包括以下核心区和辐射区：以长江三峡175米水位库区所涉及市县区为核心区，以重庆市其他区县、宜昌市、恩施州、神农架林区、张家界市、湘西州、铜仁地区、遵义市、广安市、泸州市等地为辐射区。

（三）三峡工程建设期间是长江三峡旅游发展变化最大的时期，也是旅游发展不确定性因素出现最多的时期，鉴此，本规划期限确立为2004—2010年。2010年后根据规划区旅游发展变化情况进行修订。

分析与思考：按照《旅游规划通则》关于旅游规划的分类，《长江三峡区域旅游发展规划》属于哪类规划？

2. 旅游区规划

按照规划层次，旅游区规划分总体规划、控制性详细规划、修建性详细规划。

（1）旅游区总体规划。旅游区在开发、建设之前，原则上应当编制总体规划。小型旅游区可直接编制控制性详细规划。

旅游区总体规划的期限一般为10~20年。对于旅游区近期的发展布局和主要建设项目，亦应做出近期规划，期限一般为3~5年。旅游区总体规划的任务是分析旅游区客源市场，确定旅游区的主题形象，划定旅游区的用地范围及空间布局，安排旅游区基础设施建设内容，提出开发措施。

①旅游区总体规划的内容包括：

·对旅游区的客源市场的需求总量、地域结构、消费结构等进行全面分析与预测。

·界定旅游区范围，进行现状调查和分析，对旅游资源进行科学评价。

·确定旅游区的性质和主题形象。

·确定规划旅游区的功能分区和土地利用，提出规划期内的旅游容量。

·规划旅游区的对外交通系统的布局和主要交通设施的规模、位置；规划旅游区内部的其他道路系统的走向、断面和交叉形式。

·规划旅游区的景观系统和绿地系统的总体布局。

·规划旅游区其他基础设施、服务设施和附属设施的总体布局。

·规划旅游区的防灾系统和安全系统的总体布局。

·研究并确定旅游区资源的保护范围和保护措施。

·规划旅游区的环境卫生系统布局，提出防止和治理污染的措施。

·提出旅游区近期建设规划，进行重点项目策划。

·提出总体规划的实施步骤、措施和方法，以及规划、建设、运营中的管理意见。

·对旅游区开发建设进行总体投资分析。

②旅游区总体规划的成果要求：

·规划文本。

·图件，包括旅游区区位图、综合现状图、旅游市场分析图、旅游资源评价图、总体规划图、道路交通规划图、功能分区图等其他专业规划图、近期建设规划图等。

·附件，包括规划说明和其他基础资料等。

·图纸比例，可根据功能需要与可能确定。

（2）旅游区控制性详细规划。在旅游区总体规划的指导下，为了近期建设的需要，可编制旅游区控制性详细规划。旅游区控制性详细规划的任务是，以总体规划为依据，详细规定区内建设用地的各项控制指标和其他规划管理要求，为区内一切开发建设活动提供指导。控制性详细规划是连接旅游区总体规划和修建性详细规划的纽带，起到深化前者和控制后者的作用。

旅游区控制性详细规划应衔接和完善旅游区总体规划的要求，对土地利用、旅游产品、旅游配套设施等进行控制，为旅游区修建性详细规划提供依据，指导具体的旅游项目的开发建设，避免旅游区"开发越快，破坏越大"的现象，为旅游区管理提供操作性强的依据。因此，它是面向实施和管理的规划手段。

应用案例 2-3

宝山石头城旅游区控制性详细规划编制

一、宝山石头城旅游区概况

宝山石头城旅游区位于丽江玉龙雪山景区东北部，距丽江市区 132 千米，交通极不发达。旅游区周围大山环绕，气势非凡；金沙江自城下奔流而过，水碧如玉；金沙江峡谷幽静深远，周围群山环抱，形成极具特色的天景、地景、云景。整个旅游区以宝山石头城为核心景点，兼有太子关、克灵溶洞、元革囊渡江遗址、滴血求子洞、千亩峡谷梯田等旅游价值极高的综合旅游区。宝山石头城是纳西族束尤部落进入云南的第一个聚居点，见证了纳西族从母系氏族社会向父系氏族社会转变发展的历史，也是纳西东巴文化的起源地。这里产生的木刻画和木牌画，直接促成了纳西族东巴文字的产生。宝山石头城现为国家级重点文物保护单位。

二、土地利用规划

宝山石头城旅游区用地分类主要从旅游资源保护、旅游开发建设、旅游活动开展和旅游环境保护等角度出发，以河流、山谷、山脊线、陡坎等为地块分隔线，进行土地划分，共分为文物用地、旅游开发建设用地、旅游游赏用地和旅游环境保护用地等四大类、九中类用地。

三、文物保护用地规划控制

作为国家重点文物保护单位，石头城要在绝对保护的前提下进行适量的旅游开发。通过对文物保护区土地利用的进一步细化，合理安排和控制旅游建设活动，有效地引导旅游开发建设。文物保护区具体的规划控制包括以下方面：

（1）保护规划控制。

在一级保护区内，按照文物保护的要求，建筑以保护和修缮为主；禁止使用太阳能、电视接收器等严重影响村落整体形象的现代设施；开发建设以旅游环境改造和必要的服务设施建设（如公厕、休息平台、垃圾箱、标识等）为主，禁止居民进行住宿接待、旅游服务等活动，以发展观光体验旅游为主。在二级保护区内，建设必须与一级保护区相协调，保持现状村落格局和建筑特色；必须将太阳能热水器、电视接收器等布置于隐蔽的地方，不得影响村落整体形象；必须保证1/2的村民能保持现状的生产生活方式，另外1/2的村民可以从事住宿接待、旅游服务等活动。

（2）旅游建设控制。

因为石头城内城作为国家重点文物保护单位，禁止大量的建设，所以旅游建设控制主要是针对石头城外城的建设用地。改建和新建必须采用当地材料和传统建造工艺，延续村落格局和建筑特色（见表2-2）。

表2-2　文物保护区用地建设控制指标

用地名称	建筑密度/%	建筑高度/m	容积率	建筑体量	建筑组合	建筑色彩
商业用地	35~55	10	0.7~1.1	进深8米	—	传统建筑材料的颜色，局部可采用对比色，采用对比色的面积不得超过1米^2
餐饮服务用地	30~50	10	0.5~1.0	宽度15米		
管理用地	25~45	10	0.5~0.9	进深7米	院落组合	传统建筑材料的颜色
住宿接待用地	25~45	10	0.4~0.9	宽度15米		
后勤保障用地	25~45	10	0.4~0.9	进深12米		
公共建筑用地	20~40	15	0.4~1.0	宽度15米	院落组合	灵活确定，与整体环境相协调

资料来源：段德罡，刘恋. 旅游区控制性详细规划编制体系及内容探讨：以丽江宝山石头城旅游区为例［J］. 规划师，2011，27（06）：48-53.

分析与思考：1. 旅游区控制性详细规划的功能是什么？

2. 旅游区控制性详细规划编制应注意哪些问题？

（3）修建性详细规划。对于旅游区当前要建设的地段，应编制修建性详细规划。旅游区修建性详细规划的任务是，在总体规划或控制性详细规划的基础上，进一步深化和细化，用以指导各项建筑和工程设施的设计和施工。旅游区修建性详细规划是旅游区规划体系中最具体、最细致的一个层次。

在旅游区整个规划体系中，不同的规划阶段有不同的中心任务。上位规划是编制下位规划的重要依据之一，下位规划是对上位规划的延伸、细化和具体落实。旅游区总体规划阶段需要解决的一些问题，如界定旅游区用地范围、旅游区客源市场分析、确定旅游区的性质和主题形象、确定旅游区内部功能分区、旅游区对外交通布局、景观系统和绿地系统总体布局、旅游区服务设施和附属设施规划、近期建设规划等内容。控制性详细规划的一些内容，如旅游区内各类不同性质用地的界线，各类用地中适合建设或不适合建设以及有条件地允许建设的建筑类型等，这些也是不能回避的。上位规划（旅游区总体规划、旅游区控制性详细规划）的内容对于修建性详细规划编制工作的顺利进行有着重大的影响。

此外，旅游区可根据实际需要，编制项目开发规划、旅游线路规划和旅游地建设规划、旅游营销规划、旅游区保护规划等功能性专项规划。

（六）《文化和旅游规划管理办法》的旅游规划分类

2019年，文化和旅游部印发《文化和旅游规划管理办法》，将文化和旅游规划分为：文化和旅游部相关司局或单位编制的以文化和旅游部名义发布的总体规划、专项规划、区域规划，地方文化和旅游行政部门编制的地方文化和旅游发展规划。文化和旅游规划是指文化和旅游行政部门编制的中长期规划。

总体规划是指导全国文化和旅游工作的中长期发展规划，是其他各类规划的重要依据，规划期与国家发展规划相一致，落实国家发展规划提出的战略安排；专项规划是以文化和旅游发展的特定领域为对象编制的规划；区域规划是以特定区域的文化和旅游发展为对象编制的规划；地方文化和旅游发展规划是指导本地区文化和旅游工作的中长期发展规划。总体规划、专项规划、区域规划以及地方文化和旅游发展规划构成统一的规划体系。

应用案例2-4

贵州文化和旅游"十四五"规划编制工作取得阶段性进展

从贵州省文化和旅游厅获悉，《贵州省"十四五"文化和旅游发展改革规划》（以下简称《规划》）编制工作取得阶段性进展。

为有效推进《规划》编制工作，贵州省文化和旅游厅党组高度重视，靠前安排、科学谋划，成立了《规划》编制工作领导小组，并于2019年10月制定并审定了《规划》编制工作方案，2019年12月完成了《规划》前期重大课题研究工作，明确了《规划》指导思想和总体目标，建立了"十四五"文化和旅游"1+10"和N个行动方案的规划体系。

"1+10"和N个行动方案的主要内容为："1"是指贵州省"十四五"文化和旅游发展改革规划；"10"是指"十四五"文化旅游产业发展规划、非物质文化遗产保护传承规划、文化和旅游公共服务规划、艺术创造规划、对外交流与旅游营销和推广规划、文物保护利用改革规划、体育旅游示范区总体规划、长征国家文化公园贵州重点建设区建设保护规划、乡村旅游发展规划、智慧旅游发展规划；"N"是指"十四五"文化和旅游市场治理行动方案、文化和旅游人力资源开发行动方案等。

资料来源：中国旅游新闻网，http：//www.ctnews.com.cn/art/2020/2/16/art_116_63384.html.

分析与思考：按照文化和旅游部《文化和旅游规划管理办法》，《贵州省"十四五"文化和旅游发展改革规划》是哪类规划？

（七）马勇的旅游规划分类

马勇按照时空二维尺度、内容、技术对旅游规划进行了分类。

1. 按照时空二维尺度分类

按照空间范围与规模，将旅游规划分为国际协调规划、国家全面规划、区域综合规划、旅游地或旅游景点综合规划。按照时间尺度，将旅游规划分为短期规划（1~2年）、中期规划（3~6年）、长期规划（10~25年）。

2. 按照旅游规划的内容分类

从旅游规划的内容，将旅游规划分为两大类：一类是旅游综合规划；另一类是旅游专题规划。

（1）旅游综合规划。旅游综合规划是内容相对丰富的规划类型，是对合理利用区域内旅游资源、促进旅游业可持续发展的总体构想，是从全局的角度对整个区域旅游发展的战略安排。如《海南省旅游发展总体规划（2017—2030）》《重庆市旅游发展总体规划（2016—2030年）》等。

（2）旅游专题规划。专题规划又被称为部门规划、专项规划，是在区域旅游综合规划的基本思想的指导下，针对旅游开发过程中的重要部门和环节的发展而制定的针对性较强的规划，是综合规划的重要补充。

常见的类型有基础设施建设专题规划、旅游市场营销专题规划、旅游人力资源开发专题规划等。由于每个区域发展旅游的基础和环节都不尽相同，因此，规划需要的专题规划数量及类型应由规划委托方和编制方协商确定。

分析和思考：为什么湖北、安徽编制了旅游总体规划，还要编制部门或专题规划？

3. 按照规划的深度要求分类

从旅游规划所使用的技术方法来看，旅游规划可以分为旅游发展总体规划、控制性详细规划和修建性详细规划。

4. 按照规划的权威等级分类

规划具有一个显著的特点，即等级性。《旅游法》第十七条规定：国务院和县级以上地方人民政府应当将旅游业发展纳入国民经济和社会发展规划。第十九条规定：旅游发展规划应当与土地利用总体规划、城乡规划、环境保护规划以及其他自然资源和文物等人文资源的保护和利用规划相衔接。中共中央、国务院发布的《关于统一规划体系更好发挥国家发展规划战略导向作用的意见》中指出，坚持下位规划服从上位规划、下级规划服务上级规划、等位规划相互协调，建立以国家发展规划为统领，以空间规划为基础，以专项规划、区域规划为支撑，由国家、省、市县各级规划共同组成，定位准确、边界清晰、功能互补、统一衔接的国家规划体系。《文化和旅游规划管理办法》规定，总体规划、专项规划、区域规划以及地方文化和旅游发展规划构成统一的规划体系，专项规划、区域规划、地方文化和旅游发展规划须依据总体规划编制。

按照规划的等级性的特点，旅游规划可以分为上级规划和下级规划。在规划的等级制度下，下级规划必须服从上级规划，下级规划的编制也一定要以上级规划作为依据和指导，并与其中的内容保持一致。同时，旅游规划的编制还要注意与土地利用总体规划、环境保护规划等规划的衔接。

第二节　旅游开发概述

一、旅游开发的含义

"开发"一词是经济学的概念，最初只为垦殖土地之意，随着近代工业的发展，除土地外，动物、水体、煤炭、石油都可利用，变成财富。这种将资源转变为产业的社会劳动过程就是开发。

旅游开发同其他产业开发有相同性，即开发旅游资源形成旅游产业。旅游开发是一项综合性的社会经济活动和技术活动，因而比其他产业要复杂得多。

旅游开发是指为发挥、提高和改善旅游资源对旅游者的吸引力，使得潜在的旅游资源优势转化为现实的经济优势，并使旅游活动得以实现的技术经济活动。

二、旅游开发的原则

（一）个性原则

特色是吸引旅游者前往的最根本的原因，是一个国家和地区旅游业发展的灵魂。一个国家和地区旅游业保持长久的吸引力和竞争力，关键就在于其鲜明的特色，与其他区域相比较表现出来的"美、古、名、特、奇、用"。因此，旅游开发首先应坚持个性原则，充分揭示和发现旅游开发地本身独有的特色，在准确把握旅游地地脉、文脉和旅游市场需求的基础上，树立当地鲜明的与众不同的旅游形象。在景区景点建设、旅游项目设计、旅游线路设计等方面，紧紧围绕当地最具特色的人文及自然优势，从食、住、行、娱、游、购等各方面寻找、强化和提升出最具特色的旅游产品，建立特色的旅游产品体系有力支撑旅游地旅游形象。有个性、有特色，就容易在旅游者或潜在的旅游者心目中留下深刻的印象，有吸引力，也就有了竞争力，能够避免因产品同质性而导致的恶性竞争。

（二）市场原则

面对旅游市场需求日益个性化、多样化、规模化，任何旅游地都无法满足所有旅游者的需求和审美品位，而只能满足某一部分旅游者的某些需求。旅游开发应以市场为出发点。旅游开发的经济效益与它吸引旅游者数量多少和质量高低成正比。因此，旅游开发在立足旅游资源本身时，应注重旅游市场的调查和预测，针对目标客源市场游客的消费偏好、消费水平和消费方式，科学确定旅游发展目标、发展定位、开发建设的顺序规模、投资规模等。

而且，由于旅游者的旅游动机、市场需求的变化，旅游产品在市场竞争中面临着入时或过时，以及扩大或丧失吸引力的问题。目标市场的需求就成为旅游开发特别是旅游产品设计、旅游形象塑造的依据。旅游开发应以旅游市场的需求变化为依据，不断扩大和丰富旅游产品，提高旅游产品的吸引力和竞争力。例如，现代旅游活动向多样化、参与性、体验性等方面发展，在旅游开发上就必须迎合这一旅游市场特点。否则，景点再美，只能看，不能玩，旅游者也会索然无味。

（三）保护原则

旅游开发就意味着要对旅游资源和环境产生影响，因此，旅游开发要注意对自然资源、文化资源和资源所依托的环境的保护，应明确旅游开发是为了更好地利用旅游资源和环境，而保护资源及环境也是为了更好地利用资源。因此，在进行旅游开发前，必须认真进行科学的旅游规划。规划作为对未来的预测，处理可预见的事件是唯一能使旅游业获益的方法，处理好经济效益与社会效益、生态效益的关系，处理好传统性与现代性、开放性与限制性的关系，处理好与旅游地社区及居民的关系，制定保护资源的切实方案，防止自然资源、文化资源和环境的破坏。

（四）综合原则

通过综合开发类型不同的旅游资源，使吸引力各异的不同旅游资源结合为一个群体，使游客能从多方面发现其价值，从而提高资源的品位，在旅游市场竞争中提高知名度。此外，旅游开发除了开发旅游资源，开发建设或升级建设旅游景区、景点外，还应充分考虑旅游者的食、住、行、游、购、娱等多方面的需求，做好旅游基础设施、服务设施、旅游交通等的配套和供给，让游客进得来、留得住、散得开、出得去。

三、旅游开发的内容

旅游开发是一项综合性和全面性的工作，具体内容可以归纳为以下几点：

（一）景区或景点的开发建设

由于旅游资源的开发性导致旅游资源只有经过开发才能被利用，旅游景点和景区就是旅游开发中核心部分，也是整个旅游开发工作的出发点。

旅游开发的目的就是发挥、提高和改善旅游资源对旅游者的吸引力，使得潜在的旅游资源优势转化为现实的经济优势；旅游资源具有开发性的特点，旅游资源只有通过开发才能为旅游业所利用，而旅游资源的价值大小直接受旅游开发是否合理、旅游资源是否已得到充分利用的影响。其主要表现在一些尚未被利用或部分被利用的旅游资源通过开发，可以加强其吸引力的深度和广度，提高其综合使用价值；一些已被利用的旅游资源通过进一步的正确、合理开发，可以更加充分地体现其使用价值，扩大旅游地的经营规模和经济水平。旅游景点和景区建设包括旅游景点或景区的初次建设以及旅游景区景点的深入开发建设和改造。

旅游资源开发是旅游开发的重要组成部分。旅游开发除了旅游资源开发外，还包括旅游交通的安排、旅游基础设施、旅游服务设施、旅游市场开拓与营销、旅游人文环境培育等诸多方面，是一个系统开发的技术经济活动。

（二）旅游地的交通安排

旅游交通是联系旅游客源地和旅游目的地的重要物质纽带。交通技术的每一次变革使旅游者能够在可达性改变的基础上以更快的速度、更便宜的价格和更舒适的方式到达更远的地方。旅游地的交通包括客源地到旅游地的外部交通和旅游地内部的交通。

因此，这里的交通安排就包括交通线路的设计、旅游交通设施的配套、交通工具的选择等方面。

旅游地评价中的可进入性成了重要的评价因素，可进入性包括了交通的舒适度和效率，旅游者往往要求在旅途中所用的时间要尽量短而且旅途要尽量舒适，而旅游的过程相对长且参与性强。因此，在对旅游交通进行规划时要充分考虑旅游者的这些要求。

（三）旅游辅助设施的建设

旅游辅助设施包括的内容范围很广，涉及旅游的食、住、行、游、购、娱等方面，这些设施不仅会促进当地旅游的发展，还对当地社会的发展和人们生活质量的改善有极大的帮助，因为旅游业发展的一个很重要的目的就是要有利于当地社会、经济、环境的发展。因此旅游开发需要对旅游所需的旅游辅助设施进行统筹规划和建设，改善旅游地的旅游环境。

（四）旅游市场的开拓

旅游开发要取得预期的经济、社会和环境效益就应该注重旅游市场的需求和变化。只有尽力满足旅游市场的需求，自身的利益才能得到满足。因此，旅游市场应该依据本地旅游资源的特色和优势，确定其开发的目标市场，进行有针对性的开发和市场营销，努力扩大和开拓旅游市场。

（五）培育优良的人文社会环境

旅游开发除了旅游资源开发、旅游交通安排、旅游服务设施、服务设施开发、旅游市场开发等技术经济活动外，还包括培育优良的人文环境。

社会环境的好坏、当地居民的社会修养和风俗习惯，特别是对外来旅游者的宽容程度和态度，对旅游者同样产生吸引和排斥的作用，是一种无形的吸引力。

近来的研究结果表明，越来越多的潜在旅游者不会被区域内单一的旅游项目所吸引，更为重要的是要为这些旅游者营造一种友善的环境，旅游者对于友善环境的感知程度往往会超过对旅游项目的外在审美感受。

因此，应强调旅游开发中的人性化原则，加强对旅游者的人文关怀，在细微方面为旅游者提供便捷和惊喜的服务。

思考题

1. 什么是旅游规划？谈谈你对编制旅游规划的目的和意义的认识。

2. 旅游规划可以划分为哪些不同类型？

3. 旅游开发应坚持哪些原则？以你周边的旅游地开发为例，谈谈旅游开发应包含哪些内容。

4. 旅游资源开发与旅游开发是什么关系？

第三章

旅游规划的内容和编制步骤

旅游规划是在调查与评价的基础上，对未来旅游发展状况的构思和安排，以预测和调整为手段，实现旅游经济效益、社会效益和环境效益的最大化。本章主要介绍旅游规划的内容和编制步骤，使读者从编制内容和步骤方面对旅游规划有一个完整的认识。

第一节　旅游规划的内容

一、旅游规划的基本模式

吴必虎（1999）将旅游发展规划的基本模式总结为"确定一个发展目标、进行两个基本分析、设计三个发展模板、构建一个支持系统"。

（一）确定一个发展目标

编制旅游业发展规划的作用在于可以用它来指导、规范今后相当长一段时期内，政府对旅游业发展的宏观管理和科学决策，以实现规划时段和规划期末的具体目标。这一目标的确定将决定旅游业的产业地位和发展速度，是整个规划都要围绕它展开的核心中的核心，是旅游发展的纲领性指标体系。

（二）进行两个基本分析

对于市场研究来说，其表层内容是对客源市场过去、现在和未来的态势进行分析、预测；里层内容就是确立旅游地的旅游形象，并向潜在的客源市场进行有效的市场营销，使潜在市场转变为真实的客源市场。

对于资源研究来说，其表层内容是对旅游地的各类旅游资源现状进行调查、分析，重点是进行游产品的适宜性评价，即产品化研究；里层内容就是对旅游资源开发的空间布局进行规划、重点资源的开发与保护选择以及旅游线路的设计。

（三）设计三个发展板块

第一板块为前位板块，是指直接吸引旅游者前来参与活动的旅游吸引物，即狭义的旅游产品和开发项目。

第二板块为中间板块，是指为前来的旅游者提供各种旅游服务，包括交通、住宿、餐饮、娱乐、购物等服务的相关行业、设施和服务。

第三板块为后位板块，是指旅游区内外的物质环境和社会环境。

（四）构建一个支持系统

旅游规划与开发的保障体系是旅游地实现持续快速发展、有效提升旅游地竞争力的重要手段，从外部环境层面为旅游规划与开发的实施提供全方位的支持与保障。这些保障体系的内容包括政府管理与政策法规、人力资源保障、资金保障、社区支持、环境保障、科技保障等。

二、旅游规划的内容

通常情况下，不同类型的旅游规划，其内容会有不同侧重。

（一）旅游发展规划的内容

根据《旅游规划通则》，按照规划的范围和政府管理层次，旅游发展规划可分为全国旅游业发展规划、区域旅游业发展规划和地方旅游业发展规划。

旅游发展规划的主要任务是明确旅游业在国民经济和社会发展中的地位与作用，提出旅游业发展目标，优化旅游业发展的要素结构与空间布局，安排旅游业发展优先项目，促进旅游业持续、健康、稳定发展。《旅游法》规定：旅游发展规划应当包括旅游业发展的总体要求和发展目标，旅游资源保护和利用的要求和措施，以及旅游产品开发、旅游服务质量提升、旅游文化建设、旅游形象推广、旅游基础设施和公共服务设施建设的要求和促进措施等内容。根据规划层次和范围、规划区实际情况的不同，旅游业发展规划的内容和重点也会有所不同。通常情况下，旅游发展规划应包括以下基本内容：

应用案例 3-1

沈阳市旅游发展总体规划（2015—2020 年）

第一章　规划总则

　　第 1 条　规划范围

　　第 2 条　规划期限

　　第 3 条　规划性质

　　第 4 条　规划原则

　　第 5 条　规划依据

第二章　综合分析
　　第6条　发展背景
　　第7条　资源分析
　　第8条　市场分析
　　第9条　发展基础
第三章　总体思路
　　第10条　指导思想
　　第11条　总体定位
　　第12条　形象定位
　　第13条　发展目标
　　第14条　发展战略
第四章　规划布局
　　第15条　沈阳经济区旅游发展格局
　　第16条　沈阳市旅游空间结构
　　第17条　沈阳市旅游产业布局
第五章　旅游产品规划
　　第18条　集聚化发展休闲城市旅游产品
　　第19条　创新化发展福运文化旅游产品
　　第20条　特色化发展工业传奇旅游产品
　　第21条　融合化发展生态四季旅游产品
　　第22条　差异化发展专项体验旅游产品
　　第23条　设计精品旅游线路
第六章　旅游项目规划
　　第24条　项目体系
　　第25条　龙头项目
　　第26条　重点项目
　　第27条　建立旅游项目准入退出机制
第七章　产业融合发展规划
　　第28条　巩固发展核心关联产业
　　第29条　激活基础关联产业
　　第30条　培育新兴关联产业
　　第31条　优化提升旅游产业要素
第八章　市场营销
　　第32条　旅游形象体系
　　第33条　市场营销目标
　　第34条　营销实施措施
第九章　旅游公共服务体系
　　第35条　依托城市综合设施完善旅游公共信息服务体系
　　第36条　构建以集散功能为重点的旅游交通便捷服务体系

第37条　加快推进沈阳市智慧旅游系统建设

第38条　构筑福运沈阳特色化旅游服务软环境管理体系

第39条　优化提升旅游景区基础服务设施

第十章　资源与环境保护规划

第40条　生态环境保护措施

第41条　文化传承与保护

第十一章　保障措施

第42条　深化改革

第43条　产业协调保障

第44条　政策保障

第45条　资金保障

第46条　人才保障

应用案例3-2

汉中市全域旅游总体规划

第一章　总则

第1条　规划性质

第2条　规划范围

第3条　规划目标

第4条　规划期限

第5条　规划依据

第二章　发展背景分析

第6条　宏观背景分析

第7条　区域占位分析

第8条　产业基础分析

第三章　旅游市场研究

第9条　客源市场现状

第10条　目标市场分析

第11条　旅游消费特征

第12条　旅游市场热点

第四章　旅游资源开发战略研究

第13条　旅游资源价值评估

第14条　旅游发展方向研究

第五章　全域旅游定位与战略

第15条　总体定位

第16条　发展战略

第17条　形象定位

第18条　发展模式

1. 规划范围

规划范围一般包括了规划区的面积和边界。其大小和边界多由委托方提出，必要时受托方可以与委托方协商，提出合理的规划范围。

应用案例 3-3

南宁市全域旅游总体规划（2017—2025 年）

本规划范围为南宁市全市五县七区：横县、宾阳县、上林县、马山县、隆安县，兴宁区、江南区、青秀区、西乡塘区、邕宁区、良庆区、武鸣区。总规划面积2.211 2万平方千米。

2. 规划依据和原则

旅游规划的编制要以国家和地区社会经济发展战略为依据，以旅游业发展方针、政策及法规为基础，与城市总体规划、土地利用规划相适应，与其他相关规划相协调。规划者应该考虑国家和地方的有关要求，最后确定规划的原则，一般有环保原则、特色原则、协调原则、效益原则等。

应用案例 3-4

四川省"十三五"旅游业发展规划——规划依据

依据国家《"十三五"旅游业发展规划》《四川省国民经济和社会发展第十三个五年规划纲要》《四川省旅游发展规划（2011—2025）》，制定《四川省"十三五"旅游业发展规划》。本规划是指导未来 5 年全省旅游业发展的纲领性文件。

应用案例 3-5

海南省旅游发展总体规划（2017—2030）——规划依据

本规划依据《旅游法》（2013 年施行）、《中华人民共和国城乡规划法》（2015 年修订）等国家及地方法律法规和条例，《旅游规划通则》（2003 年）等国家标准和行业标准，《国务院关于加快发展旅游业的意见》（国发〔2009〕41 号）、《国务院关于推进海南国际旅游岛建设发展的若干意见》（国发〔2009〕44 号）、《海南省人民政府关于提升旅游产业发展质量与水平的若干意见》（琼府〔2016〕17 号）等政策文件和相关规划编制。

应用案例 3-6

云南省旅游产业"十三五"发展规划——基本原则

1. 坚持以人为本、特色发展原则。着力打造多样化、高端化、国际化的旅游产品，加快培育旅游新业态，彰显地方特色文化，提高旅游服务质量，不断满足人民群众日益增长的旅游消费需求，增强云南旅游吸引力和市场竞争力。

2. 坚持市场导向、统筹协调原则。面向旅游消费需求，以"旅游+"融合和全域旅游发展为重点，以重大重点项目建设为抓手，统筹整合各级各部门力量，加快旅游开发建设，促进产业集聚发展，带动贫困群众脱贫致富，促进城乡居民生活质量和水平不断提高。

3. 坚持深化改革、扩大开放原则。充分发挥市场配置资源的决定性作用，转变旅游发展方式，深化体制机制改革，以品牌引领旅游产业转型升级，扩大旅游对外开放，加强区域旅游合作，全面提升旅游产业国际化水平。

4. 坚持创新驱动、可持续发展原则。实施"科技兴旅、人才强旅"战略，加大旅游信息化发展和人才教育培训力度，正确处理好旅游建设发展与生态环境保护的关系，不断增强旅游业可持续发展能力。

3. 当地的自然经济社会状况

编制旅游规划时，必须对旅游地的自然、经济、社会环境进行全面的调查和了解，即全面调查旅游地旅游规划与开发的宏观背景、旅游地的自然经济社会状况，以及旅游业发展的基础和竞争态势。如果不全面调查和掌握这些情况就进行规划，不仅失去了规划的基础，而且会导致规划脱离实际，可操作性差。对旅游地的自然经济社会状况调查了解越深，旅游规划的内容就越全面，可操作性也就越强。

4. 旅游规划定位、目标与发展战略

根据对该区域未来旅游发展态势的判断，旅游规划应为区域旅游发展定位、制定目标并能够提供实现战略目标的途径（发展战略）。

旅游业是国家和地区经济社会发展的重要组成部分。旅游规划应明确旅游业在旅游地国民经济和社会发展中的地位，即旅游规划的发展定位，以促进整个社会和地区经济的繁荣。

旅游规划的目标是指依据规划的指导思想和市场条件、旅游资源禀赋，对旅游地在一定时期内提出的旅游发展要求，通常包括近期目标、中期目标和远期目标，通过定性和定量如旅游接待规模、旅游收入等指标明确旅游地旅游发展的方向和目标。确定旅游地旅游发展的目标是旅游规划的核心。旅游规划的全部内容，都是围绕这个核心而展开的。

应用案例 3-7

海南省旅游发展总体规划（2017—2030）——战略定位和发展目标

第十条　战略定位

近期以中国旅游业改革创新试验区、国际旅游岛建设、全域旅游示范省创建建设为目标，中期以建成世界一流的海岛休闲度假旅游胜地为目标，远期将海南打造成世界一流的国际旅游目的地。

第十一条　发展目标

近期（2017—2020 年）：至 2020 年，基本建成国际旅游岛。将海南打造成我国旅游业改革创新试验区，创建全域旅游示范省。旅游服务设施、经营管理和服务水平与国际通行的旅游服务标准全面接轨；旅游国际知名度、美誉度有较大提高；旅游产业质量和效益全面提升；在旅游综合管理、旅游投融资、旅游业发展引导、旅游公共服务、旅游市场监管等方面取得改革突破。到 2020 年，旅游总人数超过 8 000 万人次，年均增长 7.4%；接待入境游客超过 120 万人次，年均增长 12.5%；旅游总收入超过 1 000 亿元，年均增长 10.4%。

中期（2021—2025 年）：至 2025 年，建成世界一流的海岛休闲度假旅游胜地。海洋旅游、康养旅游、文体旅游、会展旅游、乡村旅游、森林生态旅游、特色城镇旅游、购物旅游、产业旅游、专项旅游 10 大旅游产品实现突破性发展；旅游基础设施和服务设施进一步完善；海南旅游管理和服务水平全面提升；旅游产业质量、效益达到国际先进水平。到 2025 年，旅游总人数超过 1.1 亿人次，年均增长 6.6%；入境旅游人数超过 200 万人次，年均增长 10.8%；旅游总收入超过 2 000 亿元，年均增长 12.7%。

远期（2026—2030 年）：至 2030 年，建成世界一流的国际旅游目的地。国际高端休闲度假旅游项目体系成熟；旅游产品体系全面升级；世界一流的旅游休闲环境和服务环境全面实现。到 2030 年，旅游总人数超过 1.5 亿人次，年均增长 6.4%；入境旅游人数超过 300 万人次，年均增长 8.4%；旅游总收入超过 3 000 亿元，年均增长 9.6%。

应用案例 3-8

沈阳市旅游发展总体规划（2015—2020年）（节选）——发展目标

在规划期内，打造具有东北亚地区影响力的旅游品牌，树立国内外知名的旅游城市形象。构建国际化旅游产品体系和服务体系，建设国家级或省级生态旅游示范区，培育国际知名的旅游龙头企业和骨干企业。延伸旅游产业链条，发挥传统品牌文化优势，培育旅游演艺、旅游商品、特色餐饮品牌。到2020年，旅游发展排名进入全国副省级城市前列，旅游接待总人数和总收入比2014年翻一番，旅游业增加值占全市GDP的8%，成为战略性支柱产业。确保旅游直接就业人数超过80万人，旅游成为幸福导向型的民生产业，旅游对当地居民的幸福指数大大提高。提高沈阳旅游的性价比，从而提高游客满意度和人均消费，保持在全国副省级城市中游客满意度排名前列。

整合优化阶段（2015—2016年）：优化建设区域旅游中心城市。重点推进城市旅游公共服务设施建设和旅游服务水平升级，提升产品质量和市场占有率；启动龙头项目的前期工作；推出城市旅游品牌形象。2016年，实现游客接待量1亿人次，旅游总收入1 400亿元。整合沈阳经济区旅游资源，组建旅游企业联盟、旅游服务中心。

重点突破阶段（2017—2018年）：打造全国旅游目的地城市，初步形成2个龙头项目，新增一个5A级旅游景区，促进国有景区向市场化运营转型；加强城市综合功能和旅游优势资源融合，重点发展文化、工业和都市旅游产品，围绕智慧城市的建设目标，发展智慧旅游，树立全国知名旅游城市形象。2018年，实现游客接待量1.28亿人次，旅游总收入1 800亿元。开通沈阳经济区旅游环线，开发区域精品旅游线路。

全面提质阶段（2019—2020年）：建设东北亚国际旅游城市。结合国家中心城市建设成果，全面提升旅游国际化品质。建成一批与国际接轨的大型旅游项目，培育一批能够影响东北亚的大型旅游企业。提高旅游产业效益，达到东北亚国际旅游城市水平。到2020年，实现游客接待量1.6亿人次以上，其中过夜入境旅游者116万人次；旅游总收入2 500亿元，其中外汇收入16亿美元。形成沈阳经济区旅游产品开发、宣传营销、服务标准一体化格局。

旅游发展战略是旅游业发展的纲领和蓝图，是促进旅游业发展的前提条件。制定一个好的区域旅游发展战略，可以促使区域扬长避短，发挥优势，搞好旅游建设布局，提高旅游业的经济效益。

应用案例 3-9

云南省旅游产业"十三五"发展规划——发展战略

实施创新驱动战略。转变发展方式，加强规划引导，推进开发建设，促进旅游要素合理流动和区域集聚发展。积极推进"旅游+互联网"融合，加大旅游大数据平台、智慧旅游建设力度，激发大众创新创业活力，促进旅游新产品开发和新业态发展，不断提升全省旅游发展质量和水平。

实施全域旅游战略。充分发挥和释放旅游产业的综合带动功能，推进"旅游+"融合，打造旅游集群区和产业园区，大力发展旅游新业态，构建高端旅游产品体系，不断拓展旅游新空间、培育新动能和壮大新供给，形成全域旅游发展新格局。

实施项目带动战略。加快推进世界遗产旅游地、国家旅游度假区、国家公园、旅游城镇、精品景区、旅游型城市综合体、旅游基础设施、旅游要素服务设施、公共服务设施等重大重点项目建设，全面提升云南旅游知名度、吸引力和市场竞争力。

实施品牌引领战略。着力打造品牌旅游区、精品景区、旅游名城名镇、旅游节庆会展和旅游演艺品牌，推进沿边跨境旅游合作区建设发展，加强国际区域旅游合作与交流，加快与国际旅游服务标准接轨，全面提升云南旅游国际化水平。

实施绿色发展战略。更加重视资源环境保护，积极推进生态文明建设，大力发展旅游循环经济，倡导低碳旅游和文明旅游，构建文明和谐旅游发展环境，促进全省旅游产业可持续发展。

5. 旅游资源分析

旅游资源是旅游地吸引旅游者的最主要因素，是旅游业发展的基础和前提条件，也是确保旅游开发成功的必要条件之一。旅游资源调查和评价是旅游规划最基本的分析工作之一。旅游规划应在对旅游地旅游资源进行全面调查的基础上，通过科学的方法对旅游资源的规模、品质、特色结构、开发环境以及开发方向进行科学的分析和深层次研究和评价，为旅游规划、开发和管理决策提供科学依据。这是旅游规划的基础。

6. 旅游客源市场分析

甘恩认为旅游业起源于游客对旅游的欲望，终止于这种欲望的满足，旅游规划者绝不能无视旅游者的需求。旅游规划的第一目标是满足游客的需求。客源地、客源市场的分析将直接影响旅游接待设施和旅游服务项目规划，同时对旅游项目创意也会产生影响。并且，面对日益个性化、规模化、多样化的旅游市场需求，任何旅游地只能满足部分客源市场的需求，而不可能并且也无力满足所有市场的需求。因此，旅游客源市场分析要分析和预测旅游地旅游市场发展趋势、目标市场及其需求总量、消费结构、消费水平。

应用案例 3-10

海南省旅游发展总体规划（2017—2030）——市场分析

海南旅游市场向往度高，但受可进入性等因素影响，市场容量较为有限。市场总量方面，2016 年海南接待国内外游客 6 023.59 万人次，低于国内主要旅游省份。时间结构方面，海南旅游淡旺季明显，客流相对集中在 12 月、2 月。空间结构方面，海口、三亚两极分化严重，2016 年海口、三亚接待过夜游客数量为全省的 49.49%；中西部旅游发展进程加快，但与东部差距仍在拉大。专项市场方面，冬季避寒旅游、森林生态旅游、婚庆旅游、古村落游、小镇旅游、自驾游等特色旅游市场走俏。

海南国内市场持续增长但增速放缓，2016 年接待过夜国内旅游者 4 902.32 万人次，同比增长 10.60%（低于 2011 年增速 15%），国内旅游收入 610.29 亿元，同比增长 15.60%（低于 2011 年增速 27%）。海南客源市场的地域结构受距离因素影响较低，长三角、珠三角等经济较发达地区是海南旅游的主要客源地，占 36.5%；东北地区游客则拥有最长的人均停留时间和最高的人均花费。此外，海南国内旅游市场还呈现"职业构成多样化、出行方式散客化、购物需求特色化"等趋势。将来海南省国内旅游市场策略应从数量增长为主向质效提升为主转变，目标市场应以中高端客群为主。

海南省入境旅游市场呈增长趋势，2016 年海南共接待过夜境外游客 74.9 万人次，同比上升 23.1%。其中，接待俄罗斯游客为 8.1 万人次，成为海南最大入境客源地。2015 年海南入境游客人均花费 402 美元/天，高于全国平均水平（237.75 美元/人天）。海南入境旅游在继续稳固俄罗斯等传统客源市场的基础上，还应进一步强化以台湾、新加坡为代表的近程入境市场，积极争取欧美高端市场。

7. 旅游产品规划

旅游产品作为一种综合性产品，其生产过程相当复杂，涉及面非常广，因此，旅游产品在生产之前必须经过通盘考虑，设计方应从整体上对旅游产品的类型结构、空间布局和开发效应进行分析研究。

旅游产品开发执行是由旅游资源和旅游市场双重导向的。首先，必须根据本地旅游资源状况、客源市场预测、旅游业竞争态势、规划原则和规划目标，明确旅游产品开发的方向、特色与主要内容，突出本地旅游资源特色，避免重复建设。其次，对能够充分发挥资源优势的旅游项目进行重点规划创意，对其空间及时序做出安排。旅游项目创意是整个旅游规划的灵魂，是旅游规划者最有作为的对象。它最能体现旅游规划者的水平，但它也是最费心血的。再次，还要根据活动项目的要求，建设旅游便利设施。最后，旅游线路的设计或选择，即将旅游地的城市、旅游景点、设施和服务合理贯穿起来，形成的一种综合性的旅游产品。

8. 旅游资源与环境保护

按照可持续发展原则，旅游规划应树立生态文明的思想，注重资源环境保护和开发利用的关系，加强旅游资源和环境的保护，提出合理的措施，实现旅游生态、旅游经济、旅游社会的效益最大化与可持续发展。

9. 旅游发展支持体系规划

旅游发展支持体系规划是旅游规划中不可缺少，十分重要的内容，主要涉及交通设施规划、住宿设施规划、餐饮设施规划、商贸购物设施规划等旅游基础设施和服务设施。

旅游地的基础设施规划，如食、住、行、购及供电、邮政通信、医疗卫生等，应能够满足旅游发展的需要。另外，旅游地的建筑在式样上也应独具特色，应体现地域风格和民族特色，布局合理，防止旅游区建设出现城市化的倾向。

10. 旅游发展保障体系规划

旅游规划的保障体系是从外部环境给旅游规划的实施方案提供政策、法规、市场、人力、财政和金融、科技、生态环境和社会环境等方面的支持和保障，以营造一个良好的外部环境，使旅游规划工作得以落实。

应用案例3-11

海南省旅游发展总体规划（2017—2030）——规划保障

第九章　规划保障

发挥海南作为中国旅游业改革创新试验区的优势，进一步推进体制机制改革创新，做好资金支持、人才供给、标准化发展、政策支撑保障。立足国际化视角，重点加强国际化人才引进，通过持续深化对外开放政策，推进海南国际化进程，为建设世界一流的国际旅游目的地提供全方位规划保障。

第五十二条　体制机制保障

深化旅游管理体制改革。推动各市县成立旅游发展委员会，健全机构设置，完善旅游资源整合与统筹协调、旅游规划与产业促进、旅游监督管理与综合执法、旅游营销推广与形象提升、旅游公共服务与专项资金管理、旅游数据统计、旅游人才培训等职能。健全旅游工作联席会议制度，建立成员单位公开信息通报和会商制度，强化政府对旅游业发展的主导作用。建立科学的旅游发展考核评价体系，加大旅游工作在经济考核中的权重。

推进旅游卫星账户统计改革。进一步开展海南省旅游卫星账户研究和应用，积极推进全省各市县旅游数据中心和旅游卫星账户建设，完善旅游统计和旅游综合分析体系，科学划定旅游产业构成内容与旅游业税收统计范围边界。加强旅游与统计部门合作，定期发布旅游统计信息，积极开展旅游市场热点调查，及时为宏观旅游发展决策和相关学术研究提供有效依据。

创新综合执法体制机制。各市县全部设立旅游质量监管机构、旅游警察、工商旅游分局、旅游巡回法庭（或旅游纠纷调解委员会）等"1+3+N"综合管理和执法体系。积极探索旅游与农业、林业、文体、交通、海洋与渔业、工商、质监、食药监、物价、环保、安全、卫生等部门开展更广泛的综合管理和执法模式，加大对旅游市场整治力度，打击虚假旅游广告、低价恶性竞争等非法行为。健全信用评价机制、黑名单制度。完善导游管理体制，推进导游员工化和导游服务公司实体化改革。加快旅游行业协会和中介组织的改革发展，切实发挥其行业自律作用。

落实规划保障。在《海南省总体规划（空间类2015—2030）》《海南省旅游业发展"十三五"规划》等规划引领下，根据旅游发展需要，启动相关旅游专项规划编制工作，做好规划环境影响评价，形成相对完善的旅游规划体系。将全省旅游总体发展规划、旅游发展专项规划和各市县的旅游发展总体规划与省和市县总体规划相衔接，并符合总体规划的要求。各地旅游规划和重大旅游项目开发建设要符合全省旅游发展总体规划要求。重视旅游规划的实施评估和监督管理，加强旅游规划的指导作用。强化旅游管理部门在旅游发展中的引导力与督促作用，建立服务与监督机制，开展规划的定期评估、跟踪监督和纠偏工作，提高规划的指导性和可操作性。

第五十三条　资金保障

加大财政支持。加大省、市县对旅游产业的资金投入，加强对海洋、森林、农业等资源的开发与保护。加大对新农村建设、扶贫开发、文化遗产保护、旅游基础设施建设等与旅游发展密切相关领域的资金扶持力度，探索建立稳定的逐年资金递增机制。对成功创建国家全域旅游示范区的市县和改造升级的旅游景区、星级饭店、椰级乡村旅游点等给予一定额度的资金扶持奖励。

整合财税资源。鼓励各市县将各项涉文、涉农、涉旅等各项财政资金进行整合，与重点旅游项目建设融合使用。落实旅游税收优惠政策，支持旅游企业"营改增"工作。

支持设立旅游产业投资基金。加快推动财政和大型企业、金融机构联合设立旅游产业投资基金，引导更多社会资本投入到旅游产业要素的提升改造、旅游产业融合和新业态新产品开发，以及重大旅游项目和重要旅游服务设施建设，推进旅游产业转型升级。

优化投融资环境。鼓励有资质的企业和政府合作，通过PPP（政府与社会资本合作）等模式参与旅游基础设施及重大旅游项目建设。推动旅游市场向社会资本全面开放，引导民间资本投入，构建全方位旅游投融资服务体系。

第五十四条　人才保障

加快专业旅游人才培育。加大政府在旅游人才培养方面的财政投入力度，引导社会资金投入旅游学校及各类国际化旅游教育和培训基地的建设。培育旅游业紧缺人才，建立旅游新业态人才培训基地。支持产学研发展模式，建立以企业为主体、以市场为导向的旅游业产学研战略联盟。提升旅游行政人员管理水平，加强对一线从业人员的培训，尤其注重对国际服务标准、国际礼仪的培训，提升旅游从业人员的多语种服务水平，加强接待入境游客的服务能力。推进海南大学、热带海洋学院等高校与境外知名旅游学院联合办学，加强国际交流与合作，开拓海外培训、实习渠道。

推进国际旅游人才引进。引进海洋旅游、生态旅游、文化旅游、高尔夫旅游、会展旅游、邮轮游艇旅游、康疗保健旅游等方面高层次、国际化专业人才。以旅游产业园区为载体，建立一批海外高层次人才创新基地。鼓励海南籍旅游专业人才回乡工作。

改善旅游人才发展环境。建设旅游人才创业平台，鼓励旅游人才创办旅游企业、开展创新型研究。优化旅游人才流动引导政策，畅通旅游就业渠道。完善旅游人才发展和管理制度。创新旅游人才激励政策，构建旅游人才交流、集聚平台。

优化旅游人才队伍建设体系。积极建设领军、骨干和急需紧缺三类旅游人才队伍，充分发挥重点人才引领带动作用。建立专家智力支持系统，引进一批国内外顶级专家学者，为海南省旅游行业的人才队伍提供专家智库的长期支持，提高旅游人才配置效能。发挥海南生态优势，吸引"候鸟型"人才，创新"候鸟型"人才的登记、选用机制，建立健全"候鸟型"人才库，强化旅游人才队伍建设，助推海南旅游业快速发展。

第五十五条　标准化保障

构建旅游标准化领导体制。成立海南省旅游标准化建设工作领导小组，统筹协调与指导全省旅游标准化工作。设立省旅游标准化建设工作领导小组办公室，强化旅游标准化工作的指导和监督。

创新旅游服务标准化工作机制。积极鼓励海南旅游服务企业、行业协会等参与国家标准、行业标准和地方标准的制定，组织开展对新制定旅游服务标准内容的技术审核。对各景区景点、旅游饭店、旅游交通、旅游餐饮等旅游企业的标准化建设进行指导。

加快旅游服务标准化建设。构建由国家标准、行业标准、海南地方标准及企业标准共同组成的海南旅游业标准化体系，围绕"吃、住、行、游、购、娱"六大要素，研究制定体现海南地方特色的旅游服务标准。强化行业监管，积极推动各项标准的规范实施。

推进旅游基础设施标准化建设。按照《城市旅游集散中心等级划分和评定》（GB/T 31381-2015）要求，加快海南旅游集散中心体系标准化建设。实施《海南省旅游厕所专项规划》，标准化建立和管理旅游厕所。执行《海南经济特区公共信息标志标准化管理规定》（海南省人民代表大会常务委员会公告第81号），加强旅游度假区和旅游公路的公共信息标志标准化建设。不断完善旅游咨询与服务、旅游投诉处理、旅游应急救援、旅游监管、旅游交通引导标识和自驾游服务体系建设。

第五十六条　政策保障

优化旅游用地和用海政策。在符合省和市县总体规划前提下，全面落实国土部、住建部和国家旅游局《关于支持旅游业发展用地政策的意见》（国土资规〔2015〕10号），加大对旅游扶贫、旅游厕所、省市重点旅游项目用地保障。支持城镇和乡村居民利用自有住宅或者其他条件依法从事旅游经营。优化海域资源配置，支持和保障重大涉海旅游项目建设。推广土地利用差别化管理。对使用未利用地、废弃地、无居民海岛等土地建设的旅游项目及确立的重点旅游项目，优先安排新增建设用地计划指标。探索建立重点旅游项目审批"绿色通道"，优化用地审批流程，保障项目顺利推进。

完善旅游对外开放政策。发挥"落地签证"和"入境免签"政策效应，进一步研究促进外国人入境过境旅游签证便利化措施。积极争取"全球免签"政策。推进构建泛南海旅游经济合作圈，进一步开展好邮轮边境旅游。加强与"21世纪海上丝绸之路"经济带沿线国家和地区的旅游合作，发挥好岛屿观光政策论坛的作用。加强与世界旅游组织、亚太旅行协会等国际旅游组织的交流与合作，提升海南旅游对外交流与合作的层次和水平。争取向境外旅行商放开中国公民出境旅游经营权。鼓励各市县政府、各部门围绕宣传推广、招商引资、学术交流、科技和文化交流等，积极开展"走出去"和"请进来"的国际交流合作。

落实旅游交通政策。持续优化海陆空立体交通进入方式；完善4A及以上景区的交通进入方式，建设旅游风景道、自行车道、步行道等"慢游"设施。拓展机场、火车站、汽车站、邮轮码头等客运枢纽的旅游服务功能；因地制宜在高速公路服务区增设休憩娱乐、物流、票务、旅游信息和特色产品售卖等服务功能，设置房车车位、加气站和新能源汽车充电桩等设施；鼓励在国省干线公路路侧富裕路段设置驿站、观景台、厕所等设施，加大景区和乡村旅游点停车场建设力度，鼓励在干线到旅游景区之间增设停车场并实现景区接驳服务。鼓励开通至景区景点的旅游专线、旅游直通车，鼓励在黄金周、小长假等重大节假日期间开通定制旅游线路，增强城乡客运线路服务乡村旅游的能力；加强旅游交通信息服务，建立交通、旅游等跨部门数据共享机制。加强交通运输部门和旅游部门的协作，建立健全促进交通运输与旅游融合发展重大问题协调推进机制。

强化惠民便民政策。落实带薪休假制度，确保居民的休闲时间。探索发展福利旅游，给老年人、青少年学生、残疾人等特殊人群旅游优惠保障。推行旅游年票制，创新联票类型，确保本地居民享受折扣优惠，提高居民的出游积极性。鼓励全省博物馆、科技馆、纪念馆、教育基地等发展，实现向社会群体免费开放，扩大市民及游客的休闲空间。

分析与思考：

1. 谈谈旅游规划的保障体系应包括哪些内容？

2. 保障体系对旅游规划的实施有什么意义？

此外，针对区域旅游发展规划，还有区域相关专题规划，如旅游宣传营销规划、人力资源发展规划等，其规划内容视规划的主题和目的而定。

（二）旅游区规划的内容

除了区域旅游发展规划之外，还有旅游区（景区、景点）旅游规划。这类规划因规划的深度不同，规划的内容也有差异和侧重点。

1. 旅游区总体规划

旅游区总体规划的任务是分析旅游区客源市场，确定旅游区的主题形象，划定旅游区的用地范围及空间布局，安排旅游区基础设施建设内容，提出开发措施。旅游区总体规划的内容包括：

（1）对旅游区的客源市场的需求总量、地域结构、消费结构等进行全面分析与预测。

（2）界定旅游区范围，进行现状调查和分析，对旅游资源进行科学评价。

（3）确定旅游区的性质和主题形象。

（4）规划旅游区的功能分区和土地利用，提出规划期内的旅游容量。

（5）规划旅游区的对外交通系统的布局和主要交通设施的规模、位置；规划旅游区内部的其他道路系统的走向、断面和交叉形式。

（6）规划旅游区的景观系统和绿地系统的总体布局。

（7）规划旅游区其他基础设施、服务设施和附属设施的总体布局。

（8）规划旅游区的防灾系统和安全系统的总体布局。

（9）研究并确定旅游区资源的保护范围和保护措施。

（10）规划旅游区的环境卫生系统布局，提出防止和治理污染的措施。

（11）提出旅游区近期建设规划，进行重点项目策划。

（12）提出总体规划的实施步骤、措施和方法，以及规划、建设、运营中的管理意见。

（13）对旅游区开发建设进行总体投资分析。

应用案例 3-12

东湖风景名胜区总体规划（2011—2020 年）

旅游区总体规划的成果，应包括以下内容：

（1）规划文本。

（2）图件，包括旅游区区位图、综合现状图、旅游市场分析图、旅游资源评价图、总体规划图、道路交通规划图、功能分区图等其他专业规划图、近期建设规划图等。

（3）附件，包括规划说明和其他基础资料等。

（4）图纸比例，可根据功能需要与可能确定。

2. 旅游区控制性详细规划

旅游区控制性详细规划以总体规划为依据，详细规定区内建设用地的各项控制指标和其他规划管理要求，为区内一切开发建设活动提供指导。旅游区控制性详细规划的主要内容包括：

（1）详细划定所规划范围内各类不同性质用地的界线。

（2）规定各类用地内适建、不适建或者有条件地允许建设的建筑类型。

（3）规划分地块，规定建筑高度、建筑密度、容积率、绿地率等控制指标，并根据各类用地的性质增加其他必要的控制指标。

（4）规定交通出入口方位、停车泊位、建筑后退红线、建筑间距等要求。

（5）提出对各地块的建筑体量、尺度、色彩、风格等要求。

（6）确定各级道路的红线位置、控制点坐标和标高。

旅游区控制性详细规划的成果，应包括以下内容：

（1）规划文本。

（2）图件，包括旅游区综合现状图，各地块的控制性详细规划图，各项工程管线规划图等。

（3）附件，包括规划说明及基础资料。

（4）图纸比例一般为 1：2 000/～1：1 000。

3. 修建性详细规划

旅游区修建性详细规划在总体规划或控制性详细规划的基础上，进一步深化和细化，用以指导各项建筑和工程设施的设计和施工。旅游区修建性详细规划的主要内容包括：

（1）综合现状与建设条件分析。

（2）用地布局。

（3）景观系统规划设计。

（4）道路交通系统规划设计。

（5）绿地系统规划设计。

（6）旅游服务设施及附属设施系统规划设计。

（7）工程管线系统规划设计。

（8）竖向规划设计。

（9）环境保护和环境卫生系统规划设计。

旅游区修建性详细规划的成果，应包括以下内容：

（1）规划设计说明书。

（2）图件，包括综合现状图、修建性详细规划总图、道路及绿地系统规划设计图、工程管网综合规划设计图、竖向规划设计图、鸟瞰或透视等效果图等。图纸比例一般为 1：2 000～1：500。

第二节 旅游规划的编制步骤

根据《旅游规划通则》（GB/T18971-2003），旅游规划的编制程序通常分为任务确定阶段、前期准备阶段、旅游规划编制阶段、征求意见阶段、规划评审阶段、规划报批阶段和规划编修阶段。

一、任务确定阶段

（一）委托方确定规划单位

委托方（甲方）根据国家旅游行政主管部门对旅游规划设计单位资质认定的有关

规定，确定旅游规划编制单位（乙方）。通常有公开招标、邀请招标、直接委托等方式。

公开招标是指委托方以招标公告的方式邀请不特定的旅游规划设计单位投标。

邀请招标是指委托方以投标邀请书的方式邀请特定的旅游规划设计单位投标。

直接委托是指委托方直接委托某一特定的规划设计单位进行旅游规划的编制工作。

委托方通常是旅游地的旅游行政主管部门，旅游规划编制单位是旅游规划的承担方，通常是具有不同资质的旅游规划设计单位。

2000 年，原国家旅游局发布《旅游规划设计单位资质认定暂行办法》规定，旅游规划设计单位资质分为甲、乙、丙三级。按照 2005 年 8 月 5 日实施的《旅游规划设计单位资质认定办法》，将从事旅游规划设计业务的单位资质分为甲级、乙级和丙级，并规定了各等级单位的资质要求及对承担旅游规划编制单位的认定和审核工作。

知识链接 3-1

旅游规划设计单位资质等级认定管理办法

第一条　为了提高旅游规划设计水平，规范旅游规划设计单位资质等级认定工作，根据国家旅游局《旅游发展规划管理办法》，特制定本办法。

第二条　凡在中华人民共和国境内注册，从事旅游规划设计业务的独立法人，均可申请旅游规划设计单位资质等级。

从事旅游规划设计业务是指：编制各级旅游发展规划，包括全国旅游发展规划、区域旅游发展规划、地方各级旅游发展规划；编制各类旅游专项规划，包括旅游景区规划、景观设计、活动策划、营销策划、资源开发方案等；提供与旅游规划设计相关的其他服务。

第三条　旅游规划设计单位资质等级分为甲级、乙级和丙级。

第四条　旅游规划设计单位资质等级的认定，遵循自愿申报、属地管理、分级负责的原则。

第五条　国家旅游局负责制定旅游规划设计单位资质等级认定管理办法，负责对全国旅游规划设计单位资质等级认定工作进行监督管理。

第六条　国家旅游局组织设立全国旅游规划设计单位资质等级认定委员会，负责全国旅游规划设计单位资质等级认定工作的组织和管理。

各省级旅游行政管理部门组织设立省级旅游规划设计单位资质等级认定委员会，并报全国旅游规划设计单位资质等级认定委员会备案。省级旅游规划设计单位资质等级认定委员会根据全国旅游规划设计单位资质等级认定委员会的委托，负责本辖区内的旅游规划设计单位资质等级认定工作的组织和管理。

第七条　全国旅游规划设计单位资质等级认定委员会负责甲级和乙级资质的认定和复核；根据资质等级认定需要，对甲级和乙级资质单位的旅游规划设计成果进行评价。

各省级旅游规划设计单位资质等级认定委员会负责本地区丙级资质单位的认定和复核；负责向全国旅游规划设计资质等级认定委员会推荐本地区符合条件的甲级和乙

级资质单位，并协助全国旅游规划设计单位资质等级认定委员会对本地区甲级和乙级资质单位进行成果评价。

第八条　申请甲级、乙级资质的旅游规划设计单位，须向所在地省级旅游规划设计单位资质等级认定委员会提出申请，由该委员会初审通过后，向全国旅游规划设计单位资质等级认定委员会推荐申报。丙级资质旅游规划设计单位由省级旅游规划设计单位资质认定委员会直接认定，并报全国旅游规划设计单位资质等级认定委员会备案。

第九条　甲级资质旅游规划设计单位应满足下列要求：

（一）获得乙级资质一年以上，且从事旅游规划设计三年以上；

（二）规划设计机构为企业法人的，其注册资金不少于100万元人民币；规划设计机构为非企业法人的，其开办资金不少于100万元人民币；

（三）具备旅游经济、市场营销、文化历史、资源与环境、城市规划、建筑设计等方面的专职规划设计人员，其中至少有五名从业经历不低于三年；

（四）完成过省级以上（含省级）旅游发展规划，或至少完成过五个具有影响的其他旅游规划设计项目；

（五）项目委托方对其成果和信誉普遍评价优秀。

第十条　乙级资质旅游规划设计单位应满足以下要求：

（一）从事旅游规划设计一年以上；

（二）规划设计机构为企业法人的，其注册资金不少于50万元人民币；规划设计机构为非企业法人的，其开办资金不少于50万元人民币；

（三）具备旅游经济、市场营销、文化历史、资源与环境、城市规划、建筑设计等方面的专职规划设计人员，其中至少有三名从业经历不低于三年；

（四）至少完成过三个具有影响的旅游规划设计项目；

（五）项目委托方对其成果和信誉普遍评价良好。

第十一条　丙级资质旅游规划设计单位应满足下列要求：

（一）从事旅游规划设计一年以上；

（二）规划设计机构为企业法人的，其注册资金不少于10万元人民币；规划设计机构为非企业法人的，其开办资金不少于10万元人民币；

（三）具备旅游经济、市场营销、文化历史、资源与环境、城市规划、建筑设计等方面的专职规划设计人员，其中至少有一名从业经历不少于三年；

（四）至少完成过一个具有影响的旅游规划设计项目；

（五）项目委托方对其成果和信誉普遍评价好。

第十二条　旅游规划设计单位资质等级每两年复核一次。复核通过的，换发新的资质等级证书；复核未通过的，由具有相应权限的资质等级认定机构做出撤销或降低资质等级的决定。被撤销资质等级的旅游规划设计单位，一年内不得重新申请资质认定。

应用案例 3-13

关于邀请参加《贵州省"十四五"对外交流和旅游营销推广规划》
编制工作方案比选工作的邀请函

各相关公司：

依照省政府关于开展"十四五"规划编制的有关工作部署，为配合贵州省"十四五"文化和旅游规划，扎实做好贵州省"十四五"对外交流和旅游营销推广规划编制工作，贵州省文化和旅游厅决定编制《贵州省"十四五"对外交流和旅游营销推广规划》。经研究，决定采用自行采购方式编制《贵州省"十四五"对外交流和旅游营销推广规划》，若你单位在文旅规划编制行业有丰富经验，可参加该项目自行采购比选工作。项目具体要求如下：

一、项目概况

1. 规划名称：《贵州省"十四五"对外交流和旅游营销推广规划》

2. 规划范围：贵州省

3. 规划地点：贵州省

4. 规划期限：2020—2025 年

5. 规划经费预算：25 万元内

二、资格要求

1. 具备合格的有效的企业法人营业执照；

2. 具有独立法人资格，拥有配置合理的文旅规划编制专业队伍，具体参与规划编写的团队应包含具有实践经验和一定知名度的文旅规划、市场营销、经济等相关专家；

3. 参选单位应具有旅游规划乙级以上资质，旅游规划业绩突出，市场信誉好，旅游科研工作成效显著；

4. 了解贵州省文化和旅游产业情况，在业界有较高知名度为佳。

三、参选单位提供以下相关资料

1. 参选单位简介；

2. 参选单位规划资质证书（附延期证明）及营业执照复印件；

3. 法人代表授权的授权委托书，身份证复印件；

4. 提供企业资信等级证书；

5. 拟参与的本项目负责人和专家团队构成人员简况、主要作品及获奖情况等相关材料，提供顾问专家团队 3 名人员的基本资料；

6. 近 3 年内主持的旅游规划名录（尤其是市场营销规划）、"十三五"规划、主要课题研究成果及获奖情况等相关材料（提供合同复印件）；

7. 规划总报价；

8. 规划设计方案（含工作计划和实施方案）；

9. 其他与本规划相关的证明材料；

10. 拟参加本项目意愿及对本项目组织保障的承诺。

注：所提供材料复印件加盖公章，但凡有一项虚假证明，取消编制本规划的资格。

四、规划成果要求

1. 本项目规划成果为《贵州省"十四五"对外交流和旅游营销推广规划》，规划成果形式为文本（含有关图表）和文本电子版（光盘形式），成果形式应符合国家《旅游规划通则》《旅游发展规划管理办法》《旅游景区质量等级划分与评定》《旅游度假区等级划分标准》等要求。成果应具有前瞻性、科学性、客观性、操作性、创意性，应在对在"十四五"期间持续打造升级"山地公园省·多彩贵州风"品牌，明确具体工作抓手，制订合理的品牌推广、文化交流计划，有效推进国际国内开放和交流活动，实现多彩贵州旅游形象境内外精准传播、靶向推介，提升多彩贵州文化旅游国际影响力。同时，也是更好支撑贵州省"十四五"文化和旅游发展规划，推动贵州省文化事业、文化产业和旅游业高质量融合发展，加快国际一流山地旅游目的地、国内一流度假康养目的地建设。

2. 紧密衔接贵州省"十四五"文化和旅游规划的总体要求，确定"十四五"文化和旅游宣传工作的战略方向，科学制定省内文化旅游资源和宣传资源整合、文化和旅游客源市场精准聚焦、对内对外文化和旅游宣传推介、对外文化和旅游合作交流等具体目标。

3. 在 2020 年 10 月底前，形成"十四五"对外交流和旅游营销推广规划征求意见稿，并充分听取我厅各处室、各市州文化和旅游部门、专家、企业意见。充分对接"十四五"文化和旅游规划。

11 月底前，完成专家咨询和论证，报厅领导验收审定。

12 月底前，完成"十四五"文化和旅游系列规划报批实施。

五、付款方式

1. 合同签订后，预付规划编制合同额 40% 预付款。

2. 规划编制完成初稿并提交甲方审查后支付合同额 30%。

3. 终稿编制完成通过省级评审论证后 10 天内付清合同额 30%。

六、报名时间及方式

1. 报名时间和地点。请受邀请的参选人于 2020 年 3 月 30 日到贵州省文化和旅游厅递交比选材料至宣传推广处。

2. 递交材料要求。比选材料用 A4 纸宋体不小于四号字打印，（一份）正本和（二份）副本分别独立胶装成册，字迹必须清晰易于辨认。在参选材料件中不许有加行、涂抹或改写，副本应是正本的复印件，正本与副本不一致时以正本为准，参选文件的正本及所有副本分别密封，密封袋上清楚地标明"正本""副本"，在密封袋封口处均加盖公章。所提供的相关资料采用书面文本直接送达或特快专递两种方式。

此函

贵州省文化和旅游厅

2020 年 3 月 23 日

（二）编制旅游规划项目任务书并签订规划合同书

旅游规划是一项经济行为，编制单位确定后，委托方应制定旅游规划项目任务书（Terms of Reference，TOR），并与编制单位签订旅游规划编制合同，明确规定规划名称、双方的权利义务、规划期限、违约责任等。从签订规划委托书或合同书之日起，就进入了旅游规划的正式编制阶段。

（三）组建规划编制专家组

签订规划合同后，规划编制者应立即着手成立规划编制专家组。规划人员在构成上应分为两个小组，即规划的领导小组和规划的编制小组。

规划领导小组一般由当地行政主管部门的代表、投资者的代表联合组成。领导小组的主要任务是在规划编制过程中进行协调，并与规划编制小组进行协商，相互交流规划思想，开拓规划的视野。

应用案例 3-14

中外合作编制旅游规划的实践——《云南省旅游发展总体规划》

《云南省旅游发展总体规划》（以下简称《规划》）研究和编制工作从 2000 年 7 月 24 日启动，至 2001 年 2 月 19 日通过专家评审，历时半年多。为配合世界旅游组织专家共同研究和编制好《规划》，整个规划组织方面重点抓了以下方面的工作。

（一）精心组织，保证规划工作的顺利进行

由于编制《规划》工作时间紧，工作量大，内容多，为了保证《规划》能够按质、按量、按时完成。云南省成立了《规划》编制领导小组、中方专家组和《规划》办公室机构，并由分管副省长担任领导小组组长，全面负责整个《规划》编制的领导工作。领导小组在整个研究过程中，始终加强领导和监督，对每一阶段研究计划和成果进行审查，确保了《规划》的质量和进度。云南省专门抽调了省内不同学科的专家，组成中方专家组，配合外方专家一起工作。由于中方专家都比较熟悉和了解云南旅游的发展情况，从一开始他们就紧密配合外方专家工作，帮助外方专家尽快进入情况，全面了解云南省情，共同研究旅游发展中的问题，提出发展战略、政策及行动计划等，确保了《规划》提出的发展战略和内容既充分吸收了国外专家的经验，又与云南的实际相结合。

在领导小组下设立了规划办公室，抽调了省旅游局及旅游有关单位的专业人员，并在办公室中分设了秘书组、外事翻译组和行政后勤组，分别负责《规划》研究中所需资料的收集、打印，中英文资料的翻译和研究过程中的口译，以及生活后勤等方面的工作，为《规划》编制工作创造了良好的条件，保证了整个规划工作有条不紊地按计划进行。

（二）密切合作，广泛动员各方面力量参与和支持

云南旅游业快速发展的重要经验之一，就是广泛动员社会各方面力量参与旅游开发和建设。在编制《规划》过程中，云南省始终坚持了这一经验和做法。一是通过旅游局发文，要求各级政府和旅游局、省级有关部门，关心、支持和参与整个《规划》编制工作，除了配合专家组搞好实地调研工作外，及时提供有关方面的信息资料，提出有关的意见和建议。二是广泛动员旅游景区景点、宾馆饭店、旅行社、汽车公司及旅游院校关心和参与《规划》研究和编制工作，使《规划》不仅反映旅游业宏观发展

的要求，同时也能充分反映旅游企业、地方社区的要求。三是通过培训，广泛动员旅游界职工及相关人员共同关心和参与《规划》研究和编制工作。尤其是由外方专家主持开展的旅游规划、市场营销和人力资源开发三个培训班，不仅培训了人员，而且通过培训班的研讨，获得了许多很好的意见和建议，体现了广大人民群众对发展旅游业的愿望和要求。四是在《规划》研究过程中，分阶段把旅游发展政策、旅游长期发展战略和《规划》初稿摘要本印发全省各地州市，各旅游局及省级各有关部门广泛征求意见，将反馈意见提供专家组研究和参考。

（三）加强领导，及时进行监控和协调

在整个《规划》研究和编制过程中，除了中方专家组的积极参加和配合外，规划领导小组、质量监控委员会和规划办公室始终加强对《规划》研究和编制工作的监控和协调，确保整个《规划》编制工作的有序进行。规划领导小组和质量监控委员会始终加强对《规划》编制每一阶段的监控和审查。在整个《规划》研究和编制过程中，共召开了5次领导小组会议，由规划领导小组成员和质量监控委员（包括世界旅游组织、国家旅游局和省旅游局）共同对每一阶段的研究成果进行审议，提出修改意见和建议，同时对下一阶段的工作计划进行审查，不仅保证了整个《规划》工作按照预定的计划进行，也确保了《规划》的质量。

在整个《规划》研究和编制过程中，规划领导小组办公室作为整个《规划》工作的具体组织机构，除了认真做好资料提供、材料翻译和后勤服务等工作，及时对《规划》工作中出现的问题进行协调，确保《规划》工作有序进行外；还以简报形式，定期将《规划》研究和编制工作情况及时向各级政府、各级旅游部门（包括国家旅游局）、各有关方面通报，及时加强与世界旅游组织、国家旅游局的联系，使整个《规划》工作一直得到了世界旅游组织、国家旅游局及各方面的大力支持，保证了《规划》研究和编制工作的顺利进行。

资料来源：根据罗明义《中外合作编制旅游规划的实践与体会》整理、改编。

分析与思考：

1. 在旅游规划编制过程中，为什么要成立旅游规划领导小组？

2. 旅游规划领导小组在规划编制过程中的具体任务有哪些？

由于旅游业的特殊性和综合性，规划编制小组成员要求专业覆盖面全面，应组建多学科专家组成的规划队伍。按照世界旅游组织《国家和区域旅游规划方法与案例分析》中的内容，规划编制组核心成员应包括旅游发展规划师、旅游营销专家、旅游经济学家和旅游交通和基础设施规划家。其他需要的专家包括旅游开发生态学家或环境规划师、旅游开发社会学家或人类学家、航空交通规划师、旅游人力资源规划专家、旅游组织专家、旅游立法和规章制度专家、旅馆和旅游设施建筑师和开发标准专家。如果规划中还涉及一些专题的规划、工程的可行性分析或专项研究，还需要其他类型专家，如土地利用规划专家、项目可行性分析专家、文化遗产规划专家以及生态学专家等。

（一）制订工作计划

在选定规划组成员后，规划编制小组应与领导小组商定规划的行动计划（working programming），详细描述旅游室内调研、野外实地勘察以及规划编制工作的进度安排，并明确完成各项工作预计所需的时间及达到的阶段目标。

（二）进行室内准备和分析

在实施实地调研之前，规划编制小组应通过统一学习或会谈交流等途径充分掌握规划地的基本信息，并对规划编制委托方先期提供的信息进行详尽的分析。

（三）室外实地考察调研

旅游规划的室外实地考察调研工作的重要内容包括旅游资源自身和旅游资源所在地的区位条件、经济、社会、自然条件、客源市场、道路交通与基础设施、土地利用现状、旅游产品开发现状、政府发展政策等。核心目的就是全面调查、了解和掌握旅游规划区的政策法规、旅游资源、旅游市场等状况。

1. 政策法规研究

对国家和本地区旅游及相关法规和政策进行系统研究，全面评估规划地的社会、经济、文化、环境及政府行为等因素。

2. 旅游资源调查

对规划区内旅游资源的类型、规模、组合、品位等进行全面调查，编制规划区内旅游资源分类明细表，绘制旅游资源分析图，具备条件时可根据需要建立旅游资源数据库，确定其旅游容量，调查方法可参照《旅游资源分类、调查与评价》（GB/T18972-2003）。

3. 旅游客源市场分析

在对旅游规划区的旅游者数量和结构、地理和季节性分布、旅游方式、旅游目的、旅游偏好、停留时间、消费水平等进行全面调查分析的基础上，研究并提出规划区旅游客源目标市场及其总量、结构和水平。

4. 旅游区竞争性分析及综合分析

确立规划区在交通可进入性、基础设施、景点现状、服务设施、广告宣传等各方面的区域比较优势，综合分析和评价各种制约因素及机遇，进行 SWOT 分析。

三、规划编制阶段

规划编制阶段是整个旅游规划工作的核心阶段。规划编制受托方在对规划区进行了详细的室外实地调研之后，在旅游市场、旅游资源等调查分析的基础上，确定目标市场、旅游开发计划、促销方案，以及进行住宿、道路、交通、基础设施需求预测，并完成旅游规划纲要编制。通过与编制委托方的沟通，进一步完善旅游规划纲要。根据旅游规划纲要，在一定期限内完成旅游规划文本、说明书和附件等草案的撰写工作。旅游规划的编制应重点突出以下内容。

第一，确定规划区主题。在前期准备工作的基础上，确定规划区旅游主题，包括主要旅游功能，主打旅游产品和主题旅游形象。

第二，确定规划分期及各分期目标。

第三，提出旅游产品及设施的开发思路和空间布局。

第四，确立重点旅游开发项目，确定投资规模，进行经济、社会和环境评价。

第五，形成规划区的旅游发展战略，提出规划实施的方案、措施和步骤，包括政策支持、经营管理体制、宣传促销、融资方式、教育培训等。

第六，撰写规划文本，说明书和附件的草案。

四、征求意见阶段

规划草案形成后，原则上应广泛征求各方意见，在此基础上，受托方对旅游规划草案进行修改、充实和完善。经过以上的程序，一个完整的旅游规划基本完成，进入规划的评审、报批与修编阶段。

五、规划评审阶段

旅游规划文本、图件及附件的草案完成后，由规划委托方提出申请，由上一级旅游行政主管部门组织评审。

旅游规划文本、附件和图件，原则上在评审会开始前的五个工作日之内送达各评审专家。若有特殊情况，不应晚于三个工作日。评审专家应尽可能选聘熟悉旅游业务或规划区经济社会发展情况的专家。如邀请不熟悉规划区情况的专家参加，应于评审会议召开前，组织专家实地考察。专家评审会议要安排充足的时间，原则上不应限定评审专家发言时间，如需约定，应当以30分钟左右为宜，确保评审专家能够充分发表意见。

（一）评审委员会组成

旅游规划的评审采用会议审查方式。旅游发展规划的评审人员由规划委托方与上一级旅游行政主管部门确定。旅游规划评审组由七人以上组成，通常包括经济分析专家、市场开发专家、旅游资源专家、环境保护专家、城市规划专家、工程建筑专家，以及相关部门管理人员等，其中行政管理部门代表不超过1/3，本地专家不少于1/3。规划评审小组设组长一名，根据需要可设副组长一名或两名，组长、副组长人选由委托方与规划评审小组推举产生。

（二）评审的主要内容

旅游规划评审应围绕规划的目标、定位、内容、结构和深度等方面进行重点审议，包括：

（1）旅游产业定位和形象定位的科学性、准确性和客观性；

（2）规划目标体系的科学性、前瞻性和可行性；

（3）旅游产业开发、项目策划的可行性和创新性；

（4）旅游产业要素结构与空间布局的科学性、可行性；

（5）旅游设施、交通线路空间布局的科学合理性；

（6）旅游开发项目投资的经济合理性；

（7）规划项目对环境影响评价的客观可靠性；

（8）各项技术指标的合理性；

（9）规划文本、附件和图件的规范性；

（10）规划实施的操作性和充分性。

（三）评审结论

旅游规划的评审需经全体评审人员讨论、表决，并经 3/4 以上评审人员同意方为通过。旅游规划评审意见应形成文字性结论，并经评审小组全体成员签字，评定意见方为有效。评审人员应对规划是否达到《旅游发展规划管理办法》的要求，或是否达到编制委托方的要求，做出明确判定。一般可采用"一致通过评审""通过评审""原则通过评审"等。

若评审通过，则可以上报规划并开始实施；若需做一定的修改后才能通过，则要求规划编制方按照修改意见加以修正；如果需要重新编制规划，也可以责成规划编制方重新编制规划方案，或者另请其他的规划编制组完成旅游规划的编制任务。

六、规划报批阶段

旅游规划文本、图件和附件，经规划评审会议讨论通过并根据评审意见修改后，由委托方按有关规定程序报批实施。

规划编制的完成和报批通过并不是规划的结束，而是规划的正式开始。

七、规划修编阶段

墨菲认为：旅游规划是预测与调整旅游系统内的变化，以促进对旅游目的地进行有秩序的开发，从而扩大旅游开发所产生的社会、经济与环境效益。它是一个连续的操作过程，以达到某一目标或平衡几个目标。旅游系统由诸多因素构成，随着时间的推移，在现实的社会经济环境条件下，均会出现不同程度的内部稳态失调和外部环境变化的压力，导致系统结构和功能发生变化。而且，在市场经济条件下，发展旅游业必须对现行的旅游规划实施优化，才能适应市场经济体制下旅游市场（供给市场、需求市场）的需要，才能最大限度地实现预期的经济效益、社会效益和生态效益。在规划执行过程中，要根据市场环境等各个方面的变化对规划进行进一步的修订和完善。

在实践中，不同区域旅游规划修编的原因各不相同，但总体而言，旅游规划修编的原因就是原有旅游规划不能有效指导旅游地的发展。具体原因可归纳为以下几个方面。

（1）旅游规划的理念与方法发生变化。由于时代背景的变化、理论研究的深入与实践经验的日益丰富，旅游规划理念与方法也在不断创新。原来的旅游规划由于理念的陈旧和方法的落后而不能指导旅游发展，从而促成旅游规划的修编。

（2）旅游需求特点发生变化。随着时代的发展，旅游需求的层次、内容、结构在不断地变化，基于旅游规划的市场导向原则，旅游规划就需要对原有产品做出相应调整，采取适应市场新变化的措施。

（3）旅游发展的宏观环境发生变化。旅游业的发展受政治、经济、文化、技术等宏观环境因素的制约，受区域旅游业发展格局和周边旅游地发展变化的影响。当这些因素发生变化时，旅游地旅游发展战略、旅游产品、旅游市场定位、旅游空间布局等都可能受到影响，客观上要求对旅游规划进行修编。

（4）旅游发展的内部条件发生变化。当旅游发展的资源、交通、配套设施、产业培育等内部条件发生变化时，旅游规划需要适应这些变化而进行修编，做出战略或措施调整。

应该指出的是，旅游规划修编通常是多种因素综合作用的结果。旅游规划修编正是针对我国市场经济迅猛发展、旅游需求剧烈变化、旅游竞争日趋激烈的大环境，以及各地旅游资源变化、交通条件改善、产业结构调整等小环境的变化，重新修订规划方案，促进旅游系统向良性循环。

应用案例 3-15

昆明市东川区旅游发展规划修编

2001 年 10 月，东川区旅游局委托某机构编制了《东川区旅游发展规划》。由于内外环境的变化，原规划不能适应急剧变动的实际，2011 年 8 月，东川区政府决定对上一轮规划进行修编。

（一）核心内容

旅游发展规划修编的核心内容是旅游的发展定位，通常包括目标定位、性质与功能定位、主题与形象定位、产品与市场定位、产业与区域定位等方面。上述定位在很大程度上决定着旅游规划的重点内容和相关内容，因此被称为核心内容，这也是旅游发展规划修编的关键所在。在东川区旅游发展规划修编过程中，鉴于红土地和轿子山老九龙片区被划出及旅游产品升级换代的趋势，把上轮规划中确定的"知名观光旅游胜地"调整为"特种旅游基地"，而把"东川区新的经济增长点"调整为"东川区转型发展的新抓手"。

（二）重点内容

在实践中，旅游发展规划的重点内容通常涉及旅游总体布局、产品结构、品牌形象；在规划修编中，这部分主要表现为空间布局调整、产品结构优化、品牌形象提升。旅游空间布局的目的在于确定发展轴、增长极、功能分区、产业集群、旅游合作重点廊道，构建区域旅游经济发展的空间框架。由于内外环境的变化，区域旅游空间布局也应随之进行调整，确定新的发展轴线、增长极和合作廊道。在上轮规划中，东川区旅游布局被确定为"一个接待中心、三个游览片区、两条游览景观带、一条旅游环线"；规划修编中提出了"一体（小江峡谷）、两翼（拱王山、乌蒙山）、三廊（东川—乌龙—红土地—轿子山、东川—大海—会泽、东川—格勒—巧家或西昌）、四片（雪岭后山登山探险片区、乌蒙山康体运动片区、泥石流越野体验片区、铜矿文化体验片区）"的基本思路。

旅游发展规划必须回答规划区域的产品体系、建设重点和开发时序；为了增强操作性，通常会有旅游项目与线路规划作为延伸内容。在规划修编中，该部分的重点在于旅游产品结构的优化，即在旅游需求升级、产品换代的背景下，规划区应如何优化自身的产品体系。在上一轮规划中，东川区旅游产品体系包括"轿子山观光、轿子山原始森林/泥石流修学科普、金沙江漂流/轿子山登山/攀岩运动康体、休闲度假、会议商务、区域观光、工矿旅游产品"；修编中根据东川区旅游资源实际和周边地区产品开发情况，将产品体系调整为"主导产品——特种旅游（登山、探险、越野、攀岩、滑雪、科考等）；辅助产品——康体旅游（高山草场、高峡平湖、温泉沐浴、登山健步等）；补充产品——观光旅游（乌蒙巅峰、深大断裂等）"。

形象制胜、树立品牌是区域旅游发展的重要战略。由于区域旅游总体定位的变化和产品的调整，旅游形象和品牌也随之相应变化，同时受到影响的还有市场开拓与旅游营销。在上轮规划中，东川区旅游形象确定为"轿子山冰雪景观，泥石流惊世大观"，市场指向为"一级市场——东川、昆明、曲靖、昭通，二级市场——省内其他、四川邻近地区，三级市场——省外海外地区"，修编中提出了"天南铜都，动感之旅"的主题形象和以"'一江两山一铜'特种旅游活动吸引全国和海外旅游客源"的市场开发思路。

（三）其他内容

除了布局、产品和形象，受到区域旅游总体定位影响的还有旅游产业体系、支撑体系和保障体系。除了考虑区域旅游总体定位之外，还应注意国家和省市层面旅游规划中的新要求。例如，国家"十二五"旅游规划中提出的"转变发展方式，提升产业素质""完善监管体系，提高游客满意度""深化旅游行政管理改革""建设旅游公共保障体系""健全政策法规与标准化体系"；《国务院关于加快发展旅游业的意见》提出的加强规划和法制建设、旅游市场监管和诚信建设、旅游从业人员素质建设、旅游安全保障体系建设、政府投入与金融支持、配套政策和措施等。东川区旅游规划修编中针对三大旅游体系优化，就提出了"培育和壮大市场主体、加强招商引智、推进产业融合与业态创新、提升旅游公共服务、创新涉旅工作协调机制、完善激励和考核制度"等基本设想。

资料来源：李庆雷，孔慧. 区域旅游发展规划修编的理论与方法 [J]. 湖南城市学院学报，2012, 33 (03)：55-58.

分析与思考：昆明市东川区对上一轮规划进行修编的原因有哪些？

应用案例3-16

东湖风景名胜区总体规划（2011—2020年）

第一条　编制目的。东湖风景名胜区上一版总体规划编制于1993年，于1995年审批通过，为今日东湖风景名胜区的保护与建设奠定了较好的基础。随着社会经济条件的变化和风景旅游事业的发展，东湖已经从原来的城郊湖变成了城中湖，东湖风景名胜区遇到了新的机遇和挑战，编制新一版的东湖风景名胜区总体规划势在必行。根据《风景名胜区条例》和《风景名胜区规划规范》及其他相关法规，特编制《武汉东湖风景名胜区总体规划》。

思考题

1. 旅游规划的基本内容有哪些？

2. 旅游规划的基本程序是什么？

3. 旅游地编制旅游规划，可通过哪些方式确定旅游规划单位？

4. 旅游规划编制完成后，付诸实施是否意味着旅游规划的结束？谈谈你的认识和体会。

5. 为什么要进行旅游规划的编修？

第四章

旅游规划与开发的理论基础

从学科性质上看，旅游规划与开发属于边缘性学科，是旅游学科与规划学科相结合的产物，涉及旅游学、地理学、规划学、经济学、社会学、管理学和系统学相关理论。从国内外旅游规划与开发的发展历史来看，旅游规划与开发的多学科性质也凸显无疑，旅游规划与开发从理论思想到规划方法都得到了极大的丰富。当今各地旅游业发展所导致的负面影响，如破坏旅游地的环境、旅游地居民与游客发生冲突等现象，都与旅游地旅游规划不尽合理、不够完善有直接的关系。此外，旅游业发展面临的新挑战使旅游规划与开发的重点、方法都在发生变化。因此，研究旅游规划与开发的基础理论，对指导旅游规划与开发实践有非常重要的现实意义。

本章主要介绍旅游规划与开发的理论基础（包括区位区位理论、空间结构理论、旅游人类学理论、可持续发展理论、旅游地生命周期理论、旅游系统理论），并了解这些理论的内涵及其对旅游规划与开发的意义。

第一节　区位理论

一、区位及区位理论的内涵

（一）区位

"区位"是 1882 年由 W. 高次首次提出。区位是人类活动（human activities）或人类行为所占有的场所，是一种空间状态，是任何经济活动所必须依存的基础。区位活动是人类活动的最基本行为，只有在最佳场所下活动，才能取得最佳效果，但事实上人类活动选择的不一定就是最佳区位，这就涉及人类如何进行区位选择的问题。

（二）区位理论

区位理论就是关于人类活动特别是经济活动所占有场所的理论，它研究人类活动的空间选择及空间内人类活动的组合，包括宏观与微观两层含义。一是宏观层面，人类活动的空间选择，也就是研究人类活动在什么样的空间获得的效益最大；二是微观层面，空间内人类活动的有机组合，即在已知空间内，人类活动如何组合才能获得最大效益。

二、区位理论的产生与发展

（一）区位理论产生的背景

区位理论是社会发展的产物。早在经济发展的初级阶段，从原始社会至封建社会这一漫长时期，社会生产力还不够高，人们的生活和生产在很大程度上受制于自然，因而人们通常聚居于自然条件良好、便于生产的地带。人们从事的是自给自足的小农经济式的生产，生产地就是消费者的聚居点和定居地，即就地生产、就地消费和就地居住，生产的产品不需要运输到异地进行分配和消费，成本和收益的比例不会随距离的变化而发生变化。在这样的情况下，人们必然不会考虑生产地点的选择问题，不存在生产的布局问题和研究区位理论的需要。

到资本主义工业革命后，经济迅速发展，社会生产力水平大大提高，尤其是工业生产，以前所未有的速度成长起来，经历了家庭手工作坊、工场手工业和机器大生产这几个阶段。工业生产的发展导致了产品供应数量和类型日益增多，生产规模的扩大使得产品单位成本大大降低，对传统的自给自足的经济带来毁灭性的破坏。在商品经济和市场经济地位确立后，市场"看不见的手"迫使工业生产企业在市场展开竞争。随着竞争日益激烈，企业管理者发现产品的运输成本和劳动力成本在很大程度上决定产品在市场上的竞争力水平，于是生产的最佳区位选择就成为市场竞争中获胜的重要条件之一。区位问题此时成了关系企业生死存亡的关键。区位论就是在这样的条件下产生的。

可以看出，区位理论并不是贯穿于人类历史发展的整个过程中，而是在一定的历史条件下，如经济日益发展、生产力水平提高、社会分工加深的条件下，在生产和经营过程中逐渐形成的。

（二）区位理论的发展过程

从早期区位理论思想的产生到现在，区位理论的研究已经从最初解决生产的最佳布局问题，发展到综合考虑各种经济因素和非经济因素对区位的影响问题。区位理论的发展经历了古典区位理论、近代区位理论和现代区位理论三个阶段。

古典区位理论始于19世纪20年代，1826年德国经济学家杜能出版了关于区位理论的第一部著作《孤立国同农业和国民经济的关系》，该书成为区位理论的奠基著作。德国经济学家韦伯于1990年发表了《工业区位论》，标志着古典区位理论的建立。这一阶段的区位研究立足于单一企业和工厂，目标是成本最省，多从微观经济角度研究企业（部门）布局，这一时期可称为微观研究阶段。该时期研究方法表现为抽象的、孤立因素的静态分析。

近代区位理论始于20世纪30年代，资本主义经济的发展推动了更大区域内的分工，形成了更大范围内的市场，人们关注的焦点开始转向市场的扩展上，通过拓展市场获得最大利润。最著名的是德国地理学家克里斯泰勒的中心地理论。与古典区位理论的不同是：目标以利润最大化代替了成本最小化，研究对象更加宏观。其次，近代区位理论不仅研究个别企业（部门）的区位问题，也研究一般的区位问题，从追求局部均衡发展到了追求一般均衡，在研究方法上出现了动态趋势。

现代区位理论始于 20 世纪 50 年代，第二次世界大战以后，各国加强国民经济的恢复和建设。第三次科学技术革命进一步推动地域分工协作以前所未有的广度和深度发展，生产大型化、联合化、集约化趋势日益加强，这对区位理论的发展提出了更高要求。这一阶段的区位理论研究面日益扩大，不仅考虑了经济因素，即从最初的成本最省，到考虑最大利润（市场），再到现在对多种成本因素的综合分析，即包括经济性成本因素（运费、市场等），也包括非经济性成本因素（制度、文化、军事等）。并且，宏观经济学和人类行为学的发展，计量科学的兴起，以及空间遥感技术的应用，强化了现代区位理论的预测分析功能。

区位理论研究的实质是生产的最佳布局问题，即如何通过科学合理的布局使得生产能以较少的投入获得较大的收益。

三、区位理论在旅游规划与开发中的应用

旅游开发的内容不仅涉及旅游资源本身，包括旅游资源的数量、规模、特色、组合等，还涉及分析旅游资源所在地的经济社会条件，其中区位条件分析是重要方面。20 世纪 30 年代中期，英国、法国、爱尔兰等国开始了最初的旅游规划。这些早期的旅游规划主要是针对旅游企业的一种发展计划和项目设计，如为旅游项目进行选址等。发展至今，研究内容涉及旅游区（景区、景点）、旅游服务设施（如旅游宾馆、饭店、旅行社、娱乐设施）选址布局等。旅游规划既包括宏观层面的空间选择，也就是旅游区（景区、景点）、旅游服务设施选址在什么样的空间效益最大，也包括微观空间旅游景点、旅游服务设施如何组合，才能获得最大效益。

区域旅游业的发展在很大程度上取决于旅游区位因子的好坏。对旅游业发展来说，资源、资金、交通、市场、政府、社会经济是主要旅游区位因子，自然生态、土地利用、城镇分布、研究开发、经营管理及其他因素是次要旅游区位因子。我们通常将资源条件、交通便利性和客源市场保障性等作为选取旅游区位条件的优先乃至决定性因素。

应用案例 4-1

旅游度假区开发的选址

旅游度假区的选址主要从源条件与区位条件两个方面同时入手，才能找到最佳的旅游度假区区位。旅游度假区应选择设立在旅游资源丰富、经济发达、交通便捷和有持续发展后劲的地区。旅游资源丰富是指具有较高质量的文化旅游资源和能够开展度假休闲活动的自然旅游资源，且资源品位高，开发利用价值大；经济发达是指对外开放程度高，商贸活跃，开发建设的基础条件好；交通便捷是指可进入性强，航空、航运、铁路和公路四通八达；有持续发展后劲是指旅游业已发展到一定规模，并且有稳

定的海内外客源市场基础，开展度假休闲旅游可以进一步拓展市场与产品的发展空间。

从理论上来说，资源条件与区位条件全优的地区构成了旅游度假区的最佳选址区位。但事实是优势资源条件与优势区位条件在空间上往往是分离的，这在一定程度上造成旅游度假区的选址比较复杂。现今遍布全球的旅游度假区实际上分属于下面三种类型：资源型、资源-客源型、客源型。

文章提到，在《旅游度假区的综合开发模式：世界六个旅游度假区开发实例研究》一书中，指出了各个旅游度假区在选址方面考虑的因素。其中，墨西哥坎昆旅游度假区的选址标准是：①迷人的热带气候和海滩；②加勒比海地区的客源市场节构成为墨西哥坎昆旅游度假区的重要背景；③促进旅游资源丰富的边远地区和无其他就业出路的地区的旅游业开发；④作为综合性旅游中心地的旅游度假区能刺激地区经济的发展，不仅要促进旅游业，还要带动农业、工业、工艺品行业的发展；⑤土地获取的难易度，水资源、交通以及其他限制性因素存在与否。

分析与思考：旅游度假区的选址应重点考虑哪些内容？

可见，旅游区（景区、景点）、旅游服务设施在选址、建设规模上都应进行综合考虑，尤其是对于游客最低门槛数的考察十分重要。否则，大量的投资得不到市场的认可和支持，最终只有失败的结局。旅游开发将潜在的旅游资源优势转变为现实的经济优势，势必要进行开发，势必要投入大量的人力、物力，如果市场对开发的旅游产品和服务的需求状况不好、消费量小，那么该旅游地必然无法实现规模化的经营，从而造成旅游地的高经营成本。当然，旅游区（景区、景点）、旅游服务设施的选址除了考虑旅游资源、旅游市场、交通可进入性等成本因素外，还应根据旅游规划与开发的内容，考虑其他非成本性因素。

第二节　空间结构理论

空间结构理论源于区位论，并且基本上沿用了区位论的研究方法。空间结构理论是指社会经济主体在空间中的相互作用和相互关系，以及反映这种关系的主体和现象的空间集聚规模和集聚形态。空间结构理论是研究如何使得社会经济主体保持最佳的相互关系和形态的理论，是促进区域合理发展的理论依据。

区域内社会经济主体间具有关联性，因此，在极化和扩散作用机制影响下，区域内的空间结构会升级和优化。一般来说，空间结构会依次经历原始均衡状态、增长极结构、核心—边缘—外围结构（或点—线—圈）、网络一体化结构等阶段。区域的均衡发展只能是一种理想状态。旅游业的增长并非同时出现在所有地方，它以不同的强度首先出现在一些增长点或增长极上，然后通过不同的渠道向外扩散，并对整个旅游经济产生不同的最终影响。我国旅游业始于20世纪70年代末80年代初，原国家旅游局从全国旅游业发展和各地区位实际（社会经济、资源、交通、市场等）出发，在1985年制定的《旅游事业发展规划》（1986—2000）以点的形式布局全国7大重点旅游区和二级重点旅游区或旅游线，经过多年的发展，重点旅游区，尤其是7大重点区，起到了辐射、带动、扩展作用，形成集聚整体效应。同时围绕增长中心，诱发和引导建立次一级中心，使区域旅游经济形成空间网状结构。

一、增长极

增长极是指在区域经济发展过程中，由于发展的不平衡，资金、物资、能量、信息、人才会逐渐聚居到少数条件优越的区域，使之成为区域经济增长的中心，这个中心就是区域的增长极。

增长极对区域经济增长的作用是通过极化作用和扩散作用来实现的，对周边区域的经济发展会产生正、负影响效果。

（一）极化作用

极化作用因类似磁铁对铁的吸引作用而得名。其作用机制表现为：由于增长极具有优越的区位条件（交通区位、资源区位、政策区位等），从而吸引了区域内的生产要素（资金、物资、信息、人才、能量等）向增长极聚集，以期获得较高回报，发展成为中心城市。在生产要素不断聚集的过程中，增长极的生产力水平和生产效率得以提高，再加上资源充足，使得区域增长极得以较快地增长。与此同时，增长极吸引了区域内其他地区的生产要素，使得区域其他地区经济发展缓慢甚至停滞，竞争力下降，从而对该地区经济实力综合增长构成了障碍。核心区域与边缘区域经济增长速度不同，核心区域依靠其支配地位，吸引边缘区域的劳动力、物资向核心区域流动。

（二）扩散作用

扩散作用的作用效果与极化作用完全相反，它有助于增长极周边地区的发展。由于在区域经济发展初期，增长极成为生产要素聚集的目的地，增长极周边地区的生产要素不断向增长极聚集，导致了增长极的生产规模逐渐达到最优。但由于生产要素流动的惯性，生产要素在增长极过度集中，增长极的基础设施不能满足经济增长的需要，从而经济效率下降。于是，为了避免由于对资源、基础设施的过度竞争而产生的高额成本，部分企业外迁，就造成了劳动力、资金、能量、信息等生产要素在一定程度上从增长极向外扩散，流向周边不发达地区，形成次一级核心区域。

随着核心区域对边缘区域的扩散作用加强，边缘区域产生的次中心逐渐发展，趋向于发展到原来的核心区域相似的规模，达到相互平衡的状态，增长极的极化和扩散作用的持续作用便形成了核心—边缘—外围结构（或点—线—圈）、网络一体化结构。

一般来说，在增长极发展的初级阶段，极化作用是主要的。当增长极发展到一定规模后极化作用削弱，扩散作用则相应加强。再进一步发展，扩散作用逐渐占据主导地位。极化作用和扩散作用相互作用，推动整个地区的经济发展。

二、空间结构理论在旅游规划与开发中的应用

（一）点轴开发理论

点轴开发理论把国民经济看成是由点和轴所组成的空间理论形式，其中，点即增

长极，轴为区域内的交通干线。其核心是：国民经济大都是在点上集聚，通过线状基础设施将增长极连接成一个有机的空间结构体系。该理论的基础是社会经济客体大都产生和集聚在一些具有特殊优势的点上，形成大小不同、职能相异的城镇，这些城镇之间主要通过线状基础设施（主要是交通线）来进行。当社会经济客体在空间集聚后，会向周围地区传播它的影响力，即扩散力。该理论是中心地理论、增长极理论的具体应用。

点轴开发理论在旅游业中的"点"是指区域内的各级旅游中心地，如各级旅游城市或旅游景区（点）。在区域内，旅游资源的吸引力大小、经济条件、交通条件、历史文化等，形成该地域内各级旅游中心地。旅游中心地因旅游资源的吸引力大小和交通的便利性，可分为高级旅游中心地和低级旅游中心地。它们有各自的吸引范围和消费市场。高级旅游中心地发展初期，通过极化作用，促进旅游经济各要素在该中心地集聚，为周边较大区域范围的大多数客源市场所认知和消费，旅游人数（次）和旅游收入均比周边区域明显更多和更高。低级旅游中心地则为区域内较小范围内的市场所消费。

点轴开发中的"轴"是指区域内连接各级旅游中心地的重要交通干线，如铁路、公路、航线、河运，从而形成更加有利于新的旅游中心地发展的区位条件。对各级旅游中心地的开发形成促进作用。同样连接旅游中心地的发展轴也有等级大小之分。不同等级的发展轴对周边区域具有不同强度的吸引力和凝聚力。方便的交通使得人口流动更加便捷，运输费用也随着降低。新的交通干线对游客、产业和劳动力产生新的吸引力，使得旅游产业和人口由高级旅游中心地向低级旅游中心地和新形成的旅游中心地转移和扩散，导致旅游者的决策行为、旅游产业要素的空间布局、旅游目的地的空间竞争、区域旅游空间格局都将发生变化。这种转移和扩散是渐进的。高级旅游中心地通过不同渠道向外扩散，并对区域经济产生不同程度的影响，是一个地区旅游业走向成熟的标志。

应用案例 4-2

高速铁路与区域旅游空间重构的实践经验

法国是世界上较早进行高速铁路建设并形成全国高速铁路网的国家之一。以巴黎为中心，东南高速铁路连接了巴黎和里昂（460 千米，2 小时圈）、巴黎和勒芒（200千米，1 小时圈）；大西洋线连接了巴黎和图尔（240 千米，1 小时圈）；北方线连接了巴黎和里尔（210 千米，1 小时圈）；地中海线则实现从巴黎出发，3 个小时即可到达马赛；泛欧高铁将巴黎和伦敦的车程缩短到 2 小时；北部高速铁路网则将巴黎到布鲁塞尔的车程缩短到 1 小时 20 分钟。由此形成的以巴黎为中心的高速铁路网，不仅将法国的重要城市与巴黎连接起来，同时也将周边国家的重要城市与巴黎连接起来。快速便捷的高速铁路网将巴黎塑造成欧洲陆地上的交通中心，使巴黎的旅游集散功能大大增强。高速铁路网使游客可以轻松地实现一天往返巴黎与其他旅游城市，因此这些城市（勒芒、里尔、里昂等）由综合性的旅游目的地转而发展成为商务旅游目的地，同时商务中心、会展中心、商务型酒店在高速铁路火车站逐渐集聚。

法国佩皮与西班牙巴塞罗那之间的跨国高速铁路提高了区域旅游吸引物集聚效应，同时也加剧了区域空间竞争。高速铁路连接的两个省级行政区分别是法国的朗格多克—鲁西永省（Languedoc-Roussillon）和西班牙的加泰隆尼亚省（Catalonia）。高速铁路开通后，从朗格多克—鲁西永省到加泰隆尼亚省旅游的游客数量达到 72.33 万人，远远多于从加泰隆尼亚省到朗格多克—鲁西永省旅游的游客数量 41.5 万人。两个中心城市佩皮与巴塞罗那面向相同的客源市场时，巴塞罗那的旅游资源吸引力得以强化，形成了集聚效应，而佩皮的旅游资源空间竞争力被弱化，游客不断被分流。这种竞争结果表明，以佩皮为代表的某种特色的旅游城市，其旅游资源吸引力不会因为高速铁路而得以加强，反而会在面对短期游客市场时由于交通便捷程度的提高而失去客源。因此，若要在高速铁路时代赢得客源，必须在旅游资源异质化、旅游产品多样化上寻找突破点。

资料来源：殷平. 高速铁路与区域旅游新格局构建——以郑西高铁为例〔J〕. 旅游学刊，2012，27（12）：47-53.

分析与思考：试分析高速公路对旅游者的决策行为、旅游产业要素的空间布局、旅游目的地的空间竞争、区域旅游空间格局影响，谈谈你的认识。

因此，点轴开发理论论述了旅游经济和游客的空间转移和扩散是通过点对区域的极化作用和发展轴对区域的扩散作用实现的。

当旅游地呈点状时，旅游活动的空间流动表现为"一地游"；呈轴线状时，旅游活动的空间流动表现为"一线游"；呈网状时，旅游活动的空间流动表现为"一片游"。因此，旅游地由点状模型向轴线模型再向网状模型逐步演变的过程也就是旅游活动从"一地游"向"一线游"最终向"一片游"发展的过程。只有出现网状模式时，多个吸引物、多个服务组团聚集形成的区域旅游目的地格局才能最终形成。点轴渐进扩散的结果是：形成点—轴—面的空间结果，面是区域旅游系统。

应用案例 4-3

湖北旅游空间发展现状和旅游空间发展战略

湖北旅游经过 20 多年的发展，已经具有相当的产业规模。"七五"时期形成了一点（武汉）两线（长江三峡、古三国）的空间格局；"八五"时期形成了两市（武汉、宜昌）两山（武当山、神农架）两线（长江三峡、古三国）的旅游产业布局；"九五"时期，长江三峡已成为海外游客旅华首选线路，神农架、武当山及以武汉为中心的周边休闲游等旅游资源不断开发完善，楚文化、三国文化、清江民俗风情、三峡双神（神农架、神农溪）旅游线得到进一步发展。以武汉、宜昌等大中城市为依托，连接省内各主要景区的旅游网络雏形初步形成。

空间发展战略模式的选择是一个动态过程，湖北旅游业应根据不同发展阶段选择不同的战略发展模式。根据湖北省所处的特殊区位条件和独有的资源优势，总体上湖北旅游业的空间发展模式应以区域一体化战略模式为目标（见表 4-1）。

表4-1　湖北省旅游业发展空间模式分析

期限	战略模式	战略开发思路	战略开发重点
近期	增长极	点状开发（增强节点的集聚能力和扩散效应，形成湖北旅游的增长极）	重点开发武汉、宜昌、荆州、襄樊、十堰等旅游城市和武当山、东湖、长江三峡（含两坝旅游景区）等品牌景区
中期	点—轴	线状开发（培育精品线路，形成湖北区域旅游开发的增长轴线）	重点开发大岳武当文化游、长江三峡风光游、楚文化精髓游、三国文化寻踪游、湖北湖泊休闲度假游、武汉商务会展游、神农架生态游等精品旅游线路
远期	区域一体化	网状开发（形成全方位、开放型旅游网络结构）	深度开发省内旅游线路，与中国精品旅游线路进行长线组合，使湖北旅游业融入世界及中国旅游市场体系

资料来源：张立明. 湖北区域旅游空间发展模式与战略布局［J］. 资源开发与市场，2005（05）：473-475.

区域内不同等级旅游中心地通过"点—轴"极化作用和扩散作用，从互补关联、孤立发展，变成彼此联系的网络，整个区域内旅游业发展形成一个有机的系统，达到相互平衡的网络一体化。通过网络布局，提升区域旅游整体形象，发挥区域旅游产品整体优势，及时参与国内国际长线产品的组合，丰富产品结构和功能，实现区域旅游的网状开发，对跨区域的旅游活动组织具有重要的意义，主要体现在：①提升区域旅游整体形象和综合竞争力；②完善区域内旅游产品结构和功能；③加强各旅游区的联系与协作，开展主题鲜明的专项旅游活动，发挥区域整体效应；④改善区域旅游业投资环境，增加重游率，实现客源的区内有效、合理流动，降低游客单位出游成本及缓解旅游交通的紧张局面。

应用案例4-4

基于"点轴"理论分析的辽宁体育旅游产业优化布局

秉承"资源互补、均衡发展"的理念，根据产业布局的点轴理论，结合辽宁体育旅游产业的发展现状和特征，提出了辽宁体育旅游产业——"双核、两轴、四区"的产业布局模式，形成"点""轴""面"相结合的体育旅游产业空间结构体系。

一、双核——沈阳、大连两个核心增长极

从辽宁体育旅游产业布局来看，辽宁体育旅游产业形成了省会城市沈阳、滨海经济发达城市大连为中心的典型的双核发展模式。"双核"模式的发展容易通过"轴线"向周围快速扩散，从而推动体育旅游产业在全省的发展。

二、两轴——沈大高速、京沈高速为依托的公路轴和以辽宁沿海旅游带为依托的滨海轴

有了增长极和发展节点，连接其中的轴线尤为关键。在沈阳、大连之间有"沈大高速""哈达高铁"，这两条交通线路贯穿两地，"京沈高速"也将辽西地区与辽中地域有效连通。同时，辽宁沿海高速也将大连与沿海地区（包括辽东在内）的其他城市

紧密地联系在一起。便利的交通网形成的轴线不仅有利于各地游客向沈阳、大连这两个增长极集中，更有利于体育旅游产业沿着交通轴线向周围地区扩散，进而带动全省体育旅游产业发展。

三、四区模式

"四区模式"是一种全面、互补、均衡、一体化的发展模式。其包括依托当地丰富的山水资源形成的辽西休闲体育旅游产业区、利用当地的民族传统体育资源构成的辽中辽南健身体育旅游产业区、开发沿海水体资源构件滨海体育旅游产业区和拥有强大经济实力和体育场所的沈大体育赛事旅游产业区四大区域。"四区模式"不仅使辽宁省内体育旅游产业均衡发展，更能利用不同区域内的特色和功能，形成一体化的，具有综合竞争力的产业集聚。

资料来源：张宇飞. 辽宁省体育旅游产业规划布局研究——基于"点轴"理论的分析［J］. 赤峰学院学报（自然科学版），2015（5）：180-181.

（二）核心—边缘理论

1966 年，美国区域规划专家弗里德曼（J. R. Friedman）根据对委内瑞拉区域发展演变特征的研究，以及根据缪尔达尔（K. G. Myrdal）和赫希曼（A. O. Hirschman）等人有关区域间经济增长和相互传递的理论，出版了学术著作《区域发展政策》一书，系统提出了核心—边缘的理论模式。弗里德曼认为，任何一个国家都是由核心区域和边缘区域组成的。核心区域一般是指一个城市或者城市集群及其周围地区，工业发达、技术水平高、资本集中、人口密集、经济增长速度快；而边缘区域则是相对于核心区域来说，经济较为落后的区域，核心与边缘的界限不是固定的（见图4-1）。归纳起来，"核心—边缘"理论主要阐述了以下四个基本问题：

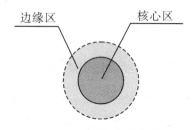

图4-1　核心区域与边缘区域

一是不平等关系。在区域经济增长过程中，核心与边缘之间有着不平等的发展关系。总体上，核心居于统治地位，边缘在发展上依赖于核心。

二是区域扩散。核心区域要向边缘区域扩散，在向边缘区域扩散的过程中核心区域的统治地位会进一步加强。

三是空间结构地位。核心区域与边缘区域的空间结构地位不是一成不变的，有些边缘区域虽然处于边缘区域但是拥有丰富的资源，有经济发展的潜力，就有可能出现新的增长势头，并发展成为次级核心区域。

四是共同发展。核心区域与边缘区域的边界如果发生变化，区域的空间关系就会不断调整，经济的区域空间结构从而也会不断变化，最终结果会出现区域空间一体化。

核心区域与边缘区域实现共同发展。

核心—边缘理论试图解释一个区域如何由互不关联、孤立发展，变成彼此联系、发展不平衡，又由极不平衡发展变为相互关联的平衡发展。根据"核心—边缘"理论分析，任何一个国家或地区都应该存在一个旅游的核心区域与边缘区域，也就是说，区域旅游的发展都应该存在符合"核心—边缘"理论的某种结构模式。其中，借鉴"核心—边缘"理论进行旅游资源的区域整合、景区土地利用规划、都市旅游圈层构造、区域旅游联动发展等方面，可以取得比较好的实证成果。

1. 旅游资源区域整合

旅游资源区域整合是为旅游发展战略规划和旅游空间布局规划服务的，是区域旅游规划中非常重要的基础性工程。旅游资源的区域差异是客观现实的，这种差异通常表现为旅游资源的空间极化现象。"核心—边缘"理论为区域性旅游资源的整合提供了科学认知的理论基础。通过对旅游资源所存在的客观差异进行分析比较，突出世界级、国家级和地区级旅游资源的地位，以它们为核心，形成旅游资源的若干增长极；同时突出"核心—边缘"结构中的资源优势互补而不是空间替代竞争，然后以旅游交通线路为桥梁，把旅游景区、景点作为旅游线路的节点，从而形成一个旅游资源区域体系。

"核心—边缘"理论认知模型与桂林实际相结合，形成了桂林特色的旅游资源的区域整合成果，为桂林旅游发展规划提供空间布局的决策支撑。

2. 景区土地利用规划

一个成功的旅游景区一般都是围绕核心景观或者核心服务功能区所组成的景观群落。不同类型的景区规划，其要求是不同的：对于生态型的景区规划来说，核心区域是生态景观保护区，其次是生态敏感区或者缓冲带，然后才是生活服务功能区；而会展型的景区规划，核心区域是会展建筑景观，边缘区域则是游憩休闲景观带或景观点；对于山岳型的避暑度假景区规划，核心区域是避暑度假村所组成的景观群落。不同功能属性的景区规划，在配置其土地利用的功能分区时，创造性地运用"核心—边缘"理论，会取得较好的空间规划成果。因此，景区规划要根据不同类型的旅游景区有所侧重，哪个地方应该是核心区域，哪个地方是边缘区域，都要心中有数，做到旅游景区功能分布合理、科学。

3. 都市（城市）旅游圈的构造

都市（城市）旅游普遍受到旅游界的重视，都市既是区域旅游的客源发生地，又是都市休闲、购物、会展旅游等的目的地。环绕都市的景观圈构造在空间结构上呈明显的"核心—边缘"结构特征。一般说来，其主要是呈圈层结构（见图4-2），由内及外依次是都市中心旅游圈、环城游憩旅游圈和远郊休闲度假旅游圈。这种旅游圈层结构已经成为正在发育的大中型城市的通用模式。外来的旅游者一般进入都市（城市）中心旅游圈旅游，都市内部的居民则喜欢到环城游憩旅游圈和远郊休闲度假旅游圈旅游，这就形成了一种"围城"效应：外面的旅游流进入都市，都市的旅游流进入边缘区域。

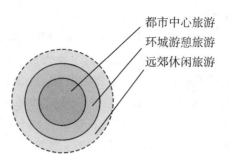

都市中心旅游
环城游憩旅游
远郊休闲旅游

图 4-2　都市旅游圈的构造

应用案例 4-5

上海旅游"十三五"规划出炉　将形成"三圈三带一岛"空间格局

"十三五"期间上海将形成"三圈三带一岛"水陆联动、全域发展的大旅游空间格局。"三圈"中的中心区旅游圈层以都市经典游为主，彰显城市景观与海派文化特色；郊区旅游圈层，以特色村镇游览、农林自然风光体验、主题游乐为主；滨海临江旅游圈层主要指长江及东海区域，依托邮轮、游艇、游船和休闲度假区等旅游业态和功能区建设，拓展都市滨海临江休闲度假、生态体验等功能。

资料来源：李宝花. 上海旅游十三五规划出炉　将形成三圈三带一岛空空格局 [EB/OL]. (2016-09-11) [2020-01-02]. http://sh.sina.com.cn/news/m/2016-09-11/detail-ifxvukhv8073794.shtml

4. "核心—边缘"联动发展

对大多数单核模式的区域来说，区域旅游联动发展主要表现为区域内部的核心与边缘之间的旅游互动；对于平行多核模式和多层极核模式的区域来说，区域旅游联动发展首先表现为"核心—边缘"结构系统内部的旅游互动。其次，一个"核心—边缘"结构系统与另一个"核心—边缘"结构系统之间也会发生旅游互动，从而构成复合型的"核心—边缘"结构体系。比如，四川的旅游发展就首先表现为成都、绵阳、宜宾、九寨—黄龙、峨眉山—乐山、青城山—都江堰等旅游核心或者是再次级旅游核心系统内部的旅游互动，其次表现为这些旅游核心系统之间的旅游互动。

第三节　可持续发展理论

一、可持续发展理论概述

可持续发展理论是对发展经济和保护环境关系的充分认识和深刻反思的结果，已成为世界上处理环境和发展问题的重要指导思想。迄今为止，为大家广泛认可的可持续发展的概念是由挪威首相布伦兰特夫人提出的。可持续发展是指既满足当代人的需求，又不对后代人满足其自身需求的能力产生威胁的发展。

20 世纪 80 年代，全球旅游业飞速发展，大规模、大众性旅游时代的来临使旅游对自然和社会环境的负面影响进一步凸现。既然旅游业"是个资源型产业，有赖于自然的馈赠和社会遗产"（墨菲，1985），因此，旅游业必然与可持续发展密切相关。旅游业的可持续发展，最早则是在 1990 年加拿大的温哥华召开了全球可持续发展旅游会议上提出的，会议明确定义旅游可持续发展是"引导所有资源管理既能满足经济、社会和美学需求，同时也能维持文化完整、基本的生态过程、生物多样性和生命支持系统的旅游"。会上通过了《旅游业可持续发展行动纲领》，该纲领中提出旅游可持续发展的五个目标：①增进人们对旅游产生的环境效应和经济效应的理解，强化其生态意识；②促进旅游业的公平发展；③改善旅游接待地区人民的生活质量；④向人们提供高质量的旅游经历；⑤保证未来旅游开发赖以存在的环境质量。

1995 年，联合国教科文组织、环境计划署和世界旅游组织共同组织的"可持续旅游发展世界会议"通过了《可持续旅游发展宪章》和《可持续旅游发展行动计划》，正式确立可持续发展思想在旅游资源保护、开发和规划中的地位，并明确规定了旅游规划中要执行的行动。会议通过了 18 条可持续旅游发展的原则，可归纳为：旅游发展与生态环境承受能力匹配，协调当地经济发展状况，尊重当地道德规范，自然、旅游和文化融为人类生存环境整体，政府机构与非官方的环境保护组织共同担负旅游发展责任，加强旅游开发可行性研究，拟定旅游管理框架和行业规则，实现地区旅游可持续发展。确立了可持续发展的思想方法在旅游资源保护、开发和规划中的地位。

二、可持续发展理论对旅游规划的指导意义

旅游业是社会发展的重要组成部分，是国家经济不可缺少的要素。因此，旅游业的可持续发展对国家经济的发展有着十分重要的意义。

但是，长期以来旅游的开发模式是典型的粗放型模式，将旅游业的发展看成是一种数量型的增长和外延型的扩大再生产，导致了旅游资源的盲目开发，缺乏深入调查研究和全面科学论证、评估与规划，旅游区的环境遭到了严重的破坏。旅游规模和旅游经营者的经济收益均大大增加，但随之出现的一系列资源、环境、生态和社会问题却使人们一度对旅游业的发展产生了困惑。而可持续发展为旅游业在发展中遇到的各种困惑和问题找到了一条有效的解决途径。旅游业可持续发展是基于旅游业发展中产生的日益突出的环境、经济、社会问题而提出的，旅游规划目标由仅仅追求美感和经济收益转为寻求经济、资源、环境，以及社会文化等多种利益的协调和统一。

生态环境遭到破坏，旅游也将失去依托。旅游开发对当地环境的破坏，造成这一局面的原因，与其说是旅游者的错，不如说是开发者的错。旅游规划以不破坏资源环境为核心目标，注重旅游活动的长期生存和发展，要求旅游发展带动区域发展，实现区域经济效益、社会效益、环境效益的综合最大化。旅游规划和开发要求旅游与自然、文化和人类生存环境成为一个整体，要注重经济效益、社会效益和生态效益的结合，切实保证旅游活动与生态环境的协调，让自然和文化资源不枯竭，不退化，并将其维护成一种可靠的资源，作为将来永远不断利用的基础，实现旅游的有序发展，走可持续发展的道路。

（一）阶段性开发

可持续发展理论还为旅游规划和开发提供了一个全新的理念，即阶段性开发理念。要注意开发规模的控制，防止出现过度开发和过滥开发的局面。要正确分析与预测旅游区各子系统的未来发展趋势，对目前尚不完全具备开发条件的旅游资源（尤其是古迹文物、文化旅游资源等）应暂时储备起来，以免造成过大损害，影响后代人的使用。要严格控制出现急功近利，重开发轻保护，甚至只开发不保护的现象。按照可持续发展的原则，要在满足当代人需求的同时满足下几代人的需求。因此，旅游规划与开发要具有一定的弹性，为未来进一步的开发和建设提供空间，实行阶段性和局部性开发。优先开发那些地理位置优越、便于旅游者前往的旅游资源，以使其较快地产生效益；充分利用现有资源，提高其利用率；密切关注供求关系，循序渐进地开发。

（二）旅游环境承载力

旅游环境承载力是旅游地（景区、景点）在一定条件下所能承受的旅游活动强度，是区域旅游可持续发展的主要判据之一。旅游环境不仅仅是单纯的自然环境，还是一个包含了社会、经济、自然环境在内的复合环境系统。旅游地的生态、社会、经济环境对旅游活动强度的承受能力是有一定限度的。超过这个阈值将会对旅游地的生态、社会、经济环境造成难以恢复的破坏。在一些生态环境原本就脆弱的地区，如喀斯特地区，开发其旅游资源时就更应谨慎行事。因此，在编制旅游规划的过程中，应对旅游地的旅游环境承载力和承载量进行预测和评估。旅游环境承载力在旅游规划中的应用研究，为旅游规划中的环境影响评价提供了思路和实现途径。如果开发强度过大，超过旅游环境系统的承受阈值，必然导致明显的环境污染、旅游设施的破坏及游客旅游质量的下降，旅游经济超负荷运转，牺牲环境效益获取经济效益，最终难以实现旅游地的可持续发展。

第四节　旅游人类学理论

一、旅游利益相关者

1983 年，墨菲（Murphy）在《旅游：一个社区方法》一书中较为详细地阐述了旅游业对社区的影响、社区对旅游的响应，以及如何从社区角度去开发和规划旅游。他把旅游看作一个社区产业，而将作为旅游目的地的当地社区看作是一个生态社区。他构筑了一个社区生态模型。社区的自然和文化旅游资源相当于一个生态系统中的植物生命，它构成食物链的基础，过分地索取会导致植物的减少和自然退化。当地居民被看作是生态系统中的动物，他们作为社区吸引物总体中的一部分，既要过日常生活又要作为社区展示的一部分。旅游业类似于生态系统中的捕猎食者，而游客则是猎物。旅游业的收益来自游客，游客关心的是旅游吸引物（自然和文化旅游资源及娱乐设施）和服务，这是"消费"的对象。这样吸引物和服务、游客、旅游业和当地居民便构成了一个有一定功能关系（生物链）的生态系统中的主要成分。它们的比例是否协调，关系系统的健康和稳定。按照这种思维方法去规划和组织旅游业便是社区法。1985年，墨菲（Murphy）出版了《旅游：社区方法》（*Tourism-A Community Approach*），开始提倡旅游规划中的社区公民参与，将旅游规划能够从纯商业性的开发方法转向一个更加开放的、以社区为导向的方法，把旅游视为当地的一种资源，那么旅游业将会产生更大的社会和经济利益。这一方法的实质是让当地社区（各个阶层包括当地政府官员、居民、建筑师、开发商、生意人、规划师）参与旅游规划的过程和重大决策的制定，使当地居民的想法和对旅游的态度反映在规划中，以减少居民对旅游的反感情绪和冲突，管理好旅游这一资源，使旅游业为整个社区世世代代带来好处成为旅游业发展的目标和评价旅游业的标准。采用这一方法，使旅游业发展的着重点除经济考虑之外，还要考虑目的地的生态和居民的质量。社区参与规划可以从三个方面来看：公众参与决策的过程和居民参与旅游发展的利益分配。此外，当地社区居民的文化、生活、生产方式的人文景观是以自然风光为基础的旅游地的最好的互补资源。当地社会的广泛参与，可使旅游规划真正符合当地特点，确保其实用性。

不仅仅是居民，所有利益相关者都应参与旅游规划的理念被广泛接受。利益相关者的基本思想源于19世纪的一种协作或合作的观念。旅游业的发展涉及众多的利益相关者，在它的发展中必然会出现各种利益主体的相互博弈。为了使旅游业能够得到健康和持续的发展，在旅游规划的制定过程中，应把这些利益相关者充分吸纳进来，使他们能够积极参与到旅游业的发展中来。2003年《旅游规划通则》要求："旅游规划编制过程中应当进行多方案的比较，并征求各有关行政管理部门的意见，尤其是当地居民的意见。"

一般而言，一个国家和地区的旅游景区的旅游规划与开发通常会涉及很多利益相关者，包括旅游地居民、旅游者、旅游地社会团体、旅游开发者。

（一）旅游开发者

旅游开发者是区域旅游开发建设的主要资金来源，也是旅游开发的首要利益群。旅游开发者对旅游资源进行开发，修建和完善旅游基础设施和服务设施，通常要占用当地社区和居民的生产和生活活动空间，旅游开发者将旅游社区所在地的旅游资源开发成为旅游产品，并向旅游者提供产品和服务，实现预期的经济效益。旅游开发者在获取经济利益的同时，也应充分考虑旅游规划和开发的社会效益和生态效益，才能实现旅游业的可持续发展。

（二）当地社区及居民

对旅游规划与开发所在的社区（community）及居民来说，旅游资源往往是当地居民的生产生活环境，同时旅游的本质在于文化，文化的重要载体也是当地居民。当地居民及其真实生活是旅游区发展的原动力，他们也是旅游资源的一部分。一方面，他们也应该是旅游业的受益人。他们牺牲和让渡自己一部分生产和生活空间，让旅游开发者将其开发成为旅游活动的公共空间，将其赖以生存的旅游环境和旅游资源开发成相应的旅游产品，他们的利益如何保障？这是旅游规划与开发必须要考虑的问题。因此，旅游规划与开发应充分考虑和保障当地社区及居民的利益，为其提供经济获益机会和就业机会。另一方面，旅游者与当地社区及居民之间存在一种复杂的经济和文化关系。旅游者往往代表了多种文化和经济背景，旅游者的到来无疑会在经济上和文化上对当地社区产生冲击。旅游者的大量进入也会给所在社区居民带来基础设施使用上的拥挤和不便。因此，随着旅游业的深入发展，当地社区及居民会越来越重视生活的环境和质量，重视旅游开发后自身的生存状况和发展机会。

伴随旅游开发的进行，社区居民对本地的资源价值有了越来越清醒的认识，对旅游业的自我参与意识更加强烈，也希望在旅游规划与开发中得到相应的利益。由于没有事先协调好社区利益，目前国内不少旅游地的规划与开发出现了社区居民与开发商之间的利益冲突。

（三）旅游者

甘恩（Gunn，1979）认为旅游业起源于游客对旅游的欲望，终止于这种欲望的满足，旅游规划者绝不能无视旅游者的需求。旅游规划的第一目标是满足游客的需求。旅游者是区域旅游可持续发展和盈利的关键，因此，旅游规划与开发应对目标市场群体的需求加以特别关注。旅游规划与开发应坚持"以人为本"，以满足旅游者精神和文化需求为目标；应注重人的生命质量的提高，对目标市场旅游者的行为模式要进行分析，使旅游者在亲近自然山水、接触社会人文、享受美食、休闲购物的旅游过程和服务过程中体验到身心愉悦。

近来的研究结果表明，越来越多的潜在旅游者不会被区域内单一的旅游项目所吸引，更为重要的是要为这些旅游者营造一种友善的环境，旅游者对于友善环境的感知程度往往会超过对旅游项目的外在审美感受。例如，夏威夷因自然绝美的风光、洁净迷人的海滩、轻松曼妙的生活节奏，吸引着大批旅游度假的来客。几十年来，aloha[①]这个词被人与一种复杂的心理状态联系起来，称为 aloha 精神。aloha 精神通常被描述为一种关心和接纳周围的人，并尊重他们的人格。因此，旅游规划以人性化为原则，体现对旅游者的人文关怀，在细微方面为旅游者提供便捷和惊喜的服务。

（四）旅游地社会团体（旅游企业）

旅游活动的开展涉及食、住、行、游、购、娱等方面，除了旅游开发者开发的旅游景区外，旅游业的正常运转还涉及旅行社、旅游交通、旅游住宿业、旅游娱乐业、旅游购物业等旅游企业，它们与旅游开发者在旅游业的经营活动中充当了不同的角色，起着不同的作用，共同保证旅游业的正常运行。其中，旅行社、旅游交通业、旅游住宿业被称为旅游业的"三大支柱"产业，它们提供不同性质的产品和服务，共同为旅游者完成一次旅游活动，反过来实现自身利益。同时，旅游企业尤为当地社区和居民发展创造就业机会、商业机会，促进当地社区生活和生产功能的完善，推动当地经济社会发展。

---

① 夏威夷语，指爱慕、同情、怜悯、再见、你好等意思，在夏威夷被特别用来作迎接和道别。在有的情况下也被用作致意问候。

在分析了旅游规划和开发的相关利益群体后，可以看到，旅游规划与开发的过程实际上也是协调各方关系和利益的过程，这个过程中必须统筹考虑各方利益，实现各方利益最大化。

二、旅游人类学的研究对象

旅游人类学就是借用人类学的学理依据、知识谱系、视野、方法和手段对旅游活动进行调查和研究。旅游人类学的研究对象是旅游地居民、旅游开发者、旅游者和旅游地社会团体（旅行社、旅游饭店等）在旅游开发和旅游活动过程中产生的各种临时互动关系（见图4-3）。这种互动关系表现为上述人和团体之间的经济相互影响和文化相互影响上。

旅游规划与开发只有协调处理上述人和团体之间的经济相互关系和文化相互关系，才能营造一个和谐的旅游环境，使得各方在旅游业发展过程中获益、受益。否则，某一方或某一团体出现问题，都会对其他各方或团体造成影响，甚至对整个国家和地区的旅游业发展造成难以预估的影响。

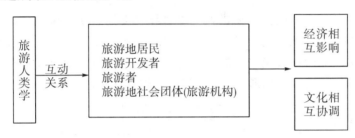

图4-3　旅游人类学研究对象

（一）经济互动关系

旅游者与旅游居民地居民的经济相互影响主要通过购物来产生，旅游者在旅游过程中希望购买的旅游商品的生产者和销售者都是当地的居民，这样就建立起了一种供求关系；旅游者与旅游地社会团体之间的经济互动关系是通过旅游过程中所需要的食、住、行服务来建立的；旅游者与旅游开发者之间的关系是建立在旅游者在开发者所提供的场所中游览和娱乐的基础上的（见图4-4）。

在旅游地的居民、旅游地社会团体和旅游开发者之间还存在着交换、依赖、合作三种互动的经济关系。

旅游地的居民与旅游开发者之间的交换关系主要表现在居民对其生产和生活活动空间的让渡上，即当地居民牺牲自己的一部分生产和生活空间，让旅游开发者将其开发成为旅游活动的公共空间，从而换取一定的经济获益机会和就业机会。

旅游地的居民和旅游地社会团体之间形成了一种经济上的依赖关系，这些社会团体的员工大多从本地雇佣，旅游开发使他们改变了从前的职业，进入旅游服务行业。

旅游开发者和旅游地社会团体之间是一种互惠共生的经济合作关系。因为旅游活动的开展涉及食、住、行、游、购、娱等方面，旅游开发者与旅游地的社会团体在旅游业的经营活动中充当了不同的角色，起着不同的作用，共同保证旅游业的正常运行。

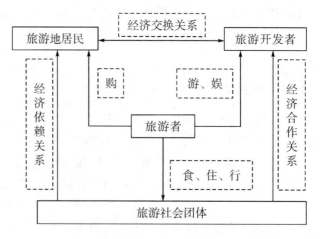

图 4-4　旅游活动中的主客经济互动关系

（二）文化互动融合

旅游者出游的一个很重要的动机就在于对异质文化的求索与猎奇心理。但是，具有不同文化背景的人碰到一起必然会因为他们的文化差异而产生误解和冲突。在旅游过程中，旅游者与旅游地居民之间的文化互动关系有三种表现形式，即文化冲突、文化认同、文化整合，这些表现形式往往与居民对旅游者的态度有关（见图 4-5）。

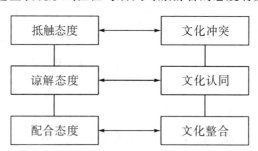

图 4-5　旅游者与旅游居民间的文化互动关系

三、旅游人类学对旅游规划与开发的启示

吴必虎先生指出，旅游规划师不仅要为旅游者建造楼房供人住，提供车位以供泊车，更重要的还在于其为旅游者寻找和创造一个充满人文关怀的社区。这句话很好地揭示了旅游人类学对旅游规划和开发的启示。旅游人类学为旅游规划和开发提供的创新理论基础，为旅游规划的编制者提供了一个人本主义的规划哲学。旅游规划的侧重点一直以来都是放在旅游的硬件设施建设和软件服务质量及环境的改善上。旅游人类学则向旅游规划者展示了更为广阔的旅游规划思路，即旅游规划中不能仅仅局限于物质环境的规划设计，人才是旅游活动中的真正主体。

旅游规划者要从关心旅游地的各利益相关者入手，对旅游地的相关者的特性、活动以及社会环境加以关注。在规划时首先要充分考虑、协调旅游者、旅游地居民、旅游开发商以及旅游地相关社会团体的相互关系和利益，协调社区居民与当地政府、开发商、旅游者等之间的关系，实现各方的利益诉求，旅游规划学者需从不同的立场、不同的视角进行思考，尤其要把社区居民这一相对弱势的群体作为重要的利益群体和开发主体来对待，然后再着手提升旅游地的硬件质量。

第五节　旅游地生命周期理论

一、旅游地生命周期理论概述

随着社会的发展、文明的进步以及生活水平的提高，人们的价值观念和审美情趣的变化，必然导致旅游者消费倾向和需求品味的不断提高，旅游者的选择个性化、多样化和易变性的特点也日益突出。因而，任何一个旅游地不可能长期不变地保持一种产品结构或旅游行为结构。能够满足一切时代的旅游者旅游需求口味的旅游地实际上是不存在的。因此，旅游地和其他物品产品一样，也存在起源、发展、兴旺和衰退的变化模式，即旅游地生命周期。

生命周期（life cycle）最早是生物学领域中的专业词汇，是用来描述某种生物从出现到最终消亡的演化过程，后来被市场营销、国际贸易等学科借用来描述与生物相类似的演化过程。

旅游地生命周期理论（tourism area life cycle，TALC）是描述旅游地系统动态演化的基础理论，不仅是旅游理论体系的重要组成部分，也是指导旅游地可持续发展实践的重要工具。旅游学界借助生命周期理论开展研究可追溯到1963年克里斯泰勒对欧洲的一些旅游地研究。1980年加拿大学者巴特勒（Butler）在《加拿大地理学家》杂志系统地对旅游地生命周期进行了阐述。21世纪以来，欧洲很多旅游地呈现不同程度的衰退，管理部门开始重视旅游地的动态演化。目前较为典型是的巴特勒（Butler）模型、普罗格（Plog）模型和双周期模型（double-cycle）。

知识链接4-1：

克里斯泰勒"旅游地发现—发展—衰退"模型

克里斯泰勒生动地描述了旅游地发展模式的经典过程：画家发现了一处不为人知的美景，诗人、摄影师、电影人等纷至沓来，艺术家不断汇集，美景地在外界眼中变得时尚且有知名度，当地居民开始利用简易设施为慕名而来的旅行者提供食宿从而获取一定收益，后来又转变成为接待来客而投资建设食宿设施。随着更多游人慕名而来，资本亦循迹而至，并有旅游组织提供完善的旅行服务，此时，旅游地则被最初的探索群体抛弃，大众也对这一旅游地逐渐厌倦，而在其他地方，先驱者发现—追随者云集—大众到来直到厌弃的循环也已经开始。

（一）巴特勒（Butler）模型

加拿大旅游学者巴特勒（1980年）最早把市场学中的生命周期概念引入旅游地管

理的研究之中，以游客数量的变化作为一个主要指标，绘制了影响力极大的旅游地发展"S"曲线模型，系统地总结了旅游地发展规律。旅游地的演化被划分为6个阶段，包括探索阶段、参与阶段、发展阶段、稳固阶段、停滞阶段、衰退或复兴阶段。在旅游地发展的不同阶段中，旅游者需求、旅游者、旅游产品的供给数量、旅游产品的内涵、东道区社会、外来资本、当地环境等旅游地系统要素，随着旅游业发展呈现出规律性的变迁。

探索（exploration）阶段：旅游地的生命周期始于一小部分具有冒险精神、不喜欢商业化旅游地的旅游者的早期"探索"。

参与（involvement）阶段：随着旅游景区逐渐为人们所认识，到该地旅游的旅游者日益增多，当地人们积极参与向消费者提供休闲设施及随后的广告宣传，使旅游者数量进一步增加。

发展（development）阶段：旅游者数量增加更快，到旅游高峰季节时旅游者人数甚至超过当地居民的人数，随着大量外来资金投入旅游景区建设，对旅游经营实施控制的权利也大部分从当地人手中转到外来公司手中。

稳固（consolidation）阶段：尽管旅游者总人数仍在增长，但增长的速度已经放慢，并且旅游者人数仍然巨大。规模巨大的旅游者已经对当地居民的生活造成一定的影响，居民对旅游者表现出一种仇视情绪。

停滞（stagnation）阶段：旅游者人数已经达到高峰，超过了旅游景区的环境容量，产生了一系列的经济、社会和环境问题，旅游业的发展受到来自诸多方面的阻力。旅游地本身也不再让旅游者感到是一个特别时髦的地方了。

衰落（decline）或复兴（rejuvenation）阶段：或是因旅游者被新的度假地所吸引，致使这一行将衰亡的旅游地只有依赖短距离的一日游游客和周末旅游者的造访来维持生机；或是由于新产品的开发，使旅游地再度"复兴"。

巴特勒用一条近似"S"形的曲线，说明了旅游地在不同发展阶段中的发展状况，能很好地反映出整个旅游业发展过程的各种情况（见表4-1）。对于旅游地生命周期及其发展规律，西方许多学者一直在进行实证性的探索。尽管他们发现，由于旅游地自身的资源特色、发展速度、可进入性、政府政策以及竞争状况等因素的差异，导致旅游地生命周期曲线的具体形态各有差异，但这些实证研究的结果却基本上支持周期理论的一般观点，即旅游地有一个起步经盛而衰的过程。

表4-1　旅游地阶段划分及其阶段特征

阶段	特征
探索阶段	○少量的探险者偶然地光顾，没有公共设施 ○到访者被旅游地的自然特色所吸引
参与阶段	○当地居民提供旅游基本设施 ○确定的客源市场开始出现 ○开始有了旅游季节，广告也开始出现
发展阶段	○旅游设施得到发展，促销力度得到加大 ○外来公司对旅游业的控制加大 ○旺季的旅游人数远远超过了当地人口数量，致使当地人对旅游者产生敌对情绪

表4-1(续)

阶段	特征
巩固阶段	○旅游业成为当地经济的主要组成部分 ○成熟的客源市场已经形成 ○本地一些陈旧老化的旅游设施已降为次等设施 ○当地做出努力来延长旅游季节
停滞阶段	○旅游者数量及旅游容量达到顶峰 ○旅游地形象已定型并广为人知,但不再时兴 ○旅游设施的供应逐渐减少,其转手率较高
衰落阶段 (复兴阶段)	○旅游者被吸引至新的旅游地 ○旅游设施逐渐被非旅游设施所取代 ○旅游地变成了旅游贫民区或是完全没有了旅游活动 ○采用适当的措施,如重新定位旅游吸引物,改善环境等,则可能出现不同程度的复兴

资料来源:根据徐致云、陆林《旅游地生命周期研究进展》中的表格数据整理、编写。

(二)普罗格(Plog)模型

1973 年,普罗格从旅游者的心理特征出发,提出了旅游景区生命周期的心理图式假说,即认为旅游景区所处的生命周期阶段与旅游者的行为有关。

旅游者按照心理类型被划分为多中心型、近多中心型、中间型、近自我中心型和自我中心型五类。一般而言,多中心型的旅游者兴趣广泛、富有探险精神,而自我中心型的旅游者较为保守。

多中心型的旅游者具有探险精神,喜欢新鲜经历。由于旅游景区尚未开发,因此,对多中心型的旅游者具有较大的吸引力。多中心型旅游者的到来使旅游景区进入初始的发展阶段,即巴特勒的探索阶段。

随着多中心型、近多中心型旅游者的不断加入,旅游景区的发展逐渐趋于成熟,旅游设施和旅游接待服务设施日渐完善。此时,该旅游景区吸引了占据旅游者人数中绝大部分的中间型旅游者,这些旅游者希望旅游景区交通便利,环境舒适。于是,中间型旅游者的大量参与促使旅游景区进入发展的成熟期,即巴特勒的稳固阶段。

当旅游景区发展成为大众型的旅游目的地后,原先多中心型的旅游者逐渐放弃该旅游景区,继而去寻找新的旅游景区。于是该旅游景区将随着多中心型旅游者的逐渐减少而进入衰落期,即巴特勒的衰落或复苏阶段。

因此,旅游景区生命周期阶段的发展实际上就是旅游景区对不同类型旅游者吸引力变化的不同阶段。

巴特勒模型和普拉格模型从两种不同角度描述了旅游地的生命周期,但是两者之间说明的问题是相同的。

(三)双周期模型(double-cycle)

我国学者余书炜提出了双周期模型(double-cycle)。双周期是指旅游地在不同的时间范围内存在两种不同的生命周期,即长周期和短周期。

长周期是指旅游地从起步到最终衰亡及消亡的漫长周期,旅游发展必然伴随吸引力的下降，人为的管理可实现复兴或者延长生命周期，但旅游地发展突破承载力阈值后，衰退则难以避免，大致等同于巴特勒和普罗格的旅游地生命周期。

短周期是指旅游地在旅游吸引力环境保持不变的一段时期内所历经的周期，它可能完整，也可能不完整。在旅游地发展的短周期内，旅游地的演进只表现为旅游接待状况的变化。

双周期模型的意义在于：短周期将告诫人们旅游地若不做出复兴努力，那么它终将会在"中途"衰落下去；长周期则预示在未到最终衰落及消亡之前，旅游地永远存在着复兴的可能性，旅游地的发展过程是渐进的，必须经过自身调整才能在充满竞争的环境中生存下去。

二、旅游地生命周期理论在旅游规划与开发中应用

（一）预测客源市场规模

对于客源市场的预测是旅游规划与开发的重要内容。目前，很多旅游规划与开发在进行游客量预测时，一般都采用一元线性回归方程进行趋势外推。但是往往由于线性回归模型的拟合程度不高使得预测结果失真。

生命周期理论描述了旅游地各发展阶段的特征，可以很好地判定旅游地发展阶段及发展状况，剖析其形成和发展的内在因素，并较好地预示了其今后的发展趋势。因此，可以考虑将该理论作为预测和指导区域旅游开发与规划的工具。

（二）指导旅游产品的开发创新

旅游地生命周期就是产品生命周期的外在表现形式，每一次成功的产品创新将引领旅游地进入下一轮快速成长阶段。因此，生命周期理论从另一个视觉论证了旅游产品创新的必要性。

应用案例4-6

丹霞山世界地质公园生命周期

丹霞山坐落于广东省，又被称为中国"红石公园"，它是国务院批准成立的第二批国家重点名胜区、广东四大名山之首，它是粤北地区宗教朝拜、登顶观日出和自然观光的重要旅游目的地。

一、探查阶段（1960年之前）

从丹霞山以及韶关的历史沿革来看，由于丹霞山独特的地貌自然景观和地处岭南地区北向交通要道的区位，丹霞山自古就有旅游活动开展。古时丹霞山的旅游以香客宗教旅游为主要形式，这与丹霞山的宗教文化发展密切相关。秦汉之时丹霞山就有道观存在，隋唐时期寺庙出现，道观、寺庙数量在明清时期达到最盛，其中别传寺还被誉为"岭南10大丛林之一"，宗教文化盛行带动了周边居民到丹霞山朝圣，由此形成了丹霞山最初的旅游活动。当然，早期的旅游活动是以宗教朝圣为主要目的，旅游仅仅处于辅助地位。另外，南北往来的旅客在途经丹霞山时也会兼顾游览观光，尤其是

文人墨客多留下赞美丹霞美景的诗词、石刻，为丹霞山确立了最初的民间旅游品牌。隋唐时更得到周边民众的认可，丹霞山被列为"岭南旅游胜地"。

实际上，1960 年之前的丹霞山主要发挥着宗教驻地和交通要道的功能，旅游活动处于辅助的次要地位，游客人数较少，并且缺乏专门的旅游设施，并没有成为真正意义上的旅游景区，处于旅游发展最初的探查阶段。但这一时期人类在丹霞山区域的活动尤其是文人墨客的赞美传颂，使丹霞山形成了初步的旅游品牌，并通过民间的口碑传播逐步扩大，为后续的旅游发展奠定了基础。

二、参与阶段（1960—1979 年）

虽然 1930 年，丹霞山作为丹霞地貌命名地开始受到关注，但由于国民经济生产的重要性和旅游消费大环境尚未形成的现实，丹霞山最初并没有作为旅游景区进行开发建设，而是在 1963 年通过成立丹霞林场以发展林业经济为主。丹霞山后续才适应社会需求进行了公路、林场招待所、商店等基础设施的初步建设，1976 年，丹霞山管理所成立，丹霞山被开发成为旅游景区。由于当时韶关市的外部交通设施并不完善，这一阶段的游客主要由近距离的周边居民尤其是韶关市民组成，其游览活动也集中于长老峰一带，游客的规模仍然很小，直至 1979 年，丹霞山的游客总数仅为 5 万人次。

在这一阶段，地方政府开始作为开发主体介入丹霞山的旅游发展进程中，将林场公路和乡村道路改造成为专门的旅游道路设施，奠定了丹霞山后期发展的硬件设施基础，之后陆续开发的阳元石、锦江画廊、翔龙湖等主要景区基本上都围绕这一阶段形成的道路体系分布延伸。另外，1979 年夏，地方政府接待了由广东省政协、广东省港澳接待办组织的港澳政协委员来丹霞山的考察团，随行媒体记者对丹霞山的报道成为丹霞山旅游发展中的第一次旅游广告，为下一阶段外地游客市场的启动进行了前期铺垫。

三、发展阶段（1980—1985 年）

1980 年，鉴于丹霞地貌命名地的影响力和社会旅游需求的逐渐兴起，加之出于利用当地特色资源扶持山区经济发展的考虑，广东省及地方政府宣布丹霞山成立旅游区并对外开放，成立了丹霞山风景管理局和丹霞山中国旅行社，丹霞山旅游进入了真正的发展阶段。其间，管理局和旅行社对长老峰景区和锦江沿岸进行了整修，建设了长老峰、宝珠峰区域的登山道路、半山亭、观日亭，锦江景区配置了 30 艘玻璃钢游艇；同时还陆续重修了别传寺、锦石岩等景点，在丹霞自然观光旅游基础上恢复了宗教文化旅游的内涵，提升了丹霞山的整体旅游吸引力；另外，地方政府还于 1983—1985 年期间陆续建成了汽车站、办公楼、溢翠餐厅和溢翠宾馆（后中旅宾馆），充实了丹霞山旅游景区的服务设施体系。

这一时期，以政府为主体的管理局、旅行社作为丹霞山旅游发展的主体机构对丹霞山进行了有计划的开发经营，通过旅游广告、线路推荐、设施配套等多种形式扩大丹霞山的旅游影响力，拓展市场范围。正是在这样有组织、有计划、有步骤的统一宣传行动下，丹霞山迅速得到了旅游消费市场的响应，游客规模持续快速上升，1980—1985 年期间游客总量年均增长率高达 30.8%，1985 年的游客量是 1980 年刚开业时的 2.5 倍，旅游市场逐步成熟，丹霞山进入了第一个黄金发展时期。

在良好的发展态势之下，经营管理机构在 1985 年成功获得"广东省风景名胜区"

的称号，形成了丹霞旅游品牌的新内容、新级别。

四、巩固阶段（1986—1988 年）

1980 年，丹霞山正式对外开放的前 6 年（1980—1985）期间不断上升的游客总量带来了显著的经济效益，地方政府和当地居民都切身体会到旅游发展的利益，由此引发了他们对丹霞山旅游发展的重视。丹霞山开发建设力度加大，围绕长老峰、锦江等景区的步行道路、水电设施、宾馆旅社等基础设施得到进一步的完善配套，以美景宾馆、中旅宾馆为核心的周边区域出现了较为明显的娱乐商业服务区，当地村落尤其是长老峰区域的瑶塘村经济活动与旅游业发展形成了较为密切的联系。在这一阶段，游客总体规模仍然保持增长的势头，1986 年的游客量比 1985 年增长了 10.2%；本阶段的 1986—1988 年三年期间的游客量基本维持在同一水平，增长率与上一阶段的 6 年相比开始下降，但游客规模已经远远超出丹霞山当地居民的人口总数，旅游发展已经成为丹霞山区域经济的主体功能。

更为重要的是，政府经营管理机构开始借助专家技术力量统筹考虑丹霞山旅游开发的全面计划。1988 年，丹霞山管理机构邀请有关专家组成技术团队编制了丹霞山风景名胜区总体规划，对丹霞山未来的旅游发展思路和功能格局进行了第一次全面系统的研究设计，同时还促成了 1988 年丹霞山申报中国国家级重点风景名胜区的成功，使得丹霞山成为当时韶关唯一的国家级旅游景区。

五、停滞阶段（1989—1994 年）

1989—1994 年期间，从游客量来看，丹霞山的旅游发展陷入了停滞的困境。自 1989 年开始，丹霞山游客数量缓慢下降，至 1994 年达到最低点；而在丹霞山正式对外开放的 20 多年生命周期中，这一时期属于丹霞山旅游发展的低谷，虽然管理机构进行了大量的广告宣传营销工作，但这 6 年的游客数量始终处于低水平。

究其原因，这一阶段的低谷固然与当时国内旅游大环境整体低迷和周边景区相互竞争有关，但最主要的原因还是景点规模狭小、内容单一老化，老景区、老品牌已经无法继续扩大丹霞山的吸引力和影响力。1993 年，韶关市仁化县政府成立丹霞山风景名胜区管理委员会，具体负责丹霞山旅游开发、资源保护与农村发展的具体事务。管委会成立伊始就在专家团队的技术咨询下决定开发建设新景区，以解决丹霞山面临的停滞困境，双方共同选择了临近长老峰的阳元石、翔龙湖作为新景区进行开发建设。这成为后期丹霞山发展过程中具有决定意义的战略选择。

虽然这一阶段中丹霞山的游客量持续低迷，但是旅游投资却仍然兴旺，社会企业纷纷参与丹霞山旅游设施尤其是酒店宾馆的投资建设，掀起了丹霞山旅游设施开发建设的第一轮热潮。

六、复苏阶段（1995—2003 年）

1995 年，阳元石、翔龙湖景区的开放迅速得到了客源市场的良好反响。其中，以生殖文化为特色内涵的阳元石景区的出现，使得丹霞山旅游产品内容发生了重大变化，丹霞山由自然观光、宗教朝圣的旅游景区转变为真正意义上的自然、人文复合型旅游景区，得到游客广泛喜爱的阳元石景区也取代长老峰成为丹霞山新的标志景观和核心景区。自 1995 年开始，丹霞山的游客规模又呈现出持续快速增长的态势，游客总量低迷状况得到了全面扭转，旅游发展进入新的快速轨道。1995—2003 年，丹霞山的游客数量以 28.6% 的年均增长速度不断上升，2003 年，丹霞山的游客总量是 1995 年的 3.29 倍，丹霞山旅游发展进入了第二个黄金时期。

本阶段中，政府部门在技术团队的辅助下，重点强化了丹霞山的品牌建设工作，陆续申报获得了多个旅游品牌称号，1995 年，丹霞山成为国家级自然保护区，2001 年成为国家地质公园和国家 AAAA 级旅游景区，旅游影响力和市场竞争力得到进一步加强。同时，游客量的增长也使周边村落经济与丹霞山旅游发展之间的联系更加紧密，以景区内的瑶塘村为例，村民以家庭旅馆作为主要的旅游服务经营项目取得了显著的经济效益，即使在受非典影响严重的 2003 年，瑶塘村户均年收入也超过了 1 万元，乡村经济结构出现了农业生产向旅游服务经济的全面转型。

七、新生命阶段（2004 年之后）

2004 年，丹霞山被列为全球第一批的 28 个世界地质公园，标志着丹霞山的旅游发展进入了新的增长阶段，也可以说丹霞山开始了新一轮的生命周期进程。

在入选世界地质公园的当年，丹霞山的游客总量就首次突破了 100 万；景区入口外围的丹霞山旅游经济开发试验区，外来旅游投资项目的合同总金额达到 1 772 万美元，实际已投入的资金更是高达 1 287 万美元。2005 年、2006 年的游客数量也保持在 110 万以上，其中 2006 年的游客总量更是突破 120 万，是 2003 年的 1.8 倍。从总体角度进行比较，丹霞山成为世界地质公园后 3 年（2004—2006 年）的游客接待总量在其正式经营的 1980—2006 年总共 27 年的游客接待总量中的所占比例高达 32.4%，这充分说明丹霞山开始进入新的旅游生命周期进程。

表 4-2 简要展示了丹霞山旅游生命周期的阶段特征。

表 4-2　丹霞山旅游生命周期的阶段特征

阶段	时间	主要特征	开发主体
探查阶段	1960 年之前	宗教朝圣为主，依靠民间口碑传播	民间
参与阶段	1960—1979 年	生产型功能为主，政府成为经营主体，地貌专业价值开始体现	政府
发展阶段	1980—1985 年	景区正式成立，政府经营主体进行开发宣传，游览主体形成，进入第一个黄金发展时期	政府
巩固阶段	1986—1988 年	出现明显的娱乐商业区，区域经济与旅游业联系紧密，专家技术力量介入	政府、专家
停滞阶段	1989—1994 年	游客量停止增长并开始下滑，开发新景区迫在眉睫，旅游投资依然兴旺	政府、专家、企业
复苏阶段	1995—2003 年	新景区重新启动市场，景区品牌建设得到强化，区域经济与旅游业联系更加密切，进入第二个黄金发展时期	政府、专家
新生命阶段	2004 年之后	成为世界地质公园，游客量增长突飞猛进，外来旅游投资剧增	政府、专家、企业

资料来源：文彤. 丹霞山世界地质公园生命周期解析 [J]. 经济地理，2007（03）：496-501.

分析与思考：

1. 分析丹霞山景区在 20 世纪 80 年代初发展进入停滞阶段的主要原因。

2. 结合案例说明当景区旅游发展进入停滞阶段后可采取措施。

3. 结合丹霞山地质公园的生命周期，谈谈旅游地生命周期各阶段的特征以及对旅游规划的启示。

第六节　旅游系统理论

一、旅游业的系统化特征

20 世纪 70 年代初，一般系统论的奠基者贝塔朗菲（Bertalanffy）指出，"系统"概念在现代科学、社会和生活中已经获得了中心地位，人们在其努力的许多领域强调"系统方法"和"系统思维"的重要性。对于整体和系统来说，我们需要的不仅是理解其元素，还需要理解它们之间的相互关系。他把系统定义为处于相互联系中的元素的集合、相互作用的元素的复合物、处于一定的相互关系中并与环境发生关系的各组成部分（要素）的总体（集合）。即系统是由一些相互联系、相互作用的元素所组成的具有特定功能、达到某种目的的有机整体。

我国学者钱学森认为，系统是由相互作用和相互依赖的若干组成部分结合成的具有特定功能的有机整体，而这个系统本身又是它所从属的一个更大系统的组成部分。系统内各单元间、系统间都存在物质、能量、信息等的流动，系统以外的部分称为该系统的环境。

旅游业是关联性和带动性都十分强的产业，具有显著的系统化特征。其主要表现在以下四个方面：

（一）旅游产业在要素构成上十分广泛

旅游业通常被认为由食、住、行、游、购、娱六大要素构成，我们通常将旅行社、住宿业和交通运输业称为旅游业的"三大支柱"。

（二）旅游业在运作过程中涉及诸多关系

旅游业在运作过程中由众多部门提供环环相扣的服务。从国家或地区的旅游发展角度来看，旅游业由以下五大部分组成（即"五大部门"说）：住宿接待部门、游览场所经营部门、交通运输部门、旅行业务组织部门、目的地旅游组织部门。对于一个国家或地区而言，这五个部门之间存在着共同的目标和不可分割的相互联系。它们的共同目标是通过吸引、招揽和接待外来游客，促进本国或本地区的经济发展。旅游业除了提供直接服务的旅行社、旅游住宿接待部门、旅游交通部门外，各级旅游管理机构和政府职能部门也提供不同程度的服务，为旅游业的发展提供重要的支撑和保障。除此之外，旅游业还与第一、第二、第三产业部门有间接联系。如第一产业的种植业为旅游业提供农产品；第二产业中的制造业为旅游业发展提供相应的技术产品和原料，建筑和能源业为旅游业的发展提供建筑和能源动力；第三产业部门则为旅游业提供诸如社会安全、邮电、通信、环保、保险、信贷等全方位的发展保障。

应用案例4-7

甘肃省人民政府办公厅关于加快乡村旅游发展的意见（节选）

（五）凝聚发展合力。联席会议组成部门要各司其职，形成发展乡村旅游的强大合力。旅游部门要切实发挥牵头抓总职能作用，会同有关部门抓好乡村旅游产品开发、宣传推广、人才培训、标准制定、旅游统计等有关基础性工作；发展改革部门要将乡村旅游发展纳入当地国民经济和社会发展总体规划，支持乡村旅游重点项目建设；农业部门要将乡村旅游纳入现代农业发展的整体布局，指导发展休闲农业，美化优化农村环境；国土资源部门要加大对乡村旅游用地的指导和保障，确保乡村旅游用地符合土地利用总体规划；建设部门要将乡村旅游基础设施建设、重点项目开发纳入城乡建设规划，持续开展全域无垃圾行动；交通运输部门要优先将乡村旅游交通建设项目列入相关建设规划，打通乡村旅游"最后一公里"；环保部门要加强乡村旅游景区（点）及周边环境保护和治理；文化部门要结合文化下乡、非遗宣传，促进文化事业、文化产业与乡村旅游的融合；人社部门要将乡村旅游人才培训纳入农民工就业培训体系，加强从业技能培训；扶贫部门要加大乡村旅游扶贫项目资金投入；林业、水利、电力、通信、广电等部门要着力改善乡村旅游景区（点）的生态环境、水电供给、广播电视、通信等条件；公安、市场监管等部门要协调改善乡村旅游治安、市场秩序和食品安全；其他部门要充分发挥各自职能作用，积极支持乡村旅游发展。

（三）旅游业具有明确的目标导向

旅游业具有广泛的目标导向，不仅要满足旅游者需求，同时又要促进区域的发展，包括经济发展目标、社会发展目标和生态发展目标等，实现经济效益、社会效益和生态效益的最大化。

应用案例4-8

国家旅游局、国家体育总局关于大力发展体育旅游的指导意见（节选）

二、总体要求

（一）指导思想。全面贯彻落实党的十八大和十八届三中、四中、五中、六中全会精神，按照党中央、国务院决策部署，坚持"四个全面"战略布局，牢固树立创新、协调、绿色、开放、共享的发展理念，充分挖掘和发挥我国体育旅游资源优势，推进旅游与体育的深度融合，培育和壮大体育旅游企业集群，构建我国体育旅游产业体系和品牌，把体育旅游培育成国民经济新的增长点，不断满足人民群众多层次多样化健身运动和旅游休闲需求，为全面建成小康社会和"健康中国"做出更大的贡献。

（四）旅游开发时需要考虑的条件要素较多

旅游规划与开发还要考虑政策、资金、市场、资源、劳动力、技术及结构等多个方面，在对旅游资源和旅游市场进行调查和评价的基础上，明确旅游地旅游业发展定位、发展目标、旅游形象、旅游产品开发及空间布局，制定旅游发展战略措施，明确旅游业的保障体系，确保旅游开发效益最大化，实现可持续发展。

二、旅游系统的概念

1988 年，美国著名旅游规划专家甘恩（Gunn）率先提出了旅游系统的概念。他认为旅游系统由需求板块和供给板块两个部分组成，其中供给板块又有交通、信息促销、吸引物和服务等部门构成。这些要素之间存在强烈的相互依赖性。他还认为特别影响旅游系统功能的要素有：自然资源、文化资源、工商企业家、金融资本、劳力、完全性、社区、政府政策和组织（或领导）。

雷帕（Leiper，1979）在对旅游进行定义时运用系统的观点，提出旅游是一个系统，旅游系统包括旅游者、客源地、运输（交通）线路、目的地以及旅游产业（tourist industry）五个要素，这五个要素在功能和空间联系上相互交错。作为一个开放的系统，这五个要素在一个包括物质、文化、社会、经济、政策、技术相互作用的广阔环境下运作。

范恩（Vann，1981）提出切入研究旅游现象的四个方面：游客、中介组织（例如，那些被称为旅游行业的机构，以及那些为游客提供服务的机构）、旅游资源供给、旅游的社会环境。

米尔和莫里森（Mill & Morrison，1985）在《旅游系统》一书中，提出旅游系统主要构成成分包括市场、旅行、目的地和促销。促销将目的地推向市场，而出游则使游客（市场）到达目的地。

甘恩（1994）认为可以通过区分供给与需求来定义旅游系统。供给方由吸引物、交通、旅游信息、提供服务和娱乐的设施、促销等构成。需求方是有出游兴趣和能力的人（旅游者）。系统中任何构成要素的变动都将对其他要素产生影响。他提出吸引物、服务与设施、交通、信息和指导、旅游者是规划中的基本要素，也是规划所要考虑的因素。

雷帕（1990）还对旅游吸引系统进行了研究，他提出了一个旅游吸引模型，认为旅游者、有吸引力的目的地和旅游相关信息三者的联系与共同作用，形成"吸引"系统。雷帕把吸引系统作为旅游大系统中的一个子系统来处理，是系统思维方法在旅游研究应用中一个有意义的深化。

郭来喜在 20 世纪 80 年代初就指出，旅游规划的基本内容应包括客源组织规划、旅游资源开发规划、旅游点布局与建设规划、旅游路线设计规划、旅游人才培养规划等，实际上当时他已经开始把旅游作为一个系统来规划了。

彭华（1997）从大旅游的角度，提出旅游产业是一个开放性、复合型的复杂系统，由直接系统（旅游者、旅游产品和旅游媒体）、介入系统（通过直接系统介入旅游的社会服务系统）和支持系统（支持旅游发展的行业或部门）三大子系统构成。他的这一思想将旅游产业的概念扩大到所有与旅游相关联的产业部门。

吴人韦（1999）在《旅游规划原理》一书中提出，旅游系统是由旅游者、旅游目的地、旅游企事业三大要素组成。旅游者子系统形成旅游动机，旅游目的地子系统形成旅游吸引力，旅游企事业子系统形成旅游联结力，也就是旅游体系三大要素。

吴必虎（1998，1999）提出了由旅游市场子系统、旅游者出行子系统、旅游目的地子系统和旅游发展支撑子系统4个子系统构成的旅游系统模型。

刘锋（1999，2000）提出旅游系统规划实际上是按旅游子系统进行的规划。旅游系统规划的基本思想就是以客源市场系统为导向，以旅游目的地系统规划为主体，以出游系统为媒介，以支持系统为保障，利用反馈系统来监控。

综上所述，旅游业是一个巨大的、开放的系统确切无疑。旅游系统是指以一定的发展目标为导向，由旅游客源市场子系统、旅游目的地吸引力子系统、旅游企业子系统以及旅游支撑与保障子系统4个部分相互作用和反馈制约形成的综合体（见图4-6）。

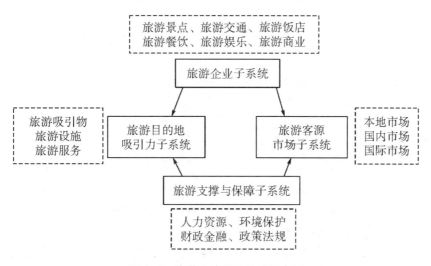

图4-6 旅游系统组织结构示意图

三、旅游系统理论在旅游规划与开发中的应用

系统理论不仅为旅游研究提供了认识论基础，即旅游是一个系统，遵循系统的原理；同时又为旅游研究提供了方法论基础，即用系统的观点来看待旅游，用系统的思维及方法来研究旅游和进行旅游规划。

在旅游系统理论的指导下，旅游规划由对单个旅游要素（如服务设施、旅游景点）的规划，逐步发展为对整个旅游系统内各要素的统一协调规划，规划中考虑的因素越来越全面。21世纪的旅游规划是对旅游系统的整体进行规划，这是在世界经济一体化的过程中规避旅游发展风险、增加旅游发展机会的必然要求，也是旅游规划自身技术日臻成熟、其社会作用不断增强的大势所趋。

系统理论对旅游规划的指导表现在：对旅游系统的构成、构成要素之间的关系有充分的认识和理解，确定旅游规划的要素，通过清晰的结构构成及关系构成分析，建立更加科学的系统模型。同时，系统理论提供了旅游规划编制的程序、实施和反馈机制。旅游规划列出广泛的目标，根据这些目标来确定一些较具体的任务，并借助于系统的模型来决定将采取的若干行动方向，随后根据这些任务和可能的财力来评价各个比较方案，最后采取行动来实施最优方案，在此过程中定期检查修正该方案，并不断重复进行。

旅游规划的对象发展到旅游系统，有助于调动社会及政府部门所拥有和管理着的、旅游所依赖的基础设施、公共服务设施、社会人力、物力、自然资源和文化资源，共同为旅游系统在竞争中的生存与发展服务，从根本上提高旅游系统的组合效率和整体竞争力。

旅游业是整个经济社会发展的一个重要部分，不能单纯就旅游来谈旅游，而要从区域发展全局出发，统一规划、整合资源，对旅游系统进行整合性规划，促进目的地整合规划，突出旅游业在经济社会发展过程中的带动作用，使旅游规划在区域层次上实现社会经济规划与区域规划的整合，成为同级地区的社会经济发展规划和区域规划的组成部分，通过旅游规划的实施带动地区其他产业发展，提高居民经济、生态等福利水平，凝聚全域旅游发展新合力。

思考题

1. 什么是区位理论？区位理论研究的实质是什么？
2. 区位理论对旅游规划编制的启示有哪些？
3. 什么是增长极？增长极对区域经济增长是如何产生作用的？
4. 点轴开发理论对旅游规划有什么指导意义？
5. 高速公路的修建对旅游者的决策行为、旅游产业要素的空间布局、旅游目的地的空间竞争、区域旅游空间格局会带来哪些影响？
6. 核心—边缘理论对旅游规划的指导意义体现在哪些方面？
7. 可持续发展理论对旅游规划的指导意义有哪些？
8. 简述巴特勒旅游地生命周期理论。巴特勒模型和普拉格模型之间有何联系？
9. 旅游地生命周期理论对旅游规划有哪些指导意义？
10. 为什么说旅游业具有系统化的特征？
11. 什么是旅游系统？旅游系统理论对旅游规划的指导意义是什么？

第五章

旅游资源调查与评价

旅游资源是旅游目的地借以吸引旅游者的最主要因素，是旅游业发展的基础和前提条件，也是确保旅游资源开发成功的必要条件之一。一个国家或地方旅游业发展的优劣取决于该国或该地旅游资源的赋存状况，包括旅游资源数量的多寡、旅游资源类型的多样性、旅游资源特色的特殊性和旅游资源空间分布与组合的合理程度；还取决于人们对旅游资源的综合评价和合理规划、开发以及人们对旅游资源开发和保护的态度。因此，要合理规划和开发旅游资源，促进旅游业可持续发展，首先必须全面正确地认识旅游资源。本章主要介绍旅游资源的概念、特征，以及旅游资源分类的方法，在此基础上，阐释旅游资源调查的程序、内容和评价方法。

第一节　旅游资源概述

一、旅游资源的概念

资源（resources）是指取自自然的生产资料或生活资料。它与人类社会经济活动密切相关，并随着社会经济活动的发展而不断扩展和深化。旅游资源也不例外，它是人类社会经济发展到一定阶段，旅游活动进入社会经济领域，以大量旅游企业、旅行商的涌现为标志的旅游业出现以后，才被明确提出来的。

随着人类认识的不断深化，社会生产力水平不断提高，人们旅游的需求日益个性化、多样化，旅游经营者不断开拓，旅游资源内涵的逐渐丰富，旅游资源的范畴也相应扩大了。郭来喜（2000）指出，旅游资源具有多样性以及随时代的延展性。旅游资源，即旅游吸引物也出现了多元化趋势，它可以涵盖从天空到陆地到海洋，从城市到乡村，从古代城镇到现代都市，从风景名胜到远古废墟……，凡是现代人感兴趣、想了解的，都可以成为旅游吸引物。

国外学者一般采用旅游吸引物（tourism attraction）的概念，泛指旅游地吸引旅游者所有因素的总结，包括了旅游资源、旅游接待和服务设施等。

关于旅游资源概念的界定，不同的学者有不同的表述。目前，关于旅游资源的争议焦点主要在于：一是旅游资源应从旅游者、旅游活动的角度，还是从旅游业发展的角度进行界定（要为旅游业所利用，产生经济效益、社会效益和生态效益；那些仅仅能够吸引旅游者而不能为旅游业所利用的条件和因素，无法转化为旅游产品，无法为旅游业带来效益，只能是"潜在的旅游资源"）；二是旅游资源的范畴，现代人工创造物、服务设施、劳务（旅游服务）是否属于旅游资源；三是无形的社会文化是否属于旅游资源。

郭来喜认为，凡是能为人们提供旅游观赏、知识乐趣、度假疗养、娱乐休息、探险猎奇、科研考察以及人们友好往来和消磨闲暇时间的客体和劳务都可以称为旅游资源。

陈传康认为，旅游资源是在现实条件下，能够吸引人们产生旅游动机并进行旅游活动的各种因素的总和。

保继刚认为，旅游资源是指对旅游者具有吸引力的自然存在和历史文化遗产以及直接用于旅游目的的人工创造物。

孙文昌认为，凡能激发旅游者旅游动机的，能为旅游业所利用的，并由此产生经济效益和社会效益的自然和社会的实在物。

黄辉实认为，旅游资源就是吸引人们前来游览、娱乐的各种事物的原材料，这些原材料可以是物质的，也可以是非物质的，它们本身不是旅游目的物和吸引物，必须经过开发才能产生吸引力的事物。

马勇认为，经过开发可对旅游者产生旅游吸引力，并能为旅游业所利用以产生经济效益、社会效益和生态环境效益的有形及无形要素。

为了便于旅游资源规划、开发和保护，将旅游资源和旅游产品的概念进行区分，本书采用 2003 年国家旅游局发布的《旅游资源分类、调查与评价》（GB/T18972-2003）《旅游规划通则》对旅游资源定义，即旅游资源是指自然界和人类社会中凡是能对旅游者产生吸引力，可以为旅游业所利用，并可产生经济效益、社会效益和生态效益的各种事物和要素。

知识链接 5-1

旅游资源分类、调查与评价（GB/T18972-2003）

本标准文本包括三个核心内容：旅游资源分类、旅游资源调查、旅游资源评价。

本标准由国家旅游局提出。

本标准由全国旅游标准化技术委员会归口并解释。

旅游资源是构成旅游业发展的基础，我国旅游资源非常丰富，具有广阔的开发前景，在旅游研究、区域开发、资源保护等各方面受到广泛的应用，越来越受到重视。

旅游界对旅游资源的含义、价值、应用等许多理论和实用问题进行了多方面的研究，本标准在充分考虑了前人研究成果，特别是 1992 年出版的《中国旅游资源普查规范（试行稿）》的学术研究和广泛实践的基础上，对旅游资源的类型划分、调查、评价的实用技术和方法，进行了较深层次的探讨，目的是为了更加适用于旅游资源开发与保护、旅游规划与项目建设、旅游行业管理与旅游法规建设、旅游资源信息管理与开发利用等方面的工作。

本标准是一部应用性质的技术标准，主要适用于旅游界，对其他行业和部门的资源开发也有一定的参考意义。

（一）旅游资源可以是物质的，也可以是非物质的

狭义的旅游资源仅限于自然的或物质的旅游资源，过去大家认为自然山水、亭台楼阁才是旅游资源，而忽略了人文的或非物质的旅游资源。文化作为旅游的灵魂，是实实在在的吸引物。如刘禹锡的"山不在高，有仙则名。水不在深，有龙则灵"，其中"山"和"水"是物质的东西，而"仙"和"龙"则是人文的东西，正是有了仙和龙，山、水才增色不少。此外，一些传说、典故等往往也给旅游资源起到画龙点睛的作用。如连云港的花果山因《西游记》中的美猴王而得名；许仙和白娘子的故事，为西湖断桥和镇江金山寺注入了灵魂，吸引了大量的游客；湖南武凌源因陶渊明的《桃花源记》而名声大噪；湖北神农架以野人的传说而使游客纷至沓来。

应用案例5-1

中吉两国四地争当"李白故里"

床前明月光，疑是地上霜。举头望明月，低头思故乡。这首《静夜思》沉浸着李白的思乡之痛，但李白的故乡在何方呢？往事越千年，今天，四川江油、湖北安陆、甘肃天水、吉尔吉斯斯坦的托克马克市，纷纷自称是李白的故乡，点燃了李白故里争夺战。特别是江油和安陆两地，干脆放弃了学术争鸣，当地政府赤膊上阵，文攻笔战，名人故里之争，上升到官方层面，这在国内极其罕见。

资料来源：裴钰.李白故里：两国四方的博弈［EB/OL］.（2010-04-13）［2020-01-03］.http://www.huaxia.com/gdtb/gdyw/mttt/2010/04/1835581.html.

人们为什么会热衷于神话传说和历史人物的原籍和故乡呢？归根结底就是因为文化是旅游的灵魂，旅游资源的开发，关键就是抓住资源的特色，深入挖掘文化内涵，为自然旅游资源赋予文化的灵魂，从而增加旅游吸引力，扩大旅游知名度。如果失去了这些典故、传说、历史任务等，这些景区的吸引力就会大打折扣。

综上所述，旅游资源的范畴是自然和社会因素及其产物，这些因素和产物可以是物质的，也可以是非物质的；既可以是开发的，也可以是未开发的。

（二）旅游资源能对旅游者产生吸引力

西方人将"旅游吸引物"（tourism attraction）作为旅游资源（tourism resource）的代名词。霍洛韦（Holloway）对旅游吸引物概念的描述具有一定的代表性。如果获得充分的承认，吸引人们以之为目的地开展旅游的事物，都可以称为旅游吸引物。"获得充分的承认"足以说明吸引功能对于一事物能否成为旅游资源的重要性。旅游活动得以

开展主要是针对旅游者求美、求新、求异、求奇的心理特征开展的，旅游资源的这种"美、新、奇、异"就是旅游资源的吸引力。如果旅游资源对旅游者而言不存在旅游的价值，包括观赏性、科学性、文史价值和休闲娱乐价值，那么它就失去了开发的意义，也就谈不上旅游资源了。如李清照的作品《如梦令》中描绘："常记溪亭日暮，沉醉不知归路。兴尽晚回舟，误入藕花深处。争渡，争渡，惊起一滩鸥鹭"。完美地再现人们被大自然深深吸引、流连忘返的真实情景，淋漓尽致地展现了旅游资源对人们的吸引性。

（三）旅游资源经开发后能产生经济效益、社会效益和生态效益

"资源"一词，本属于经济学的范畴，离开资源的经济价值来谈资源是毫无意义的，旅游资源也不例外。近年来，旅游业由于其的高关联性、高效益，被称为朝阳产业。全国各地都将旅游业列为新兴产业或支柱产业，关键原因就是旅游业日益显示了其巨大的经济效益、社会效益和生态效益，成为优化产业结构、供给侧结构改革的重要方面。作为旅游业发展基础和前提的旅游资源，经过开发后也需要产生效益，否则就失去了开发的意义。

（四）旅游资源需要经过开发才能为旅游业所利用

要使旅游资源对旅游者产生吸引力，旅游目的地必须对旅游资源进行开发，改善当地旅游环境，完善旅游基础设施，配套旅游服务设施，进行营销推广等。只有经过了开发，旅游资源的美学观赏价值、科学考察价值、文学历史价值、休闲娱乐价值等才能真正发挥出来，产生经济效益、社会效益和生态效益。

二、旅游资源的特征

（一）观赏性

旅游资源与一般资源最主要的区别在于它有美学特征，具有观赏价值。旅游资源作为资源的一种，也具有资源所共有的经济价值，而这种价值在很大程度上也是通过旅游资源的观赏性来实现的。尽管旅游动机因人而异，旅游内容和形式多种多样，但观赏活动几乎是所有旅游过程中不可缺少的。没有观赏性，也就构不成旅游资源，旅游资源的观赏性越强，对旅游者的吸引力就越大。如我国的万里长城、秦始皇兵马俑，埃及的金字塔，古罗马角斗场，法国的埃菲尔铁塔等，都因其观赏性极强而成为世界级的旅游资源。

（二）时限性与地域性

时限性与地域性是旅游资源在时间和空间上的特点。旅游资源的时限性是由所在地的纬度、地势和气候等因素所决定的，这些因素造成自然景观的季节性变化。由于许多特色旅游资源只有在某些特定时段内才能被开发利用。比如，在严寒的冬天，北国风光、万里雪飘、白雪皑皑，正是开展冰雪旅游的最好时机，使旅游业的发展在一年之中会出现较为明显的淡旺季之分。所以，这种自然景观的季节性变化导致的淡旺

季之分必须引起相关部门的高度关注。不同类型的旅游资源的组合，能有效延长旅游地可开发利用的时限。比如，杭州西湖是"自然与人类共同的作品"，春来"花满苏堤柳满烟"，夏有"红衣绿扇映清波"，秋是"一色湖光万顷秋"，冬则"白堤一痕青花墨"。名自景始，景以名传，故有"苏堤春晓""曲院风荷""平湖秋月""断桥残雪"等景名流传于世，代表四季。名中有诗，名中有画，以命名艺术美点化自然山水。

另外，旅游资源是地理环境的重要构成要素。各种旅游资源都分布在一定范围内，反映着一定的地理环境的特点。不同的地域有不同的地理景观，不同的地理环境下又产生人类与自然环境相生相融的物质文化和精神文化，因此，表现为不同地区的地质地貌、水文、植物、动物等存在明显的地域差异，还表现为不同地域的建筑、宗教、生活习俗等存在明显的差异。地理环境的区域分异必然导致各地域赋存资源的差异化，因而旅游资源的区域差异是客观存在的。这种区域差异反映到旅游资源上便形成了独具一格的地方特色。

（三）多样性和综合性

由旅游资源的定义可知，它是一个集合概念，任何能够对旅游者产生吸引力的因素都可以转化为旅游资源。这些因素的共同作用，使旅游资源存在于自然和社会的各方面，其多样性为其他资源所不及。

此外，旅游资源各要素间，存在相互联系、相互作用、相互制约的关系，共同形成和谐的有机整体。很少存在孤立的资源和景观。区域旅游资源的构成要素种类越丰富，联系越紧密，其生命力就越强，就越能吸引旅游者。比如，西湖十景、黄山七十二峰。旅游资源的综合性特点使得其能满足旅游者的多元化需求，成为旅游开发的优势所在。比如，佛教四大圣地之一，闻名遐迩的浙江普陀山风景名胜区，尽管其以宗教人文旅游景观见长，但自然山水景观更使其锦上添花，成为享誉海内外的旅游胜地。因此，旅游资源的综合性越强，就更能适应游人观景的需要，这是旅游区开发的优势所在。

（四）不可替代性和不可迁移性

旅游资源的地域性，决定了旅游资源的可模仿性差，难以移植和复制，历史文化遗产和自然旅游资源，都因为地理上的不可移动性而具有不可替代性的特点。如我国的长江三峡、桂林山水、九寨沟和黄龙的彩池群等，均无法通过人工力量来搬迁或异地再现。尽管许多主题公园仿制了逼真的诸如竹楼、蒙古包等少数民族的村寨和居室，但它缺乏地域背景、周边环境与民族风俗的依托，在游客的视野中，必然失去了原有的意义和魅力。那些具有历史价值的资源，更无法离开特定的地理环境和历史背景，否则其历史价值与观赏价值难以体现。

（五）永续性和不可再生性

永续性是指旅游资源具有可重复利用的特点。与矿产、森林等自然资源随着人类的不断开采会发生损耗不同，旅游者的参观游览所带走的只是印象和观感，而非旅游资源本身。因此，从理论上讲，旅游资源可以长期甚至永远地重复利用下去，但是，实践证明，旅游资源如果利用和保护不当也会遭到破坏。使用过度的有形资源可能被毁坏甚至不可再生，维护不当的无形旅游资源一旦遭到破坏，也是短期内难以修复的。这就要求旅游资源的开发必须与保护、管理结合起来，必须以科学可行的旅游规划为依据，有序、有度地进行，实现旅游资源开发利用的可持续性。

（六）吸引力的定向性

旅游活动以旅游者在空间上的移动为前提，而旅游资源所具有的吸引力，是引发这一空间行为的重要动因。无论是令人陶醉的自然风景和风格独特的古今建筑，还是特色浓郁的民族风情与各具千秋的美味佳肴，都应对旅游者有极强的吸引力而成为重要的旅游资源。应该指出，旅游资源的吸引力在某种程度上涉及旅游者的主观效用评价，与其文化素养、精神境界、生活环境直接相关。就某项具体的旅游资源而言，它可能对某些旅游者吸引力颇大，却对另一些旅游者的吸引力较小，甚至根本没有吸引力。比如甲骨文具有很高的历史价值，但不会吸引大批人去观赏。所以，任何一项旅游资源都具有定向吸引力的特点，只能吸引某些特定的市场，而很少能对整个旅游市场具有同样大的吸引力，这就是旅游规划由资源导向型转向市场导向型的原因所在。

（七）变化性和可创新性

旅游资源的范围是随着人类的认识水平、感官需要、发现迟早、开发能力、开发条件等众多因素的变化而变化的。众所周知，人们的兴趣、需要以及社会时尚潮流都会随时间的推移和社会的变化而不断变化，这为人造旅游资源的创新提供了必要和可能的空间，例如，观光农业旅游就是为了满足越来越多的人日益强烈的"回归田园"的愿望应运而生的。在那些传统旅游资源比较匮乏的地区，凭借经济实力，根据其特色人为地创造一些新的旅游资源不失为发展旅游业的一条康衢，新加坡就是这方面的典型实例。此外，无论是以迪斯尼乐园为代表的各类主题公园，还是我国洛阳的牡丹花会和山东潍坊的风筝节等，都是开发创新旅游资源的例证。

第二节　旅游资源的分类

旅游资源分类是旅游资源调查、评价、规划、开发的基础，也是旅游开发保护和管理的对象，是区域旅游开发和旅游业发展的前提和基础。旅游资源的分类是按照旅游资源分类标准所划分出的基本单位。对旅游资源进行科学的分类，有利于正确地认识旅游资源，掌握资源赋存状况，从而达到合理开发与有效保护旅游资源的目的。

一、按照旅游资源属性分类

按照旅游资源的属性，旅游资源有两分法和三分法。

旅游资源两分法是指把旅游资源按属性分为自然旅游资源和人文旅游资源两大系列的一种分类系统，是目前学术界最常用的分类方法。自然旅游资源是指各种自然环境、自然要素、自然物质、自然现象构成的自然景观。人文旅游资源是指由各种社会环境、社会生活、历史、文化、民族风情和物质生产构成的人文景观。

旅游资源的两分法在旅游资源调查、旅游资源开发、旅游规划中被广泛应用。其中最具代表性的是中国科学院地理研究所和原国家旅游局资源开发司于1990年做的"中国旅游资源普查分类表"，将旅游资源分为两级（自然旅游资源、人文旅游资源）、八大类（地表类、水体类、生物类、气候与天象类、历史类、近现代类、文化游乐体育类、风情胜地类）。1992年，中国科学院地理研究所和原国家旅游局资源开发司将上述分类体系进一步修订，发布了《中国旅游资源普查规范（试行稿）》，将旅游资源分为两级六大类74个基本类型。即旅游资源首先分为自然旅游资源和人文旅游资源两大类，其中自然旅游资源包括地文景观类、水域风光类、生物景观类；人文旅游资源包括古迹与建筑类、休闲求知健身类、购物类。

1997年，国家旅游行政主管部门对上述旅游资源分类系统进行改进，将旅游资源重新分为自然旅游资源、人文旅游资源和服务旅游资源三大旅游资源系统。依据旅游资源的景观属性及其组成要素，将旅游资源分为3个景系、10个景类、95个景型。自然景系分为地文景观景类、水文景观景类、气候生物景类、其他自然景类；人文景系分为历史遗产景类、现代人文吸引物景类、抽象人文吸引物景类、其他人文景类；服务景系分为旅游服务景类、其他服务景类。

二、按照旅游资源的级别分类

按照不同旅游资源的吸引力和影响力大小，以及其所接待的游客和知名度的差别进行分类。具体可分为世界级、国家级、省级和市（县）级旅游资源。

世界级旅游资源：主要包括列入《世界遗产名录》《世界著名自然保护区》《世界地质公园》和《关于特别是作为水禽栖息地的国际重要湿地公约》（简称《湿地公约》）的旅游资源。

截至2019年年底，我国列入《世界遗产名录》的世界遗产共55处，我国拥有世界地质公园39处，均居世界第一。我国列入世界生物圈保护区的自然保护区达到34个，位居世界第四。我国列入国际重要湿地达57处。

知识链接5-2

良渚古城遗址申遗成功——我国世界遗产总数居世界第一

2019年7月6日，在阿塞拜疆首都巴库举行的联合国教科文组织第四十三届世界遗产委员会会议通过决议，将良渚古城遗址列入《世界遗产名录》。至此，我国世界遗产总数达到55处，居世界第一。

世界遗产委员会认为，良渚古城遗址为中国以及该地区在新石器晚期到青铜时代早期的文化认同、社会政治组织以及社会文化的发展提供了无可替代的证据，同时揭示了从小规模新石器时代社会向具有等级制度、礼仪制度和玉器制作工艺的大型综合政治单元的过渡，代表了中国在5 000多年前伟大史前稻作文明的成就，是杰出的早期城市文明代表。

作为积极探索文化遗产传承利用的重要尝试，良渚古城遗址公园即将有限开放。

据杭州良渚遗址管理区管理委员会介绍，良渚古城遗址公园网上预约系统 7 月 7 日上午 9 时上线，访客可以实名预约 1~7 天内的参观，每日限流 3 000 人。

资料来源：良渚古城申遗成功［N］. 经济日报，2019-07-07（2）.

知识链接 5-3

中国世界地质公园总数世界第一

2019 年 4 月 19 日安徽九华山和山东沂蒙山地质公园入选世界地质公园，至此，中国世界地质公园总数升至 39 处，居世界第一。这是在法国巴黎召开的联合国教科文组织执行局第 206 次会议上正式批准的。

资料来源：中国地质世界地质公园世界第一［N/OL］. 人民网，2019-04-20［2020-01-02］http：//env. people. com. cn/n1/2019/0420/c1010-31040366. html

知识链接 5-4

中国 40 年申报 34 个世界生物圈保护区居世界第四

2018 年 7 月 30 日，中国加入联合国教科文组织"人与生物圈计划"45 周年暨中国人与生物圈国家委员会成立 40 周年大会举办。40 年来我国成功申报了 34 个世界生物圈保护区，位居世界第四。

"人与生物圈计划"是联合国教科文组织于 1971 年发起的一项政府间科学计划，旨在应对全球日益严峻的人口、资源、环境危机，为改善人与环境之间的关系打造科学基础，整合自然科学和社会科学的力量，合理、可持续地利用和保护全球生物圈资源。

资料来源：央广网. 中国 40 年申报 34 个世界生物圈保护区居世界第四［EB/OL］. （2018-08-01）［2020-01-02］.https://www.sohu.com/a/244512949_362042.

知识链接 5-5

中国国际重要湿地生态状况白皮书首次发布

2019 年世界湿地日中国主场宣传活动在海南海口举行，2019 年世界湿地日主题为湿地应对气候变化。活动首次发布了《中国国际重要湿地生态状况白皮书》。

白皮书显示，中国加入国际湿地公约以来，已指定国际重要湿地 57 处，其中内地 56 处，中国香港 1 处。

资料来源：丁汀，寇江泽，闫地. 中国国际重要湿地生态状况白皮书首次发布［N］. 人民日报，2019-01-20（2）.

国家级旅游资源，主要包括国家级重点风景名胜区、自然保护区、重点文物保护单位、地质公园、森林公园等，以及旅游部门、水利部门确定的 5A、4A 级等旅游区（点），水利风景区等。

我国新增 11 处国家森林公园目前总数量达 897 处

人民网北京 2 月 13 日电（朱江）记者从国家林业和草原局获悉，近日，经中国森林风景资源评价委员会审议，国家林业和草原局审核批准，我国新增河北坝上沽源等 11 处国家森林公园。至此，我国国家级森林公园达 897 处。

国家级森林公园是我国自然保护地体系中的重要组成部分，是普及自然知识、传播生态文明理念的重要阵地，也是森林生态旅游的重要载体。据初步测算，2018 年国家级森林公园接待游客量超过 10 亿人次，旅游收入近 1 000 亿元，其中近 1/3 的森林公园免费向公众开放，服务游客近 3 亿人次。

资料来源：人民网. 我国新增 11 处国家森林公园 目前总数量达 897 处. [EB/OL]. (2019 - 02 - 13)[2020 - 01 - 02] http://finance. people. com. cn/n1/2019/0213/c1004 -30642222. html

省级旅游资源，包括各省已审定和公布的省级重点风景名胜区、森林公园、自然保护区、文物保护单位等。

知识链接 5-7

我国 A 级旅游景区数量已过万 5A 级景区达 259 家

文化和旅游部召开了 2018 年第四季度例行新闻发布会。总体上，我国旅游产品体系日趋完善，供给能力显著提升。截至目前，我国 A 级旅游景区数量已经达到 10 300 多个，其中 5A 级旅游景区数量已达到 259 家。

数据显示，全国景区景点中 A 级景区 10 300 多个，其中包括 5A 级 259 个、4A 级 3 034 个；红色旅游经典景区 300 个，国家级旅游度假区 26 个，旅游休闲示范城市 10 个，国家生态旅游示范区 110 个，在建自驾车房车营地 900 多个，全国通用航空旅游示范基地 16 个。

此外，今年 10 月集中公布了 11 家受到取消等级处理的 4A 级旅游景区，全国已有 200 多家 A 级旅游景区受到取消等级、降低等级、严重警告、警告等处理。

资料来源：伍策，林溪. 我国 A 级旅游景区数量已过万 5A 级景区达 259 家[EB/OL]. (2018-12-27)[2020-01-02]. https://go.huanqiu.com/article/9CaKrnKgmKD

三、按照旅游资源的利用角度分类

按照利用角度，旅游资源可分为可再生旅游资源与不可再生旅游资源。

可再生旅游资源一般是指在旅游过程中被部分消耗掉，但仍能通过适当途径为人工再生产所补充的一类旅游资源，如旅游纪念品与土特产品。

不可再生旅游资源是指那些在自然生成或在长期历史发展过程中的遗存物，这类旅游资源一旦在旅游过程中遭到人为破坏，极难挽回，即使能部分复原，其原有的旅游观赏价值也将会大为降低。

因此，对于可再生旅游资源要充分利用，使其加速获得经济效益。对不可再生旅游资源在开发时则应以保护为原则。

应用案例 5-2

甘肃张掖七彩丹霞屡遭游客破坏无知行为引发愤慨

有诗曰：丹霞，让我再看你丹霞，让我再看你一眼，不，一眼如何能够……一眼怎能够看尽丹霞绚丽无比的美？在这旅游旺季，全国各地游客都来到被誉为"不望祁连山顶雪，错将张掖当江南"的张掖，打卡大自然赋予这片土地神奇的彩色丘陵，它们，已存在地球 600 万年。

然而，最近的七彩丹霞却是屡遭游客的破坏，女游客翻越护栏脚踩丹霞地貌拍照，还有游客光脚踩碎那绚烂的土地，还拍视频炫耀称"很爽"，还发文恬不知耻说："踩一脚要 60 年恢复，我们不知踩了多少脚"。他们去的是后山，也就是逃票进入没有开发地带，你逃票可以原谅，但故意破坏人类共同的自然遗产无法原谅！这种无知的行为引发所有人愤慨！可惜的是，当景区管理人员得知此事，他们已消失……

他们步步出格，明知一个脚印恢复需 60 年，还要故意挖个坑，这一脚一个坑，让多少人心痛无比！

中国丹霞地貌旅游开发研究会终身名誉会长，著名地理学家黄进教授题词："彩色丘陵中国第一"2005 年 11 月中国国家地理杂志社，评选为"中国最美的七大丹霞"之一！2011 年又被美国《国家地理》杂志评为"世界十大神奇地理奇观"，是"全球25 个梦幻旅行地"之一，是"世界 10 大神奇地理奇观"之一，是"中国最美的六处奇异地貌"之一。

资料来源：人民网. 甘肃张掖七彩丹霞屡遭游客破坏 无知行为引发愤慨[EB/OL]. (2018 - 08 - 31) [2020 - 01 - 02]. http://travel. people. com. cn/n1/2018/0831/c41570 - 30264781. html.

四、《旅游资源分类、调查与评价》（GB/T 18972-2003）分类方案

《旅游资源分类、调查与评价》（GB/T18972-2003）作为国家标准，在旅游规划界得到广泛的应用。依据旅游资源性状，即现存状况、形态、特性、特征划分，对象包括稳定的、客观存在的实体旅游资源和不稳定的、客观存在的事物和现象，共分为 8 个主类、31 个亚类、155 个基本类型（见表 5-1）。2017 年 12 月 29 日，国家发布了《旅游资源分类、调查与评价》（GB/T 18972-2017）。该标准是基于 2003 年版国家标准进行的修订，并代替（GB/T 1892-2003）作为新的国家标准使用。但由于本书选取的几个经典案例都是使用旧标准进行的评价，故本书沿用（GB/T 18972-2003）的标准进行介绍。

表 5-1 　《旅游资源分类、调查与评价》旅游资源分类表

主类	亚类	基本类型
A 地文景观	AA 综合自然旅游地	AAA 山丘型旅游地 AAB 谷地型旅游地 AAC 沙砾石地型旅游地 AAD 滩地型旅游地 AAE 奇异自然现象 AAF 自然标志地 AAG 垂直自然地带
	AB 沉积与构造	ABA 断层景观 ABB 褶曲景观 ABC 节理景观 ABD 地层剖面 ABE 钙华与泉华 ABF 矿点矿脉与矿石积聚地 ABG 生物化石点
	AC 地质地貌过程形迹	ACA 凸峰 ACB 独峰 ACC 峰丛 ACD 石（土）林 ACE 奇特与象形山石 ACF 岩壁与岩缝 ACG 峡谷段落 ACH 沟壑地 ACI 丹霞 ACJ 雅丹 ACK 堆石洞 ACL 岩石洞与岩穴 ACM 沙丘地 ACN 岸滩
	AD 自然变动遗迹	ADA 重力堆积体 ADB 泥石流堆积 ADC 地震遗迹 ADD 陷落地 ADE 火山与熔岩 ADF 冰川堆积体 ADG 冰川侵蚀遗迹
	AE 岛礁	AEA 岛区 AEB 岩礁

表5-1(续)

主类	亚类	基本类型
B 水域风光	BA 河段	BAA 观光游憩河段 BAB 暗河河段 BAC 古河道段落
	BB 天然湖泊与池沼	BBA 观光游憩湖区 BBB 沼泽与湿地 BBC 潭池
	BC 瀑布	BCA 悬瀑 BCB 跌水
	BD 泉	BDA 冷泉 BDB 地热与温泉
	BE 河口与海面	BEA 观光游憩海域 BEB 涌潮现象 BEC 击浪现象
	BF 冰雪地	BFA 冰川观光地 BFB 常年积雪地
C 生物景观	CA 树木	CAA 林地 CAB 丛树 CAC 独树
	CB 草原与草地	CBA 草地 CBB 疏林草地
	CC 花卉地	CCA 草场花卉地 CCB 林间花卉地
	CD 野生动物栖息地	CDA 水生动物栖息地 CDB 陆地动物栖息地 CDC 鸟类栖息地 CDE 蝶类栖息地
D 天象与气候景观	DA 光现象	DAA 日月星辰观察地 DAB 光环现象观察地 DAC 海市蜃楼现象多发地
	DB 天气与气候现象	DBA 云雾多发区 DBB 避暑气候地 DBC 避寒气候地 DBD 极端与特殊气候显示地 DBE 物候景观
E 遗址遗迹	EA 史前人类活动场所	EAA 人类活动遗址 EAB 文化层 EAC 文物散落地 EAD 原始聚落
	EB 社会经济文化活动遗址遗迹	EBA 历史事件发生地 EBB 军事遗址与古战场 EBC 废弃寺庙 EBD 废弃生产地 EBE 交通遗迹 EBF 废城与聚落遗迹 EBG 长城遗迹 EBH 烽燧

表5-1(续)

主类	亚类	基本类型
F 建筑与设施	FA 综合人文旅游地	FAA 教学科研实验场所 FAB 康体游乐休闲度假地 FAC 宗教与祭祀活动场所 FAD 园林游憩区域 FAE 文化活动场所 FAF 建设工程与生产地 FAG 社会与商贸活动场所 FAH 动物与植物展示地 FAI 军事观光地 FAJ 边境口岸 FAK 景物观赏点
	FB 单体活动场馆	FBA 聚会接待厅堂（室） FBB 祭拜场馆 FBC 展示演示场馆 FBD 体育健身馆场 FBE 歌舞游乐场馆
	FC 景观建筑与附属型建筑	FCA 佛塔 FCB 塔形建筑物 FCC 楼阁 FCD 石窟 FCE 长城段落 FCF 城（堡） FCG 摩崖字画 FCH 碑碣（林） FCI 广场 FCJ 人工洞穴 FCK 建筑小品
	FD 居住地与社区	FDA 传统与乡土建筑 FDB 特色街巷 FDC 特色社区 FDD 名人故居与历史纪念建筑 FDE 书院 FDF 会馆 FDG 特色店铺 FDH 特色市场
	FE 归葬地	FEA 陵区陵园 FEB 墓（群） FEC 悬棺
	FF 交通建筑	FFA 桥 FFB 车站 FFC 港口渡口与码头 FFD 航空港 FFE 栈道
	FG 水工建筑	FGA 水库观光游憩区段 FGB 水井 FGC 运河与渠道段落 FGD 堤坝段落 FGE 灌区 FGF 提水设施

表5-1(续)

主类	亚类	基本类型
G 旅游商品	GA 地方旅游商品	GAA 菜品饮食 GAB 农林畜产品与制品 GAC 水产品与制品 GAD 中草药材及制品 GAE 传统手工产品与工艺品 GAF 日用工业品 GAG 其他物品
H 人文活动	HA 人事记录	HAA 人物 HAB 事件
	HB 艺术	HBA 文艺团体 HBB 文学艺术作品
	HC 民间习俗	HCA 地方风俗与民间礼仪 HCB 民间节庆 HCC 民间演艺 HCD 民间健身活动与赛事 HCE 宗教活动 HCF 庙会与民间集会 HCG 饮食习俗 HGH 特色服饰
	HD 现代节庆	HDA 旅游节 HDB 文化节 HDC 商贸农事节 HDD 体育节
数量统计		
8 主类	31 亚类	155 基本类型

国家标准是国家规范性质的实战操作型方案的典型代表，具有全面性、系统性、规范性、管理性和应用性的特征，对规范旅游资源调查，强化旅游资源管理，指导旅游规划开展有着十分重要的意义。国标出台之后，很多旅游学者和规划专家以此为指导，开展了地区旅游资源的数量、质量、禀赋的调查，以此作为开发当地旅游资源、发展旅游业的依据。

应用案例 5-3

白洋淀风景名胜区旅游资源分类

采用《旅游资源分类、调查与评价》（GB/18972-2003）国家标准，对安新县白洋淀风景名胜区旅游资源进行了分类（见表5-2）。

表5-2　安新县白洋淀风景名胜区旅游资源类型一览表

主类	亚类	基本类型	资源名称
A 地文景观	AA 综合自然旅地 AC 地质地貌过程形迹	AAD 滩地型旅游地 ACN 岸滩	柳滩飞絮 长堤烟柳
B 水域风光	BD 泉 BB 天然湖泊与池沼	BDB 地热与温泉 BBA 观光游憩湖区 BBB 沼泽与湿地	温泉接待中心 烧车淀、西洼、大鸭淀、小鸭淀等 芦苇荡
C 生物景观	CD 野生动物栖息地	CDA 水生动物栖息地 CDC 鸟类栖息地	白洋淀自然保护区 白洋淀自然保护区
D 天象与气候景观	DB 天象与气候景观	DBB 避暑气候地	清凉湖
E 遗址遗迹	EA 史前人类活动所 EB 历史类活动场所	EAA 人类活动遗址地 EBA 历史事件发生地 EBC 废弃寺庙 EBF 废城与聚落遗迹	留村遗址、留村南遗址、梁庄遗址、申明亭遗址、辛克庄遗址、北刘庄遗址 端村惨案遗址 大田庄庙 新安镇古城墙、安州镇明代古城
F 建筑与设施	FA 综合人文旅游地 FC 景观建筑与附属型建筑 FD 居住地与社区 FE 归葬地 FG 水工建筑	FAB 康体游乐休闲度假地 FAE 文化活动场所 FCA 佛塔 FCI 广场 FDD 名人故居与历史纪念建筑 FEB 墓（群） FGD 堤坝段落	鸳鸯岛、天外天度假村、荷花大观园、异国风情园、渔人乐园、快乐岛、元妃荷园、明珠游乐园、王家寨民俗村、大淀头民俗村、东田庄民俗村 白洋淀文化苑、安新县博物馆、白洋淀之窗、白洋淀雁翎队纪念馆 山西村明塔 白洋淀码头广场、明珠广场 陈调元故居、圈头烈士祠、安州抗苇席税亭、东淀头救驾碑、安州烈士塔、辛璞田烈士祠、赵北口戏楼 李师儿墓、安州东角汉墓群、王家寨汉墓群、边村汉墓群 千里堤、淀南新堤、四门堤、新安北堤、防洪堤
G 旅游商品	GA 地方旅游商品	GAB 农林畜产品与制品 GAC 水产品与制品 GAE 传统手工产品与工艺品	青果（鸭蛋）、松花蛋 花鳜鱼、莲子、鼋鱼、青虾、田螺 苇画、苇箔
H 人文活动	HA 人物和事件 HB 艺术 HC 民间习俗 HD 现代节庆	HAA 人物 HAB 事件 HBB 文学艺术作品 HCA 地方风俗与民间礼仪 HCB 民间节庆 HCG 饮食习俗 HDA 旅游节	雁翎队、赵波 打包运船、端村惨案、安州抗苇席税事件 《白洋淀纪事》《新英雄儿女传》 水上婚俗表演、鱼鹰捕鱼表演、放荷灯、跑旱船、淀家乐 全鱼宴 荷花节

安新县白洋淀风景名胜区共有旅游资源亚类 18 种，占旅游资源全部亚类型数的 58.1%，旅游资源基本类型 29 种，占旅游资源全部基本类型数的 18.7%。其中，自然类旅游资源亚类 6 种，占全部自然类旅游资源亚类型数的 33.3%，基本类型 8 种，占全部自然类旅游资源基本类型数的 27.6%；人文类旅游资源亚类 12 种，占全部人文类旅游资源亚类型数的 67.7%，基本类型 21 种，占全部人文资源基本类型数的 72.4%。

分析与思考：

1. 根据调查结果，安新县白洋淀风景名胜区的旅游资源整体状况如何？

2. 安新县白洋淀风景名胜区的旅游资源的优势和特色体现在哪些方面？如何开发、利用？

资料来源：蔡敬敏，朱其梅，李国梁. 白洋淀风景名胜区旅游资源分类及评价 [J]. 山西师范大学学报（自然科学版），2007（02）：105-109.

第三节　旅游资源的调查

旅游资源调查是旅游规划与开发工作的基础，主要是根据旅游规划和开发的需要以及旅游业的发展方向，系统查明可供开发的旅游资源状况，系统全面调查地域内旅游资源赋存数量、空间分布、等级质量、特色、吸引力、类型等要素，为后续旅游资源的综合评价，以及旅游资源的规划与开发、旅游业的发展提供决策依据。

一、旅游资源调查的类型

根据《旅游资源分类、调查与评价》（GB/T18972-2003），按照调查的方式和精度要求，可以将旅游资源的调查可分为详查和概查两种。

（一）详查

1. 适用范围

详查适用于了解和掌握整个区域旅游资源全面情况的旅游资源调查。完成全部旅游资源调查程序，包括调查准备、实地调查。其要求对全部旅游资源单体进行调查，提交全部"旅游资源单体调查表"。

2. 技术要求

在调查对象上，详查要求对区域内所有的旅游资源单体进行全面、详细的调查；在调查的组织流程上，要求完成全部旅游资源调查程序，包括在调查前进行充分周密的准备，成立专门的调查小组，按照调查方案实施实地调查等；在调查内容上，要求对旅游资源及旅游资源所在地的经济社会条件进行全面调查，包括对调查对象的景观类型、特征、成因进行深入调查之外，还要对所在地的交通、旅游资源开发及保护现状、环境状况等进行调查和评价；在调查的成果形式上，对于每个旅游资源单体必须要填写"旅游资源单体调查表"，提交全部"旅游资源单体调查表"。

（二）概查

1. 适用范围

概查是指对特定区域或特定类型旅游资源的概略性调查或探测性调查。其适用于了解和掌握特定区域或专门类型的旅游资源调查，只对涉及的旅游资源单体进行调查。

2. 技术要求

参照"旅游资源详查"中的各项技术要求。在调查对象上，概查只需对区域内涉及的旅游资源单体进行调查；在调查的组织流程上，工作程序可以简化，如不需要成立调查组，调查人员由其参与的项目组织协调委派；在调查内容上，资料收集限定在与专门目的所需要的范围；在调查的成果形式上，可以不填写或择要填写"旅游资源单体调查表"等。

表5-3是旅游资源详查和旅游资源概查比较。

表5-3　旅游资源详查和旅游资源概查的比较

项目	旅游资源详查	旅游资源概查
性质	区域性的	专题性的
目的	为地区旅游开发的综合目的服务，如建立旅游资源数据库	为地区旅游开发的一种或少数几种特定目的（如旅游规划、项目设置、资源保护、法规建设、市场推销等）服务
技术支撑	国家标准	国家标准，或自定调查技术规程
适用范围	适用于区域旅游研究、旅游开发、旅游信息管理等	适用于一种或少数几种单项任务，如旅游研究、旅游规划、旅游资源保护、专项旅游产品开发等
组织形式	专门成立调查组，成员专业组合完备	一般不需要专门成立调查组
工作方式	对所有旅游资源进行全面调查，执行调查规定的全部程序	按照调查规定的相关程序运作；按实际需要确定调查对象并实施调查；可以简化工作程序
提交文件	标准要求的全部文件、图件	部分有关文件、图件
成果处理	建立区域旅游资源信息库，直接处理、转化为公众成果，为广大社会提供	成果直接为专项任务服务

资料来源：根据尹泽生，陈田，牛亚菲，李宝田《旅游资源调查需要注意的若干问题》中的数据进行整理、改编。

二、旅游资源调查的程序

在旅游规划和开发工作中，确定了旅游资源的调查对象和内容后，接下来就是按照一定的调查步骤和程序，认真做好旅游资源调查的准备和实施工作，这样才能保证旅游资源调查有条不紊地进行，才能切实提高旅游资源调查的效益，保障旅游资源调查的质量。

旅游资源调查从其实践的程序上可分成三个阶段：调查准备阶段、实地调查阶段和数据整理阶段。

应用案例 5-4

"摸家底"行动正在进行 全省文化和旅游资源普查查什么

从四川省文化和旅游厅规划指导处了解到，全省文化和旅游资源普查已经启动近一个月，各市州的普查推进正如火如荼。

全省文化和旅游资源普查包括文化资源普查和旅游资源普查两个部分。全省计划用一年半时间分三个阶段推进普查，2019 年 1-9 月为前期基础工作筹备阶段，10-12 月为旅游资源普查阶段，2020 年 1-6 月为普查结果编制阶段。

资料来源：李娇，杨桂茂."摸家底"行动正在进行 全省文化和旅游资源普查查什么 [N]. 四川日报，2019-09-19（16）.

（一）调查准备阶段

调查准备阶段是整个调查工作的基础和开端，也是整个调查工作顺利、高效实施的前提，需要精心筹备、周密安排。这个阶段包括成立调查组、收集整理基础性资料、明确调查目的、准备物资器材四个主要内容。

1. 成立调查组

根据调查要求和目的成立相应的调查小组。一般来说，旅游资源调查小组是由当地旅游规划开发领导小组和旅游规划专家共同组成的。调查组成员根据调查内容和技术要求，统筹吸纳调查区不同管理部门的人员、相关学科方向和技术方向的专业人员等。这样的组合能在调查过程中不受太多的人为阻碍和干扰，保证调查工作的顺利进行。

成立调查组需要注意的以下三点：一是调查组成员应具备与该调查区旅游环境、旅游资源、旅游开发有关的专业知识，一般应吸收旅游、环境保护、地学、生物学、建筑园林、历史文化、旅游管理等方面的专业人员参与。二是应紧密围绕调查区旅游资源调查的目的、内容，对调查组成员进行技术培训，全面熟悉和掌握调查标准的规范内容和各项技术规定，掌握调查区的基本情况，明确调查目的和任务分工，以实现调查组最佳的团队合作状况。三是准备多份"旅游资源单体调查表"。

2. 收集整理基础性资料

在旅游资源调查之前，要围绕旅游资源的调查内容，尽可能地全面了解和收集相关资料，包括文字资料、图形资料和照片影像。

（1）文字资料是指与旅游资源所在地有关的各类文字描述资料，包括地方志、乡土教材、旅游区与旅游点介绍、规划与专题报告等。

（2）图形资料是指与旅游资源调查区有关的各类图形资料，重点是反映旅游环境与旅游资源的专题地图、航片等。

（3）影像资料是指与旅游资源调查区和旅游资源单体有关的各种照片、影像资料。

3. 明确调查目的

在充分收集、占有和分析、整理调查资料的基础上，调查组应进一步明确调查目的，已经有了哪些资料，尚缺哪些资料，哪些是需要重点调查的等，编制调查计划或方案。只有调查组的每个成员都明确了调查的目的，才会有针对性地实施调查，收集有效信息，提高调查组的工作效率，控制调查成本，减少工作中的盲目性，以投入最小的人力、物力、财力获得最大的调查成果。

4. 物资器材准备

在进入旅游资源实地调查前，应根据调查的内容和技术要求，将所需要的物质准备妥当，一般来说，按照物质的作用及功能可以大致分为：

（1）调查所需的技术装备。调查时为了收集充分的信息，调查时往往需要一些技术装备用于定位和信息记录等。在资源调查方面常用的设备如定位仪器（指南针、GPS）、简易测量仪器（水平仪、海拔仪、气压计、温度计、湿度计、测速仪等）、影像设备（数码相机、数码摄像机、录音笔等）、野外通信联络装备（对讲机）。此外，还要准备若干"旅游资源单体调查表"和调查区域的地图复印件，以辅助记录资源的信息。

（2）调查中所需的应急装备。为了应付野外工作中出现的意外情况，一般还应注意带上防蚊虫叮咬的药物和装备、急救药品等，天气炎热时还应装备降温的药物和设备。如果需要长时间野外作业还应准备帐篷、防风灯、炊具、餐具等野外生活装备。

应用案例 5-5

四川启动文化和旅游资源普查

日前，四川省文化和旅游资源普查首批试点工作动员培训会在宜宾召开，标志着四川省文化和旅游资源普查工作正式启动。

2019 年 1 月，文化和旅游部将四川确定为全国文化和旅游资源普查唯一试点省，要求四川"创新工作方法，建立长效机制，为全国文化和旅游资源普查工作探索积累经验"。为开展文化和旅游资源普查，四川省成立了省级普查办以及省级专家委员会，制定了《四川省文化和旅游资源普查工作方案》，并报经四川省政府批准在全省实施。依据原国家旅游局的相关标准，《四川省旅游资源分类、调查与评价（试行）》已编制完成。

根据工作安排，四川计划用一年半的时间分两个阶段推进文旅资源普查工作：2019 年 1 月至 10 月为前期筹备和试点阶段，2019 年 10 月至 2020 年 6 月为全面普查调查和成果编制阶段。

作为首批唯一试点单位，宜宾市兴文县将在文化和旅游资源普查方面先行先试，力争提供可复制推广的经验和模式。2019 年 9 月上旬，四川在都江堰市等 7 个县（市、区）启动第二批文化和旅游资源普查试点工作，10 月上旬在全省 175 个县（市、区）全面开展普查工作。

此次培训重点对古籍、传统乐器乐种、非物质文化遗产、不可移动文物、可移动文物的调查统计进行了讲解。

资料来源：白马华，尧欣雨. 四川启动文化和旅游资源普查 ［N］. 中国旅游报，2019—08—14 （2）.

（二）实地调查阶段

室内准备工作结束后，按照调查工作计划，开始进入实地（野外）调查阶段。

1. 确定调查区内的调查小区和调查线路

为便于实际操作和旅游资源评价、旅游资源统计、区域旅游开发的需要，将整个调查区分成若干"调查小区"。调查小区一般按行政区划分（如省级一级的调查区，可将地区一级的行政区划分为调查小区；地区一级的调查区，可将县级一级的行政区划分为调查小区；县级一级的调查区，可将乡镇一级的行政区划分为调查小区等），也可按现有或规划中的旅游区域进行划分。

调查线路按实际要求设置，一般要求贯穿调查区内所有调查小区和主要旅游资源单体所在的地点。

2. 选定调查对象

选定下述旅游资源单体进行重点调查：具有旅游开发前景，有明显经济、社会、文化价值的旅游资源单体；集合型旅游资源单体中具有代表性的部分；代表调查区形象的旅游资源单体。

对下列旅游资源单体暂时不进行调查：明显品位较低，不具有开发利用价值的；与国家现行法规、法律相违背的；开发后有损于社会形象的或可能造成环境问题的；影响国计民生的；某些位于特定区域的，如军事禁区。

3. 填写"旅游资源单体调查表"

对每一个调查单体分别填写一份"旅游资源单体调查表"（见表5-4）。

表5-4　旅游资源单体调查表

单体序号：单体名称：

代　　号	
行政位置	
地理位置	
性质与特征（单体性质、形态、结构、组成成分的外在表现和内在因素，以及单体生成过程、演化历史、人事影响等主要环境因素）：	
旅游区域及进出条件（单体所在地区的具体部位、进出交通、与周边旅游集散地和主要旅游区之间关系）：	
保护与开发现状（单体保存现状、保护措施、开发情况）：	
共有因子评价问答（你认为本单体属于下列评价项目中的哪个档次，应该得多少分数，在最后的一列内写上分数）	

表5-4(续)

评价项目	档次	本档次规定得分	你认为应得的分数
单体为游客提供的观赏价值，或游憩价值，或使用价值如何？	全部或其中一项具有极高的观赏价值、游憩价值、使用价值	30~22	
	全部或其中一项具有很高的观赏价值、游憩价值、使用价值	21~13	
	全部或其中一项具有较高的观赏价值、游憩价值、使用价值	12~6	
	全部或其中一项具有一般观赏价值、游憩价值、使用价值	5~1	
单体蕴含的历史价值，或文化价值，或科学价值，或艺术价值如何？	同时或其中一项具有世界意义的历史价值、文化价值、科学价值、艺术价值	25~20	
	同时或其中一项具有全国意义的历史价值、文化价值、科学价值、艺术价值	19~13	
	同时或其中一项具有省级意义的历史价值、文化价值、科学价值、艺术价值	12~6	
	历史价值、文化价值、科学价值、艺术价值具有地区意义	5~1	
物种是否珍稀，景观是否奇特，此现象在各地是否常见？	有大量珍稀物种，或景观异常奇特，或此类现象在其他地区罕见	15~13	
	有较多珍稀物种，或景观奇特，或此类现象在其他地区很少见	12~9	
	有少量珍稀物种，或景观突出，或此类现象在其他地区少见	8~4	
	有个别珍稀物种，或景观比较突出，或此类现象在其他地区较多见	3~1	
如果是个体，有多大规模？如果是群体，其结构是否丰满？疏密度怎样？各类现象是否经常发生？	独立型单体规模、体量巨大；组合型旅游资源单体结构完美、疏密度优良级；自然景象和人文活动周期性发生或频率极高	10~8	
	独立型单体规模、体量较大；组合型旅游资源单体结构很和谐、疏密度良好；自然景象和人文活动周期性发生或频率很高	7~5	
	独立型单体规模、体量中等；组合型旅游资源单体结构和谐、疏密度较好；自然景象和人文活动周期性发生或频率较高	4~3	
	独立型单体规模、体量较小；组合型旅游资源单体结构较和谐、疏密度一般；自然景象和人文活动周期性发生或频率较小	2~1	
是否受到自然或人为干扰和破坏，保存是否完整？	保持原来形态与结构	5~4	
	形态与结构有少量变化，但不明显	3	
	形态与结构有明显变化	2	
	形态与结构有重大变化	1	

表5-4(续)

在什么范围内有知名度？在什么范围内构成名牌？	在世界范围内知名，或构成世界承认的名牌	10~8	
	在全国范围内知名，或构成全国性的名牌	7~5	
	在本省范围内知名，或构成省内的名牌	4~3	
	在本地区范围内知名，或构成本地区名牌	2~1	
开发旅游后，适宜旅游的日期每年有多少天？或可以服务于多少游客？	适宜游览的日期每年超过300天，或适宜于所有游客使用和参与	5~4	
	适宜游览的日期每年超过250天，或适宜于80%左右游客使用和参与	3	
	适宜游览的日期超过150天，或适宜于60%左右游客使用和参与	2	
	适宜游览的日期每年超过100天，或适宜于40%左右游客使用和参与	1	
本单体是否受到污染，环境是否安全？有没有采取保护措施使环境安全得到保证？	已受到严重污染，或存在严重安全隐患	-5	
	已受到中度污染，或存在明显安全隐患	-4	
	已受到轻度污染，或存在一定安全隐患	-3	
	已有工程保护措施，环境安全得到保证	3	
本单位得分	本单位可能的等级	级	填表人	调查日期	年 月 日

对每一调查单体分别填写一份"旅游资源单体调查表"（见本标准附录B）。调查表各项内容填写要求如下：

①单体序号：由调查组确定的旅游资源单体顺序号码。

②单体名称：旅游资源单体的常用名称。

③"代号"项：代号用汉语拼音字母和阿拉伯数字表示，即"表示单体所处位置的汉语拼音字母-表示单体所属类型的汉语拼音字母-表示单体在调查区内次序的阿拉伯数字"。

如果单体所处的调查区是县级和县级以上行政区，则单体代号按"国家标准行政代码（省代号2位-地区代号3位-县代号3位，参见GB/T2260-1999中华人民共和国行政区代码）-旅游资源基本类型代号3位-旅游资源单体序号2位"的方式设置，共5组13位数，每组之间用短线"-"连接。

如果单体所处的调查区是县级以下的行政区，则旅游资源单体代号按"国家标准行政代码（省代号2位-地区代号3位-县代号3位，参见GB/T2260-1999中华人民共和国行政区代码）-乡镇代号（由调查组自定2位）-旅游资源基本类型代号3位-旅游资源单体序号2位"的方式设置，共6组15位数，每组之间用短线"-"连接。

如果遇到同一单体可归入不同基本类型的情况，在确定其为某一类型的同时，可在"其他代号"后按另外的类型填写。操作时只需改动其中的"旅游资源基本类型代号"，其他代号项目不变。填表时，一般可省略本行政区及本行政区以上的行政代码。

④"行政位置"项：填写单体所在地的行政归属，从高到低填写行政区单位名称。

⑤"地理位置"项：填写旅游资源单体主体部分的经纬度（精度到秒）。

⑥"性质与特征"项：填写旅游资源单体本身个性，包括单体性质、形态、结构、组成成分的外在表现和内在因素，以及单体生成过程、演化历史、人事影响等主要环境因素，提示如下：

第一，外观形态与结构类是指旅游资源单体的整体状况、形态和突出（醒目）点；代表形象部分的细节变化；整体色彩和色彩变化、奇异华美现象，装饰艺术特色等；组成单体整体各部分的搭配关系和安排情况，构成单体主体部分的构造细节、构景要素等。

第二，内在性质类是指旅游资源单体的特质，如功能特性、历史文化内涵与格调、科学价值、艺术价值、经济背景、实际用途等。

第三，组成成分类是指构成旅游资源单体的组成物质、建筑材料、原料等。

第四，成因机制与演化过程类是指表现旅游资源单体发生、演化过程、演变的时序数值；生成和运行方式，如形成机制、形成年龄和初建时代、废弃时代、发现或制造时间、盛衰变化、历史演变、现代运动过程、生长情况、存在方式、展示演示及活动内容、开放时间等。

第五，规模与体量类是指表现旅游资源单体的空间数值如占地面积、建筑面积、体积、容积等；个性数值如长度、宽度、高度、深度、直径、周长、进深、面宽、海拔、高差、产值、数量、生长期等；比率关系数值如矿化度、曲度、比降、覆盖度、圆度等。

第六，环境背景类是指旅游资源单体周围的境况，包括所处具体位置及外部环境如目前与其共存并成为单体不可分离的自然要素和人文要素，如气候、水文、生物、文物、民族等；影响单体存在与发展的外在条件，如特殊功能、雪线高度、重要战事、主要矿物质等；单体的旅游价值和社会地位、级别、知名度等。

第七，关联事物类是指与旅游资源单体形成、演化、存在有密切关系的典型的历史人物与事件等。

⑦"旅游区域及进出条件"项：包括旅游资源单体所在地区的具体部位、进出交通、与周边旅游集散地和主要旅游区（点）之间的关系等。

⑧"保护与开发现状"项：旅游资源单体保存现状、保护措施、开发情况等。

⑨"共有因子评价问答"项：旅游资源单体的观赏游憩价值、历史文化科学艺术价值、珍稀或奇特程度、规模丰度与概率、完整性、知名度和影响力、适游期和使用范围、污染状况与环境安全。

（三）数据整理分析阶段

该阶段是在实地调查过程之后，对收集到的第一手资料以及间接资料，加以整理，完成调查报告编写并提交成果。

1. 整理分析资料

将调查中获取的资料、照片、录像进行整理，通过去伪存真、去粗取精，对调查所获得的资料进行鉴别、核对和校正。同时，编制和绘制相关图件和表格等。如旅游资源图（该图要全面表现出调查区内五级、四级、三级、二级、一级旅游资源单体）或优良级旅游资源图（该图一般表现出调查区内五级、四级、三级旅游资源单体）。

表 5-5 为各级旅游资源单体使用图例。

表 5-5　各级旅游资源单体使用图例

旅游资源等级	图例	使用说明
五级旅游资源	■	1. 旅游资源单体符号一侧加注代号； 2. 图例大小根据图面大小而定。
四级旅游资源	●	
三级旅游资源	◆	
二级旅游资源	□	
一级旅游资源	○	

2. 编写旅游资源调查报告

根据调查掌握的情况，经综合分析整理研究，组织力量编写旅游资源调查报告。旅游资源调查报告是体现旅游资源调查工作综合性成果的图文材料。调查报告报告包括正文、附件、附图和表格等。一般涉及调查任务的来源和背景、调查区所处的环境、旅游资源的赋存状况、旅游资源的类型特征、旅游资源的评价、旅游资源开发历史和现状、旅游资源开发和保护存在的问题及建议、旅游资源图或优良级旅游资源图等附图。其中，对具有突出价值和特色的旅游资源还需编写专项旅游资源普查报告。

旅游资源调查报告的基本篇目如下：

（1）前言，包括调查任务的来源、目的、要求、调查区位置、行政区划与归属、范围、面积、调查人员组成、工作期限、工作量和主要资料及其成果等。

（2）调查区旅游环境，包括调查区自然地理特征、交通状况和社会经济状况等。

（3）旅游资源开发历史和现状，包括旅游资源的成因、类型、分区、特色、功能结构、开发现状等。

（4）旅游资源基本类型，包括旅游资源的类型、名称、分布位置、规模、形态和特征等。

（5）旅游资源综合评价，通过对调查区的旅游资源进行定性和定量的评价，评定旅游资源的级别和吸引力。

（6）旅游资源保护与开发建议，包括明调查区内旅游资源开发的指导思想、开发途径、步骤和保障措施。

（7）主要参考文献。

（8）附图，包括《旅游资源图》或《优良级旅游资源图》。

应用案例 5-6

四川省文化和旅游资源普查首批试点启动

2018 年 8 月 12 日至 14 日，四川省文化和旅游资源普查首批试点工作动员培训会在四川省宜宾市兴文县举办。

四川省此次普查分为文化资源普查和旅游资源普查两部分，时间跨度为一年半。其中，2019 年 1 月至 10 月为前期筹备和试点阶段，2019 年 10 月至 2020 年 6 月为全面普查调查和成果编制阶段。根据安排，兴文县为首批唯一试点单位。

兴文县作为四川省此次普查的首批试点，将在培训后整理、编制全县文旅资源预目录，对全县文化资源进行调查统计、对旅游资源进行普查调查和评价，并根据资源普查外业调查及统计分析成果，编制普查报告，对具有突出价值的旅游资源编写专项旅游资源普查报告。

资料来源：付远书. 四川省文化和旅游资源普查首批试点启动 [N]. 中国文化报，2019-08-20 （1）.

第四节 旅游资源的评价

旅游资源评价是在旅游资源调查的基础上，以调查区内的旅游资源及所处环境、开发条件作为评价对象和内容，采用一定的方法，对旅游资源的数量规模、质量等级、品质品级、开发潜力和开发条件等进行科学的分析和可行性研究，为下一步旅游资源规划、开发、管理决策提供科学依据。它是旅游资源调查工作的进一步延伸，也是旅游规划、开发和保护的前提。

一、旅游资源评价的目的与原则

旅游资源的评价直接影响到区域旅游资源开发利用的程度和旅游地的前途和命运。科学的旅游资源评价既是制定旅游发展规划的依据，也是实施科学管理、确立合理价格的前提。

（一）旅游资源评价的目的

1. 为旅游资源建立科学统一的认识

通过对旅游资源的类型、规模、结构、质量、功能和性质的评价，为确定旅游发展目标、市场定位、旅游开发导向、主题形象和开发规模提供科学依据。

应用案例5-7

无锡统一嘉园将司法拍卖 曾开园仅4年多就关门

2005年"十一"黄金周，无锡旅游异常火爆。除了大家熟知的传统景区，更有千年崇安古寺、东林书院、钱钟书故居等新景点，一齐赚足游客眼球。10月1日至7日，全市接待旅游者达到210万人次，旅游总收入13.27亿元，同比分别增长23%和30%；日均旅游收入近2亿元，创历史新高。

然而，就在城市旅游一片繁荣之际，统一嘉园——太湖边曾红火一时的主题公园，在环太湖景区中位置与朝向首屈一指，自然资源得天独厚，由盛而衰只用了短短4年。开业不到4年的无锡统一嘉园景区，却在两个月前因资不抵债、经营难以为继而破产倒闭了。

20世纪90年代，央视无锡影视基地在全国声名鹊起，唐城、三国城和水浒城，既有山水之胜，又有影视魅力，短时间内被广为复制，带起了一波建设主题文化景区热潮。统一嘉园正是在这股浪潮下，于1994年开建的。

作为省内第一家由民营资本开发经营的主题公园，统一嘉园投资3亿多元。一开始景区的名字叫"镜花缘"，瞄准央视当时正在筹拍的电视剧《镜花缘》。景区期望为剧组提供拍摄场景服务，带动景区的旅游发展。可不知为何电视剧的拍摄计划搁浅了。

镜花缘景区尚未开园，就已经流产，决策者不得不重新寻找出路。于是景区进行调整，1999年下半年开始，面向国内大众旅游消费市场，迅速推出"太湖山水园林"的品牌新概念，完全可能一举赢得市场主动。但是，决策者却匪夷所思地将景区定位成一个海峡两岸共同期盼统一的政治化主题景区，把定位转向两岸民间交流，引进了妈祖文化，在山顶的最佳观景之处，投入巨资修建了台湾妈祖庙和中华统一坛，试图通过打造两岸文化交流主题来发展旅游业，景区园名也改为统一嘉园。

分析与思考：统一嘉园拥有极佳山水资源的主题景区，在城市旅游环境日趋改善的今天，为什么会经营失败呢？

资料来源：根据江南晚报《无锡统一嘉园将司法拍卖 曾开园仅4年多就关门》整理改编。

2. 为旅游规划与开发提供科学依据

通过对旅游资源、旅游资源所处环境及其开发利用的综合评价，旅游资源评价为国家和地区进行旅游资源分级规划提供系统资料和判断对比的标准。同时，旅游资源评价可以评估旅游资源在旅游地开发建设中所处的位置，可直接为旅游地旅游资源的开发重点、开发方向、开发规模等提供依据，为确定不同旅游地的建设顺序准备条件，并为专项旅游建设项目的开展提供指导。

应用案例5-8

安新县白洋淀风景名胜区旅游资源定量评价

根据安新县白洋淀风景名胜区旅游资源的分布、空间组合、功能等特点及开发条件，可以把白洋淀风景名胜区分成水城综合旅游功能区、白洋淀旅游功能区、大王旅游功能区、安州旅游功能区、端村旅游功能区五大功能区。参照国家标准《旅游资源分类、调查与评价》（GB/18972-2003）旅游资源评价方法，对五大功能区旅游资源进行定量评价，如表5-6所示。

表5-6　白洋淀风景名胜区旅游资源定量评价

各旅游功能区	资源要素价值					资源影响力		附加值	总评	
	观赏游憩使用价值	历史文化科学艺术价值	珍稀奇特程度	规模风度与几率	完整性	知名度和影响力	适游期或使用范围	环境保护环境安全	价值级别	级别
水城综合旅游功能区	25	18	10	7	4	8	4	2	78	四级
白洋淀旅游功能区	25	15	13	6	4	9	3	2	77	四级

表5-6（续）

各旅游功能区	资源要素价值					资源影响力		附加值	总评	级别
	观赏游憩使用价值	历史文化科学艺术价值	珍稀奇特程度	规模、风度与几率	完整性	知名度和影响力	适游期或使用范围	环境保护环境安全	价值级别	
大王旅游功能区	18	11	6	3	4	4	3	2	52	二级
安州旅游功能区	11	18	9	3	3	6	3	2	51	二级
端村旅游功能区	17	11	7	3	3	4	3	2	50	二级

（1）评价结果。水城综合旅游功能区和白洋淀旅游功能区总评价值分别为78分和77分，在各景区中得分最高，列为四级旅游资源（优良级旅游资源）；大王旅游功能区、安州旅游功能区、端村旅游功能区总评价值分别为52、51、50，均列为二级旅游资源（普通级旅游资源）。

（2）安新县白洋淀风景名胜区开发对策。结合安新县白洋淀风景名胜区旅游资源定性和定量评价情况，为深层次开发白洋淀旅游资源，提升其旅游竞争力，促进其旅游模式由传统水域风光向现代生态旅游转变。建议景区根据白洋淀各功能区旅游资源特点，做好旅游规划布局。水城综合旅游功能区以安新水城游、科普教育游、购物休闲游、白洋淀风情游为安新的主卖点，将安新县建设成著名的湿地度假休闲红色旅游胜地；白洋淀旅游功能区为安新白洋淀旅游的重点，利用其湖泊湿地型国家级风景名胜区的特质，将其建成驰名国内外的温带湖泊湿地度假、购物旅游区。大王旅游功能区可利用毗邻旅游中心镇安新镇的区位优势，发挥其特色风味饮食的优势，围绕白洋淀旅游主题，规划出相应的品食活动，发展为餐饮旅游服务镇；安州旅游功能区应充分利用安州古城墙遗址和现有的革命文物进行相关规划建设，突出其历史文化游览的价值；端村旅游功能区此区应发挥其面临着宽广水域和拥有独特水乡风俗的优势，来丰富安新白洋淀旅游的内容，可发展为历史文化和风情民俗为主的旅游业。

资料来源：蔡敬敏，朱其梅，李国梁. 白洋淀风景名胜区旅游资源分类及评价［J］.山西师范大学学报（自然科学版），2007（02）：105-109.

3. 为旅游资源的有效管理提供科学依据

对旅游资源规模、品位进行评价，可以为国家和地区进行旅游资源分级管理提供系统资料和判断对比标准，同时，可确定合理的景区（点）门票价格，引导游客理性消费，为合理利用资源、保护旅游资源和环境、发挥整体效益提供依据。

因此，客观而科学地评价旅游资源是旅游区综合开发的重要环节。它对旅游资源的利用功能、开发方向、开发程度和规模及其经济和社会效益起着决定作用。

（二）旅游资源评价的原则

1. 客观实际的原则

旅游资源无论是物质的，还是非物质的，都是客观存在的事物。因此，旅游资源的特色、价值和功能具有客观性。旅游资源评价时应从客观实际出发，本着科学的态度，运用美学、历史学、经济学、地理学、建筑学、资源学等相关理论，恰如其分地对旅游资源的规模数量、品质等级、价值功能、形成原因、开发潜力等内容做出评价。首先，对其价值和功能既不能夸大，动辄"世界罕见""国内唯一"，这样会导致设施闲置。其次，对其成因不能动辄冠以神话传说或故事传奇，甚至是借以封建迷信，要向游客提供高质量的旅游经历，普及科学知识，输送正确的科学知识和浓郁的地方文化，强化环境教育，寓教于乐，达到"行万里路，破万卷书"的效果。最后，对其特色与特性不能"坐井观天""管中窥豹"，而要放眼国际、全国、地区，要纵向和横向对比，实事求是地评价其与众不同，找出"人无我有、人有我优、人有我新"的不同之处，突出其吸引力。

2. 定性定量结合的原则

旅游资源评价方法包括定性评价和定量评价两种。定性评价又叫经验法，主要是通过评价者观察后的印象得出结论。优点是简便易行，缺点是往往会受到评价者自身主观意向、偏好的局限。定量评价是将评价资源的各种指标加以量化，然后根据各个指标所占的权重加以评分的方法。其优点是避免和克服了评价者主观意向，避免受个人偏好因素的影响，使旅游资源综合评价工作更客观、更科学。在评价旅游资源时应尽量避免带有主观色彩的定性评价，将经验化的定性分析法和精确性的定量分析法结合起来，使旅游资源评价结果更趋科学、合理，为旅游规划、开发和管理提供更加可靠的依据。

3. 效益兼顾的原则

旅游资源评价是为旅游规划与开发服务的。评价应依据可持续发展理论、旅游人类学理论等，确保旅游规划与开发能够取得良好的经济效益、社会效益和生态效益，统筹考虑其综合效益。首先，旅游开发不能单纯只追求经济效益，还应包括旅游规划与开发带来的社会效益和生态效益。其次，旅游评价既要考虑带来的正面效益，还要估算可能带来的负面效益。最后，旅游评价还要考虑旅游规划与开发给当地社区及居民、旅游开发者、旅游社会团体、游客等旅游利益相关主体的利益协调和平衡。因此，旅游资源评价其效益显得尤为重要，以确定是否开发，如何开发、开发程度等问题。

4. 全面系统的原则

由于旅游资源评价过程中涉及的内容较多，因此，评价时必须全面系统，不能顾此失彼，以此代彼，导致评价结果失真。首先，旅游资源的价值和功能是多方面、多层次、多形式的，旅游资源的价值包括艺术欣赏价值、文化价值、科学价值、经济价值和美学价值，它是旅游资源质量和水平的反映。旅游资源的功能主要有观光、科学考察、娱乐、休憩、健身、疗养等功能，故评价要全面、系统、综合地衡量。其次，旅游资源评价涉及旅游资源开发的自然、社会、经济环境和投资、区位、客源等开发条件，不能简单就旅游资源单纯评价旅游资源，评价时既要对旅游资源的数量、规模、特色、价值、功能等进行评价，还要对旅游资源所处的环境和开发条件进行评价，从而综合得出评价结果。

二、旅游资源评价的内容

旅游资源综合评价包括对旅游资源自身的评价，也包括对旅游资源外部条件及开发条件的评价三个方面。

（一）旅游资源特点的评价

1. 旅游资源的特色和特性

旅游资源的特色和特性是衡量其对游客吸引力大小的重要因素，也是旅游资源开发的先决条件之一。它对旅游资源的利用功能、开发方向、开发程度和规模及其经济和社会效益起着决定作用。因此，旅游资源的特色和特性是旅游资源开发的生命线。

2. 旅游资源的价值和功能

旅游资源的价值包括艺术欣赏价值、文化价值、科学价值、经济价值和美学价值，它是旅游资源质量和水平的反映。旅游资源的功能有观光、科学考察、娱乐、休憩、健身、疗养等，其与旅游资源的价值是相呼应的。一般来说，艺术和美学价值高的旅游资源，其功能主要表现在观光方面；文学和科学价值高的旅游资源，其功能主要表现在科学考察和文化旅游等方面。因此，旅游资源的价值和功能是其开发规模、程度和前景的重要决定因素。

3. 旅游资源的数量、密度和布局

旅游资源的密度是指区域内旅游资源的分布范围和面积及分布密集程度。旅游资源的布局是指景观资源的分布和组合特征，包括资源类型上的组合结构，也指旅游资源时间、空间上的组合结构。它是资源优势和特色的重要表现。景观数量多、相对集中（密度大）并且布局合理的地区是理想的旅游开发区；景观数量少、分布稀疏、布局不合理的旅游区对旅游资源的开发是极为不利的。

（二）旅游资源所处环境的评价

1. 旅游资源所处的自然环境

旅游资源所处的自然环境是指区域内的气象、地质、地貌、生物、水文等组成的自然环境，它们构成旅游业发展的基础环境，会对旅游资源的开发产生影响。

（1）气候条件。旅游地的气候类型、气温（年均温、极高温、极低温）、盛行风，年均降水量及降水量的时空分布、光照强度，温度及其变化、大气成分及污染情况等。气候条件对旅游资源的开发具有重要影响，一般来说，旅游者出游应有一个适宜的温度，在旅游环境的评估指标中就有气候舒适度指标（comfort index）和风效指数（wind defect index），气候舒适度指标是描述气温和湿度对人体的综合影响指标之一，它表示人体在某种温、湿度条件下对该空气环境感觉舒服的程度，用气温和相对湿度的不同组合来表示。风效指数是指人们的裸露皮肤在气温和风速的不同组合作用下感到的冷暖程度。旅游资源开发地一年中适于旅游的天数越多，旅游资源开发后的效益就越明显。

（2）地质地貌条件。旅游地的地质构造、地形、地貌及岩石的分布和水平地域分异等。

（3）水体环境。旅游地的主要水系分布、水体类型，各类水体的水质、水量的变化情况以及利用情况等。

（4）生物环境调查。旅游地的动物及植物群落的种类、数量、特征与分布，具有观赏价值的动、植物群落数量及分布，以及稀有珍贵动、植物种群等。

气候、水体、地质、生物等自然环境本身也可以成为重要的旅游吸引物，其中地质条件还对旅游资源的开发建设产生重要影响，在地质条件恶劣的地方，易于引发地震、滑坡、泥石流，不利于旅游活动的开展和旅游资源的开发。作为旅游开发地，环境以幽静怡人为宜。

2. 旅游资源所处的社会环境

旅游资源所处的社会环境是指旅游资源所在区域的政治局势、社会治安、文化状况、医疗保险和当地居民对旅游的认识，为旅游业发展提供重要的支撑和保障作用。旅游是一项对当地社会环境较为敏感的经济活动，在稳定的社会环境中它能以较快的速度发展，而一旦出现社会环境的波动，它会做出相反的反映。

（1）历史沿革。旅游地的发展历史，包括建制形成，行政区划的历次调整，发生的历史事件，调查区内名人及其活动、文物古迹的分布和保护等。

应用案例5-9

攀枝花的由来

攀枝花位于金沙江畔，原名上、下坝村，形成于清朝同治八年（1869年）前后，因村口有一株古老而高大的攀枝花树，遂称"攀枝花村"。

"攀枝花"村名最早见于地图是1940年4月出版的《宁属各县（盐边县）概况资料辑要》。同年6月，地质学家汤克成到攀枝花村调查，1942年提交《西康省盐边县攀枝花及倒马坎铁矿地质报告》，这是官方第一次获得攀枝花铁矿的信息。

新中国成立后，1953年第一次地质普查确认攀枝花及其周围地区有大型铁矿。1956年2月27日，时任地质部党组书记、常务副部长何长工向毛主席汇报地质普查情况，提到了"攀枝花式铁矿（含钛钒磁铁矿）"。同年3月，地质部部长李四光向毛主席汇报工作时提出，在金沙江畔攀枝花找到了大型铁矿。

1958年3月21日，毛主席在成都会议上签发冶金工业部部长王鹤寿关于《钢铁工业的发展速度能否设想更快一些》的报告，批准了开发攀枝花的设想。

1965年2月5日，中共中央、国务院正式批复同意成立攀枝花工业特区。3月4日，毛泽东主席在冶金部部长吕东、攀枝花特区总指挥徐驰呈送的《加强攀枝花工业区建设的报告》上批示："此件很好。"由此，攀枝花市将这一天定为"攀枝花开发建设纪念日"，亦即攀枝花建市纪念日。

1965年4月22日，为了便于保密，国务院下发《关于攀枝花特区更名问题的批复》，同意将攀枝花特区改名为渡口市。

1987年1月23日，经国务院批准，渡口市更名为攀枝花市。

资料来源：攀枝花市地方志办公室. 攀枝花市名称来历建置沿革及主要特色［EB/OL］.（2018-06-25）［2020-01-03］.http：www.scdfz.org.cn/bssz/scdq/content_9096.

（2）社会文化状况。这是指旅游地内学校、邮政、电讯、医疗、环卫、安全、民族的分布状况；调查区内居民的职业构成、受教育状况、宗教信仰、风俗习惯、社会价值观念、审美观念等。

3. 旅游资源所处的经济环境

旅游地的开发、建设和管理需要一定的资金、物质、人才等。旅游地的旅游开发，必须有坚实的经济基础做后盾。

资金主要用于建设旅游地的游乐、美化、安全、卫生、餐饮、住宿、道路、场地、保护、美化等建设项目。这些资金的筹措必须依赖这一地区的经济发展水平。物资供给也是旅游地开发的重要条件。建设、维护旅游资源需要大量物资，旅游地开发以后也需要更多的物资，还要有丰富的食品饮料供给游客等，这些都离不开该地的物资总供给水平。人力是旅游资源开发必不可少的。旅游从业人员的文化素质，是旅游地开发和服务质量得以保障的重要前提，因此，对人力及其文化素质的评价必须予以重视。

4. 旅游资源的环境容量

旅游资源的环境容量是指某项旅游资源自身或所处地区在一定时间条件下旅游活动的容纳能力，包括容人量和容时量两个方面。

容人量是指旅游景区单位游览面积所能容纳游客的数量，它反映了风景区的用地、设施和投资规模等指标。容时量是指游览景区时所需要的基本时间。它体现了风景区的游程、内容、景象、布局和建设时间等内容。

一个旅游景区的旅游资源越复杂、越含蓄、越有趣味，其容时量就越大；相反，一览无余的景区，容时量就较小。需要指出的是，旅游景区的容人量不是指旅游景区内能容纳游人的最大数量，而是最佳容量。

（三）旅游资源开发条件的评价

1. 旅游资源的区位条件

旅游资源所在地的区位条件通常包括地理位置、交通条件、与周边旅游区之间的相互关系。其中，地理位置包括调查区的名称、地域范围、面积，所在的行政区划及其中心位置与依托的城市。它决定了旅游资源开发的可行性和开发效益、开发规模和程度等重要外部条件。

应用案例 5-10

攀枝花市的区位

攀枝花市是中国四川省地级市，位于中国西南川滇交界部，北纬 26°05′~27°21′，东经 101°08′~102°15′，金沙江与雅砻江交汇于此。辖 3 区 2 县（东区、西区、仁和区、米易县、盐边县），16 个街道办事处，21 个建制镇，23 个乡，总面积 7 440.398 平方千米。东、北面与四川省凉山彝族自治州的会理、德昌、盐源 3 县接壤，西南面与云南省的宁蒗、华坪、永仁 3 县交界。北距成都 749 千米，南接昆明 351 千米，是四川省通往华南、东南亚沿边、沿海口岸的最近点，为"四川南向门户"上重要的交通枢纽和商贸物资集散地。

攀枝花市处于川滇经济合作圈之中，周边有大香格里拉等著名旅游胜地环绕，是"南方丝绸之路"的重要节点城市，区位后发优势明显。随着攀丽高速公路、攀昆高速公路、攀大高速公路、攀宜高速高速公路、丽攀昭遵铁路等交通通道建成，攀枝花将成为四川南部的重要交通枢纽，使之能更方便、快捷地融入大香格里拉旅游环线和南丝绸之路游线，实现借位发展、错位发展和联动发展。

资料来源：攀枝花市人民政府办公室关于印发《中国阳光康养旅游城市发展规划（2012—2020 年）》的通知。

2. 客源条件

旅游的客源数量直接关系旅游的经济效益，没有一定的旅游者，旅游资源的开发难以产生良好的经济效益。客源存在时空的变化，在时间上，客源的不均匀形成旅游的淡旺季，这与当地的气候的季节变化有一定的关系；在空间上，客源的分布半径与密度，由旅游资源的吸引力和社会环境决定，旅游资源特色强、规模大、社会和经济环境好的旅游区，其客源范围和数量都较为可观，相应地，旅游综合经济效益也高。

3. 投资条件

旅游资源的开发需要大量的资金投入，旅游资源区的社会经济环境、经济发展战略及给予投资者的优惠政策等因素都直接影响投资者的开发决策。因此，必须认真研究旅游资源区的投资条件和政策环境，包括政府对旅游业发展的态度，支持旅游业发展力度，制定的相关的产业政策、经济社会发展规划，旅游业在调查区内的地位等。

4. 建设施工条件

旅游资源的开发需要一定的设施场所。这种场所主要用于建设游览、娱乐设施和各种接待、管理设施，如修建游览道路、娱乐设施、宾馆饭店、停车场所等。这些设施要求不同的地形、地质、土质、供水等条件。旅游资源的开发与上述条件的难易、优劣有密切联系，因此也应该列入开发条件评价的内容。

5. 开发现有条件

旅游资源需要被开发出来才能为旅游业所用，因此，旅游资源按开发程度可分为已开发旅游资源和潜在旅游资源。一些旅游区的旅游资源已经经过了初步的开发，那么在评价时应注意总结其开发过程中的成功经验和失败教训，找出存在的主要问题，对下一步旅游资源的开发和保护提供宝贵的建议。

三、旅游资源评价分类

国外旅游资源评价工作始于 20 世纪 70 年代，使用的方法可概括为三个特点：指标数量化、评价模型化、标准评定公众化。我国旅游资源评价工作是 20 世纪 80 年代后应旅游开发的要求而发展起来的。最初使用经验法，凭经验直觉判断，以定性描述表达，简单明了，但难免存在片面性，难以比较不同区域的评价结果。我国陆续建立了一套旅游资源评价体系，使旅游资源评价逐步由单一的定性和定量评价转向定性与定量相结合。

旅游资源评价是在旅游资源调查基础上进行更深入的研究。由于不同的旅游资源具有不同的属性、价值和功能，因此，利用方式也存在差异。旅游资源评价包括旅游资源的单体要素评价和旅游资源的综合评价（或旅游地评价）两类。

（一）旅游资源的单体要素评价

旅游地内的地质、地貌、气象、水文、生物等组成的自然环境，其会对旅游资源的开发产生影响。对于某些旅游活动，如登山、滑雪、游泳、避暑、避寒等专项旅游活动，都会有一个或几个旅游资源要素对旅游活动能否开展以及开展质量起决定性作用。目前，国际上对海滨型和滑雪型等专项旅游资源的评价方法已日趋成熟，这对各国开发此类专项旅游活动具有一定的借鉴意义。

旅游资源单体要素评价也称为技术性的单因子评价，是评价者在评价区域旅游资源时，集中考虑某些典型而又关键的因素，并对这些起决定性作用的因素进行适宜性或优劣评价。这种评价方法对于开展专项旅游活动，多数限于对自然旅游资源的评价。

1. 海滩旅游资源评价

海滩是人们海洋旅游的首选目的地，深受各国人民的欢迎和喜爱。国外海滩旅游已非常成熟。在向世界出售阳光、大海和沙滩的西班牙，每年国际旅游收入多达 250 亿美元。在美国，海滩旅游是第一位的旅游方式，在经济发展中起到了关键作用。海滩是由海滩地貌、水体、生物、气候气象、人文等多种资源要素组成的集合体。海滩旅游资源的质量评价受到各国普遍重视，它们针对重要因素建立了评价指标体系。一个好的海滩资源质量评价体系应客观、科学、系统、全面地反映海滩旅游资源的质量状况，有效地帮助人们选择海滩，管理和治理海滩。对海滩旅游资源的评价，主要是考虑海滩和海水状况等决定因素对活动的影响程度。

（1）欧洲"蓝旗"评价体制（blue flag campaign）。欧洲"蓝旗"评价标准是 1985 年在法国开始的，目前在海滩评价体系中受认可度最高。欧洲环境教育联邦委员会采用的正是欧洲"蓝旗"评价体制，该评价体制共有 26 个指标，其中水质 7 个、环境教育和信息 6 个、海滩旅游资源管理 13 个。1993 年后，水质标准由强制性（"I"级）提高到指令性（"G"级）。该评价体系要求必须达到的强制指标有：水质和采样点信息展示，管理部门的海岸环境教育活动，对汽车、垃圾倾倒、非法野营、狗进入海滩的管理等。要求做到的指标有：足够的垃圾收集点、海滩每日清扫状况、进入海滩的安全性、卫生设施、救生设备和人员、紧急救护等，建议提供饮用水、电话厅、残疾人服务设施等。

应用案例 5–11

智利加入"蓝旗海滩"计划

为推动海滩的可持续发展，智利加入了"蓝旗海滩"计划，成为第 3 个加入该计划的南美国家。该计划由欧洲环境保护教育协会颁发蓝旗认证，目前已有 50 个国家的超过 4 000 处海滩和港口被授予"蓝旗"。"蓝旗"不仅得到了联合国、联合国教科文组织和世界旅游组织的认可，也被游客认作生态认证标签。

（2）英国海滨奖励标准（seaside ward）。英国海岸整洁组织于 1992 年制定了海岸整洁奖评制度。奖励对象为海滩胜地和欠发达地区的乡村海滩。获奖海滩必须满足设施、管理、海滩整洁、水质方面的高要求。海滩胜地的评价指标有 29 个，乡村海滩有 13 个，主要包括水质、海滩和潮间带、安全、清洁、管理、信息和教育等。水质必须满足 I 级，对满足 G 级水质标准的给予海滨大奖。

（3）优良海滩指导标准（good beach guide）。英国海洋保护学会提出优良海滩标准，主要评价海滩水质，分为五级。评价标准中也包括海滩描述、安全、垃圾管理和清洁、海滩设施、海滨活动、公共交通等方面。接受推荐的海滩必须达到的最低标准是四级（即 100% 通过 I 级，80% 通过 G 级）。但有些水质达五级的海滩，因不满足其他条件而未被推荐，如海滩信息不足、有污染源或杂物、海浴条件危险等。

（4）美国土地管理局的土地供游憩活动适宜性评估系统。该系统对于海水浴场的技术评估，选用水质、危险性、水温、颜色与浑浊度、风、深水域、海滩状况 7 个资源要素，每个指标分为 3 个等级，实行分级评价，最终根据总分将海滩（海浴）旅游资源分为 A、B、C 三个等级。A 为 26~29，B 为 21~25，C 为 13~20。海滩状态包括坡度、平滑、稳定性、障碍性。良好为坡度低于 10%，海岸平滑，稳定性强，障碍物少且易于移除。一般级以此类推。具体评分分等方法见表 5-7。

·118·

表 5-7　海水浴场适宜性评估（美国）

决定因素	评估标准及计分		
水质	清澈（5）	混浊（4）	污染（1）
危险性	无（5）	有一点（4）	有一些（1）
水温/℃	>22.2（5）	19.4~22.2（4）	<19.4（1）
颜色与浑浊度	清明（3）	稍浑浊（2）	浑浊（1）
风	全季适应（3）	>1/2 季适应（2）	<1/2 季适应（1）
1.5m 深水域（距海岸线）/m	>30.5（3）	15.25~30.5（2）	9.15~15.25（1）
海滩状况	良好（5）	一般（4）	差（1）

资料来源：保继刚、楚义芳. 旅游地理学 [M]. 北京：高等教育出版社，1999 年.

2. 滑雪旅游资源评价

欧洲和北美是国际滑雪旅游业主要集中地区，其发展历史长，随着滑雪旅游市场需求的不断增加，滑雪旅游者会越来越关注滑雪产品的质量和具体信息。

美国土地管理局的土地供游憩活动适宜性评估系统中，对于海水浴场的技术评估，选用 7 个资源要素实行分级评价，包括雪季长短、积雪深度、干雪保留时间、海拔、坡度、气温、风力，每个指标分为 4 个等级，最终根据总分将滑雪旅游资源分为三个等级，A 为 29~33，B 为 21~28，C 为 8~20。具体评分分等方法见表 5-8。

表 5-8　美国滑雪旅游资源的技术性评估标准

决定因素	评估标准计分							
雪季长短/个月	6	(6)	5	(5)	4	(4)	3	(2)
积雪深度/m	>1.22	(6)	0.92~1.22	(4)	0.61~0.92	(2)	0.6 以下	(1)

表5-8(续)

决定因素	评估标准计分							
干雪	3/4 季节时间	(4)	1/2 季节时间	(3)	1/4 季节时间	(2)	0 季节时间	(1)
海拔/m	>762.5	(6)	457.5~762	(4)	152.5~457.5	(2)	45.75~152.5	(1)
坡度	很好	(4)	好	(3)	一般	(2)	差	(1)
温度/℃	>10	(3)	−17.8~6.7	(2)	<−17.8	(1)	—	
风力	轻微	(4)	偶尔变动	(3)	偶尔偏高	(2)	易变	(1)

应用案例 5-12

新疆滑雪旅游业资源评价

新疆位于欧亚大陆中部，地处东经 73°40′~96°23′，北纬 34°35′~49°18′。有三大山脉，东西横亘，北部为阿尔泰山脉，中部天山山脉，南部昆仑山脉。冬季多雪，冰雪期长，120 天左右，每年从 11 月至次年 2 月为冰雪期，且积雪较厚，在 1.2 米左右。因此，新疆具有适宜开设滑雪场的海拔高度，且跨度比较大，从 1 000 多米到 4 000 多米。雪场山体坡度从缓至陡，适合建造国际滑雪场。滑雪场区的温度较适宜，气温一般在 −10℃ 到 −12℃，滑雪时不需穿很厚的衣服。依据美国土地管理局对滑雪旅游资源的技术性评估标准，对新疆滑雪资源各项技术指标进行评价，我国滑雪旅游产业发展较好的省是黑龙江和吉林。可以选择与这两省进行比较分析（见表5-9）。

新疆滑雪旅游资源在冰雪期、海拔、坡度评分与黑龙江、吉林省一致，在雪场平均气温、积雪深度上得分高，总的评估分高于前两个地区。说明，新疆的滑雪旅游资源是比较优越的，开展滑雪旅游的前景比较好。

表5-9 吉林、黑龙江、新疆滑雪旅游资源对比表

地区	雪场平均气温/℃	冰雪期	积雪深度/cm	海拔/m	坡度	风力	干雪	评估分数
黑龙江	−30~−18	120 天左右	30~70	300~1 000	好	—	—	13
吉林	−20~−14	100 天左右	40~50	500~1 000	好	—	—	13
新疆	−12~−10	120 天左右	35~100	1 000~2 000	好	—	—	16

资料来源：根据陈文婷，韩春鲜，董琳《新疆滑雪旅游资源评价及市场分析》整理改编。

3. 气候适宜度评价

气候条件不仅是重要的旅游吸引物，而且对旅游资源的开发具有重要影响。气候是影响旅游者旅游消费行为的重要因素，其对旅游者的影响主要表现在以下两个方面：

一是影响旅游活动的质量。在不同气候条件下，同一旅游目的地适宜开展的旅游活动是不同的。

二是影响旅游者的消费决策。气候直接影响到旅游者的舒适度，例如夏季到凉爽的北方避暑，冬天到温暖的南方越冬就是为了追求气候的舒适性。

气候舒适度是指人们无须借助任何消寒、避暑措施就能保证生理过程正常进行的气候条件。气候是否宜人是根据一定条件下皮肤的温度、出汗量、热感和人体调节系统所承受的负荷来确定，主要受最高（最低）气温、相对湿度与风力大小 3 个因素的制约。

（1）气候的适宜评价

①奥利佛评价体系

1987 年，奥利佛（J. E. Oliver）提出温湿指数（THI）和风寒指数（WCI）评价气候对人体的影响。

温湿指数是通过温度和湿度的综合，反映人体与周围环境的热量交换。

其计算式如下：

$$THI = (1.8t + 32) - 0.55(1 - f) \times (1.8t - 26)$$

式中：t 为摄氏气温（℃）；f 为相对湿度（%）。

风寒指数（WCI）表征的是寒冷环境条件下，风速与气温对裸露人体的影响。

其计算公式如下：

$$WCI = (33-t)(9.0+10.9\sqrt{V} -V)$$

式中：t 为摄氏气温（℃），V 为风速（m/s）。将温湿指数和风寒指数与多数人体感相比较，其分类等级见表 5-10。

表 5-10　温湿指数和风寒指数

温湿指数（THI）		风寒指数（WCI）	
范围	感觉状况	范围	感觉状况
<40	极冷，极不舒适	≤-1 000	很冷风
40~45	寒冷，不舒适	-800~-1 000	冷风
45~55	偏冷，较不舒适	-600~-800	稍冷风
55~60	清凉，舒适	-300~-600	凉风
60~65	凉，非常舒适	-200~-300	舒适风
65~70	暖，舒适	-50~-200	暖风
70~75	偏热，较舒适	+80~-50	皮感不明显风
75~80	闷热，不舒适	+160~+80	皮肤感热风
>80	极其闷热，极不舒适	≥+160	皮感不适风

特吉旺（Terjung，1966）在对美国大陆生理气候的评估中设计了两个评价指数，即舒适指数（comfort index）和风效指数（wind effect index）。

②着衣指数

上述模型仅仅考虑了气候要素对人体裸露皮肤的影响程度，但实际上有些情况下，人体可以通过着衣来改变气候带来的不舒适情况，计算着衣指数的标准模型是澳大利亚学者弗雷塔斯（Freitas）提出的，该模型在实际研究中得到了广泛的应用。

Freitas 分析了人们通过穿衣来改变气候的不舒适性，综合了温度、人体代谢、太阳辐射、风速等多种因素，该模型在实际研究中应用广泛，计算公式如下：

$$\text{ICL} = \frac{33 - t}{0.155H} - \frac{H + aR\cos\alpha}{(0.62 + 19.0\sqrt{V})H}$$

式中：t 为摄氏气温（℃）；H 代表人体代谢率的 75%，单位为 W/m^2；a 表示人体对太阳辐射的吸收情况；R 表示垂直阳光的单位面积土地所接收的太阳辐射，单位为 W/m^2；α 是太阳高度角，取平均状况，随纬度发生变化；V 为风速（m/s）。

表 5-11 为着衣指数与衣着对应及分级。

表 5-11　着衣指数与衣着对应及分级

衣着	着衣指数	等级
超短裙	<0.1	E
热带衣着	0.1~0.3	D
短式、短袖开领衫、凉鞋	0.3~0.5	C
轻便的夏装	0.5~0.7	B
配有衬衫和内衣的典型常用便服	0.7~1.3	A
配有棉布外套的典型常用便服	1.3~1.5	b
传统冬季常用服装	1.5~1.8	c
常用便服加坚实外套和羊毛帽	1.8~2.5	d
各种冬季羊毛运动衫	>2.5	e

一般来说，旅游者出游应有一个适宜的温度，旅游资源开发地一年中适于旅游的天数越多，旅游资源开发后的效益就越明显，适宜的气候条件是支撑旅游活动的重要条件。

（2）森林空气负氧离子评价

空气负离子被喻为空气维生素或生长素，对人体健康有利。不同环境条件下的空气离子水平差异很大（见表 5-12）。随着森林生态旅游的兴起及人们保健意识的增强，空气负离子作为一种重要的森林旅游资源已越来越受到人们的重视。人们开展森林旅游的一个重要目的就是到森林环境中去呼吸含有大量负离子的新鲜空气，达到消除疲劳、疗养保健的作用。

表 5-12　不同环境下的负离子浓度

环境	负离子浓度/个·cm³	环境	负离子浓度/个·cm³
城市居民房间	40~100	机关办公室	100~150
街道绿化地带	100~200	城市公园	400~600
旷野、郊区	700~1 000	疗养地区	10 000
海滨、森林	1 000~3 000	瀑布	>50 000

关于空气负氧离子评价常用的是单极系数和空气离子评议系数。

①单极系数。它是指空气中正离子数和负离子数的比值，用 q 表示。$q = n^+ / n^-$，

其中 n^+ 为空气正离子、n^- 为空气负离子。有的学者认为 q 应等于或小于 1，才能给人舒适感。

②空气离子评议系数。日本学者安倍通过对城市居民生活区空气离子的研究，建立了安倍空气离子评议系数（CI）模型。$CI = n^-/1\,000q$，其中 q 为单极系数；1 000 为满足人体生物学效应最低需求的空气负离子浓度（个·cm^3）。按空气质量评价指数，可以将空气质量划分为五个等级，CI 值要大于或等于 0.29，空气才属清洁（见表5-13）。

表5-13　大气清洁度与空气质量评议系数

等级	空气质量评议指数（CI）
最清洁	>1.0
清洁	1.0-0.7
中等	0.69-0.5
允许	0.49-0.3
临界值	0.29

③森林空气离子评价模型。上述两个评价模型中，空气离子相对浓度模型由于没有加入人体生物学效应浓度（1 000）系数，因而不宜用于以具有生态保健功能作为重要特征的森林风景区空气离子的评价；而安倍空气离子评议系数虽然考虑了人体生物学效应浓度，但模型中的单极性系数（q）不适合用于森林环境的离子评价，因而也不宜用来评价森林中的空气离子。其计算式为

$$FCI = \frac{n^-}{1\,000} \cdot p$$

式中：FCI 为森林空气离子评价指数；P 为空气负离子系数；n^- 为负离子浓度；1 000 为人体生物学效应最低负离子浓度。

表5-14 为森林空气离子分级标准。

表5-14　森林空气离子分级标准

项目	I	II	III	IV	V
n^-	3 000	2 000	1 500	1 000	400
n^+	300	500	700	900	1 200
p	0.80	0.70	0.60	0.50	0.40
FCI	2.4	1.4	0.9	0.5	0.16

一般而言，森林环境中的空气负离子浓度高于城市居民区的空气负离子浓度，人们到森林游憩区旅游的重要目的之一是去那里呼吸清新的空气。因此，将森林游憩区的最低负离子浓度（临界浓度）定为 400 个·cm^3 应是合理的。当空气负离子浓度低于 400 个·cm^3（VI级）时，表明空气已受到一定程度的污染，对游客的健康不利。

应用案例 5-13

张家界国家森林公园不同景区林内、游道及生活接待区空气离子

运用空气负离子系数模型、森林空气离子评价模型及评价标准对张家界国家森林公园不同景区林内、游道及生活接待区空气离子进行评价（见表 5-15）。

表 5-15　张家界国家森林公园内空气负离子评价结果

地点	项目	接待区	黄石寨	金鞭溪	腰子寨	琵琶溪	沙刀沟
林内	p	0.50	0.61	0.66	0.67	0.64	0.66
	FCI	0.34	0.86	1.26	1.30	1.16	1.29
	G（等级）	V	Ⅳ	Ⅲ	Ⅲ	Ⅲ	Ⅲ
游道上接待区	p	0.48	0.57	0.63	0.66	0.64	0.65
	FCI	0.19	0.71	1.00	1.20	1.13	1.18
	G（等级）	V	Ⅳ	Ⅲ	Ⅲ	Ⅲ	Ⅲ
景区、接待区平均	p	0.48	0.59	0.64	0.66	0.64	0.67
	FCI	0.21	0.78	1.13	1.25	1.14	1.26
	G（等级）	V	Ⅳ	Ⅲ	Ⅲ	Ⅲ	Ⅲ

资料来源：根据石强，舒惠芳，钟林生，吴楚材《森林游憩区空气负离子评价研究》中的数据整理，改编。

评价结果：公园接待区的平均空气离子评价指数为 0.21，其中生活区的空气离子评价指数为 0.19，已非常接近 0.16 的临界水平，表明公园接待区的空气已十分污浊，不利于人体健康。接待区后山杉木林内的空气离子评价指数亦只有 0.34，同样表明其空气清洁度低。其他各景区林内外空气离子评价等级虽然都在保健级范围之内，但黄石寨景区的空气离子评价指数明显低于其他各景区的空气离子评价指数，其评价等级为Ⅳ级，而其他景区的空气离子评价等级为Ⅲ级。表明大量的游客已对黄石寨景区的空气离子产生了影响。其他景区受到的影响则相对较小，空气清新、质量好。

（二）旅游资源的综合评价

除了上述海滩、滑雪、森林等专项旅游外，其他大部分旅游资源的旅游规划和开发，通常要求规划方对旅游地进行综合评价。常见的方法有一般体验性评价法、美感质量评价法、"三三六"评价法、"六字七指标"法、综合型定量建模评价法、《旅游资源分类、调查和评价》国标中的旅游资源综合评价法等。

1. 一般体验性评价法

一般体验性评价法是以大量旅游者或专家为主体对旅游资源进行评价，即通过统计旅游地或旅游资源在报刊、旅游指南、旅游书籍和网络上出现的频率或旅游者对旅游资源的好评率，判断旅游资源的质量优劣和大众知晓度。但是，此方法仅对具有一定知名度的旅游资源评价有效，而对于大多数尚未开发也无知名度的旅游资源则不具有可操作性。

应用案例5-14

"中国十大名胜"评选

1985年9月,《中国旅游报》主持了"中国十大名胜"评选,评选结果名次由高到低依次为:万里长城、桂林山水、杭州西湖、北京故宫、苏州园林、安徽黄山、长江三峡、台湾日月潭、避暑山庄、秦陵兵马俑。这十个景区分布于祖国的东西南北各个区域,包括自然景观、历史建筑、人文景观和文物古迹等。

应用案例5-15

"中国旅游胜地四十佳"评选

中国旅游胜地四十佳,是经国家旅游局批准,在1991年中国旅游报社同国家旅游局资源开发司共同主办,评选出的全国40处最佳旅游胜地。

以自然景观为主:长江三峡风景区、黄山风景区、黄果树瀑布风景区、泰山风景区、秦皇岛北戴河海滨、华山风景区、九寨沟黄龙寺风景区、桐庐瑶琳仙境、贵州织金洞、巫山小三峡、井冈山风景区、蜀南竹海风景区、大东海-亚龙湾风景区、武陵源风景区、五大连池风景区、黄河壶口瀑布风景区。

以人文景观为主:八达岭长城、乐山大佛、苏州园林、北京故宫、敦煌莫高窟、曲阜三孔、颐和园、明十三陵、中山陵、避暑山庄-外八庙、秦始皇陵兵马俑博物馆、自贡恐龙博物馆、黄鹤楼、北京大观园、山海关及老龙头长城、成吉思汗陵、珠海旅游城、锦绣中华、夫子庙秦淮风光带、葛洲坝。

分析和思考:为什么一般体验性评价不适合知名度小的旅游资源?

资料来源:中国旅游地四十佳 [J]. 统计与预测, 2002 (03): 59.

2. 美感质量评价法

旅游资源的美感质量是旅游目的地借以吸引旅游者的最重要的因素,也是确保旅游开发成功的必要条件之一。

美感质量评价法是一种专业的旅游资源美学价值的评价方法,一般是基于旅游者或旅游专家体验性评价基础上进行的深入分析,评价的结果多是具有可比性的定性尺度或数量值,具有一定可操作性。其中自然风景的视觉质量评价较为成熟,已发展成为4个公认的学派:专家学派、心理物理学派、认知学派和经验学派。

(1) 专家学派。

该学派的代表人物有刘易斯(Lewis)和林顿(R. B. H. Litton)。专家学派认为,凡是符合形式美原则的风景就具有较高的风景质量。对风景的分析基于形体、线条、色彩和质地四个元素,用多样性、奇特性、统一性等形式美原则来进行风景美学质量的等级划分。其评价工作均由少数训练有素的专业人员来完成,评价方法突出地表现为一系列的分类分级过程。

专家学派思想直接为土地规划、风景管理及有关法令的制定和实施提供了依据,被许多官方机构采用。如：美国林务局的风景管理系统（Visual Management System，VMS）、美国土地管理局的风景资源管理（Visual Resources Management，VRM）、美国土壤保护局的风景资源管理（Landscape Resources Management，LRM）、联邦公路局的视觉污染评价（Visual Impact Assessment，VIA），还有加拿大林务部门的有关风景评价及管理系统，以上各管理系统都是专家学派的思想和研究方法的具体体现。

知识链接 5-8

美国土地管理局的风景资源管理 VRM

美国土地管理局的风景资源管理 VRM 对自然风景质量的评价，首先，选定地形、植物、水体、色彩、邻近景观的影响、稀有性、人为改变七个风景质量因子，对这七个风景质量因子分别以三种分值标准进行分级评分（见表 5-16）。其次，将七个单项风景质量因子的得分值相加作为风景质量总分值。最后，确定风景质量等级，其中 A 级为 19 分以上（特异风景），B 级为 12~18 分（一般风景），C 级为 0~11 分（恶劣风景）。

表 5-16　美国土地管理局自然风景质量评价

	评价分级标准和评分值		
地形	断崖、顶峰或巨大露头的高而垂直的地形起伏；强烈的地表变动或高度冲蚀的构造（包括主要的高地或沙丘）；具有支配性、非常显眼而又有趣的细部特征（如冰河等）(5)	险峻的峡谷、台地、孤丘、火山和冰丘，有趣的冲蚀形态或地形的变化；虽不具有支配性，但仍存在具趣味性的细部特征 (3)	低而起伏的丘陵、山麓小丘或平坦的谷底，有趣的细部景观特征稀少或缺乏 (1)
植物	植物种类、构造和形态上有趣且富于变化 (5)	有某些植物种类的变化，但仅有一两种主要形态 (3)	缺少或没有植物的变化或对照 (1)
水体	干净、清洁或白瀑布状的水流，其中任何一项都是景观上的支配因子 (5)	流动或平静的水面，但并非景观上的支配因子 (3)	缺少或虽存在但不明显 (1)
色彩	丰富的色彩组合；多变化或生动的色彩；岩石、植物、水体或雪原的愉悦对比 (5)	土壤、岩石和植物的色彩与对比具有一定程度的强烈变化，但非景观的支配因子 (3)	微笑的颜色变化；具有对比性或尚有趣，一般都是平淡的色调 (1)
邻近景观的影响	邻近的景观大大地提升视觉美感质量 (5)	邻近的景观一定程度地提升视觉美感质量 (3)	邻近景观对整体质量有少许或无影响 (1)
稀有性	仅存性种类、非常有名或区域内非常稀少；具有观赏野生动物和植物花卉的机会 (6)	虽然和区域内某些东西有相似处，但仍是特殊的 (4)	虽然在当地环境内具有趣味性，但在本区域内非常普遍 (1)

表5-16（续）

	评价分级标准和评分值		
人为改变	未引起美感上的不愉悦或不和谐；修饰有利于视觉上的变化（2）	景观被干扰，质量有某些减损，但不很广泛。未使景观完全抹杀或修饰，只对本区增加少许视觉变化（0）	修饰过于广泛，致使景观质量大部分丧失或实质上降低（-4）

资料来源：孟爱云. 旅游资源开发与规划［M］. 北京：北京大学出版社，2013.

（2）心理物理学派。

心理物理学派的代表人物为施罗德（Schreoeder）、丹尼尔（Oanial）和布雅夫（Bnbyoff）。该学派把风景与风景审美的关系理解为刺激-反应的关系，把心理物理学的信号检测方法应用到风景美学质量评价中来，即旅游资源对旅游者产生视觉等感觉上的刺激，然后在心理反应上反映出对该资源的喜好程度。心理物理学派的基本思想是：人类具有普遍一致的风景审美观，可以将这种普遍的、平均的审美观作为风景质量的衡量标准；人们对于自然风景质量的评估，是可以通过风景的自然要素来定量表达的；风景审美是风景和人之间的一种作用过程，风景质量评估实质就是要建立反映这一作用关系的定量模型。

心理物理学派的风景质量评估可分为四个方面的工作：首先，测量公众对风景的普遍或平均审美态度，以照片或幻灯片为工具，获得公众对所展示风景的美感评价；其次，确定所展示风景的基本成分（自然风景要素）；再次，建立风景质量与风景基本成分之间的相关模型；最后，将所建立的数学模型应用于同类自然风景的质量评估。

（3）认知学派。

该学派的代表人物有阿普勒登（Appleton）、凯普勒（Kaplan）和布朗（Borwn）。该学派以进化论思想为指导，从人的生存需要和功能需要出发，把风景作为人的生活空间、认识空间，力图从整体上（用维量分析方法）而不是从具体的元素上（如形、线、色、质）或具体的风景构成要素上去分析风景，去讨论某种风景空间对人的生存、进化的意义，并以此作为风景美学质量评价的依据。

对该学派影响较大的首先是"瞭望-庇护"理论。1975年英国地理学者阿普勒登（Appleton）在《对风景的感受》一书中，提出了风景审美的"瞭望-庇护"理论。他认为，人在大自然中总是以"猎人-猎物"的双重身份出现的。作为猎人，他要寻找和追捕猎物；作为猎物，他要时刻防备敌人（包括猛兽和人）的袭击，他必须能及时地发现危险，逃避危险。这种"要看到别人而又不愿被别人看到"的本能已给人的行为和意识打上了深深的烙印，并在人对环境的评价过程中，自觉或不自觉地反映出来。人的这种本能也必将影响其对风景的审美评判。

美国心理学者凯普勒（Kaplan）提出了风景信息审美模型（见表5-17）。他认为：人作为一种具有高度进化的视觉系统的动物，不仅具有其他类似动物的本能——利用视知觉来评价和选择满足其生存需要的环境，还具有接收、贮存、加工和利用信息的能力。凯普勒认为风景的两个基本特性影响人对风景的审美评判：一是可解性，表现在风景的结构的可把握性，也就是人对风景所建立的认知图的明晰性；二是可参与性，表现在风景的可索性、挑战性及具有新的信息的潜在可能性。这两个特性分别在二维风景画面和三维风景空间中展开，得到了一个四维量评价模型。

表 5-17　风景信息审美模型

	可解性	可参与性
二维画面	一致性	复杂性
三维空间	可识性	神秘性

可解性在二维风景画面上受一致性的影响。人在单位时间内能够接收和处理的信息量是有限的，如果画面杂乱、各种信息间缺乏联系，即一致性差，风景画面就不容易理解，风景质量就低；可解性在三维风景空间内表现为风景空间的可识性。对一个深入风景空间的人来说，必须时刻清楚自己所处的方位，迷途往往意味着危险。只有可识性好的风景空间才具有较高的风景美学质量。

可参与性在二维风景画面上表现为复杂性。如果画面组成单一，使人一目了然，虽然可解性很好，但会使人感到已没有新的信息和新的空间可探索，即可参与性（可索性）差，风景质量较低；反之，如果画面很复杂，又缺乏组织性，对这样一个杂乱的画面，又会使人感到进一步深入或在此长期停留会带来某种不测，因而避而远之。可索性在三维风景空间中表现为神秘性：一是对某种新的信息的预示，二是某种信息预示着深入风景空间的可能性。

知识链接 5-9

国土景观美学质量评价模型

凯普勒的风景信息审美模型提出来以后，产生了很大的影响。1979 年，布朗（Borwn）等人便将这一理论模型译成适用于大面积国土景观美学质量评价的实用模型（见表 5-18）。

表 5-18　Brown 等人的实用评价模型（1979）

	可解性	可参与性
地形	坡度 相对地势	空间丰富性 地势对比
地物	自然性 和谐性	高度对比 内部丰富

模型中的地形是指风景相对稳定的大地骨架部分。坡度及相对地势对风景的可解性起正相关的作用；风景空间内部地形的丰富性和内部地势的高度对比，对风景的可参与性成正相关作用。据此，地势相对较高的风景，山崖陡峻和地形复杂的风景会具有较高的美学质量。

地物是指容易被人改变和利用的地面覆盖物、土地利用的现状、人类活动的遗迹，如农田、森林植被、建筑，等等。地物的自然性反映了其受人影响的程度，一般认为，风景的可解性与自然性呈正相关关系，风景的可解性还受地物的和谐性的影响。和谐性是指文化作用下的、相临近的各种土地利用方式之间的一致性程度，和谐性越好，风景的可解性就越好。地物之间的高度对比和风景空间内土地利用的多样性对风景空间的可参与性有着正相关的作用。如：森林与水，草场与水，这两组地物的高度对比显然以前者较为强烈，因而森林与水为主构成的风景比草场与水构成的风景具有更高的可参与性，风景的美学质景也就较高，风景区域内如果同时有森林、农田、草原等多种地物，其风景的可参与性要高于只有单纯地物（如森林）的风景区域，风景美学质量也较高。

根据这一实用模型，只要有一张足够详细的地形、地物图，就可以进行风景美学质量评价，并将得到相应的风景美学质量分布图。

资料来源：根据俞孔坚《论风景美学质量评价的认识学派》整理、改编。

（4）经验学派。

经验学派的代表人物有洛温撒尔（Lowenthal）。与专家学派相比，心理物理学派和认知学派都在一定程度上肯定了人在风景审美评判中的主观作用，而经验学派更加强调人本身在决定风景美学质量时的绝对作用。它把风景审美完全看作是人的个性、文化、历史背景及志向与情趣的表现。经验学派的研究方法是用考证的途径，从文学艺术家们关于风景审美的作品及其日记中，分析人与风景的相互作用及某种审美评判所产生的背景。同时，经验学派也通过心理测量、调查、访问等方式，记述现代人对具体风景的感受和评价，但这种心理调查方法同心理物理学常用的方法是不同的。在心理物理学方法中，被试者只需就风景打分或将其与其他风景比较即可，而经验学派的心理调查方法，被试者不是简单地给风景评出好劣，而要详细地描述他的个人经历、体会，及关于某风景的感觉，等等。其目的不是得到一个具有普遍意义的风景美景度量表，而是分析某种风景价值所产生的背景和环境。

洛温撒尔（Lowenthal）精辟地分析过历史风景的重要意义：它能使人产生一种连续的、持久的、积淀的情感，这种情感促使人们用历史的观点去认识和考察个人或团体，这实际上是把风景作为具体的人或团体的一部分来认识。他还分析了美国城市居民对乡村风景的怀旧心理从而导致了他们对风景的无比热爱这一现象的历史背景。

3. "三三六"评价法

"三三六"评价法由北京师范大学卢云亭教授提出，该方法通过评估旅游资源的三大价值（即历史文化价值、艺术欣赏价值和科学考察价值）、三大效益（即经济效益、社会效益、环境效益）以及六大条件（即景区的地理位置和交通条件、景物或景类的地域组合条件、景区旅游容量条件、施工难易条件、投资能力条件、旅游客源市场条件），达到评价旅游资源的目的。

4. "六字七指标"法

"六字七指标"法的代表人物是上海社会科学院的黄辉实，他从两个方面对旅游资源进行评价。一是从旅游资源本身来评价，采用了"美、古、名、特、奇、用"的六字标准。二是从旅游资源所处的环境来评价，使用的是季节、污染、联系、可进入性、基础结构、社会经济环境、市场七个指标。

其中"六字"是对旅游资源本身进行评价，即："美"是指旅游资源给人的美感；"古"是指有悠久的历史；"名"是指具有名声的事物或与名人有关的事物；"特"是指特有的、别处没有的或少见的资源；"奇"是指给人新奇之感的资源；"用"是指是对人由使用价值的资源。

"七标准"是对资源所处环境利用季节性、环境质量、与其他旅游资源之间的联系性、可进入性、基础结构、社会经济环境、客源市场环境进行评价。

5. 层次分析法（AHP）

层次分析法，是美国匹兹堡大学运筹学家托马斯·塞蒂（T. L. Saaty）于20世纪70年代中期提出的一种多层次权重分析决策方法。它将复杂问题中的各种因素通过相互联系的有序层次的划分，使之条理化，再根据对一定客观现实的判断，就每一层次指标的相对重要性给予定量表示，利用数学方法确定各因子重要程度的定量结果（权值），并通过排列结果分析和解决问题。这种方法增强了评价的客观性，已被世界各国广泛采用。其特点是具有高度的逻辑性、系统性、简洁性和实用性。中山大学保继刚教授最先将其引入对旅游资源的评价。

第一步，建立旅游资源定量评价的指标体系。评价因子分为三方面：资源价值、景点规模、旅游条件，对各个评价因子进行归类和层次划分，分析出属于不同层次和不同组织水平的各因素之间的相互关系，建立旅游资源定量评价模型树。

第二步，确定各评价因子的权重。模型树中每一个评价因子对评价目标的重要性程度不一样，因此在评价过程中，先要对这些指标的重要性进行排列，确定其权重。各因素两两比较的标度通过德尔菲法（又称专家征询法）获取，再经过层次分析计算，求得旅游资源评价体系的权重值。然后，对旅游资源进行分项评价打分，最后得到综合结果。

6. 《旅游资源分类、调查与评价》（GB/T18972-2003）评价方案

2003年《旅游资源分类、调查与评价》的颁布，在一定程度上统一了分类与评价的口径。

本标准依据"旅游资源共有因子综合评价系统"赋分，设"评价项目"和"评价因子"两个档次。

评价项目包括"资源要素价值""资源影响力""附加值"。其中，"资源要素价值"项目中含"观赏游憩使用价值""历史文化科学艺术价值""珍稀奇特程度""规模、丰度与几率""完整性"5项评价因子。"资源影响力"项目中含"知名度和影响力""适游期或使用范围"2项评价因子。"附加值"含"环境保护与环境安全"1项评价因子。

计分方法。评分分数分为基本分值和附加值。基本分值用评价项目和评价因子用量值表示。资源要素价值和资源影响力总分值为100分，其中"资源要素价值"为85分，分配如下："观赏游憩使用价值"30分、"历史科学文化艺术价值"25分、"珍稀或奇特程度"15分、"规模、丰度与几率"10分、"完整性"5分。"资源影响力"为15分，其中"知名度和影响力"10分、"适游期或使用范围"5分。附加值中"环境保护与环境安全"，分正分和负分。

每一评价因子分为4个档次，其因子分值相应分为4档，如表5-19所示。

表 5-19　旅游资源评价赋分标准

评价项目	评价因子	评价依据	赋值
资源要素价值（85分）	观赏游憩使用价值（30分）	全部或其中一项具有极高的观赏价值、游憩价值、使用价值	22~30
		全部或其中一项具有很高的观赏价值、游憩价值、使用价值	13~21
		全部或其中一项具有较高的观赏价值、游憩价值、使用价值	6~12
		全部或其中一项具有一般观赏价值、游憩价值、使用价值	1~5
	历史文化科学艺术价值（25分）	同时或其中一项具有世界意义的历史价值、文化价值、科学价值、艺术价值	20~25
		同时或其中一项具有全国意义的历史价值、文化价值、科学价值、艺术价值	13~19
		同时或其中一项具有省级意义的历史价值、文化价值、科学价值、艺术价值	6~12
		历史价值、文化价值、科学价值、艺术价值具有地区意义	1~5
	珍稀奇特程度（15分）	有大量珍稀物种，或该景观异常奇特，或此类现象在其他地区罕见	13~15
		有较多珍稀物种，或景观奇特，或此类现象在其他地区很少见	9~12
		有少量珍稀物种，或景观突出，或此类现象在其他地区少见	4~8
		有个别珍稀物种，或景观比较突出，或此类现象在其他地区较多见	1~3
	规模、丰度与概率（10分）	独立型旅游资源单体规模、体量巨大；集合型旅游资源单体结构完美、疏密度为优良级；自然景象和人文活动周期性发生或频率极高	8~10
		独立型旅游资源单体规模、体量较大；集合型旅游资源单体结构很和谐、疏密度良好；自然景象和人文活动周期性发生或频率很高	5~7
		独立型旅游资源单体规模、体量中等；集合型旅游资源单体结构和谐、疏密度较好；自然景象和人文活动周期性发生或频率较高	3~4
		独立型旅游资源单体规模、体量较小；集合型旅游资源单体结构较和谐、疏密度一般；自然景象和人文活动周期性发生或频率较小	1~2
	完整性（5分）	形态与结构保持完整	4~5
		形态与结构有少量变化，但不明显	3
		形态与结构有明显变化	2
		形态与结构有重大变化	1

表5-19(续)

评价 项目	评价 因子	评价依据	赋值
资源影响力 （15分）	知名度和 影响力 （10分）	在世界范围内知名，或构成世界承认的名牌	8~10
		在全国范围内知名，或构成全国性的名牌	5~7
		在本省范围内知名，或构成省内的名牌	3~4
		在本地区范围内知名，或构成本地区名牌	1~2
	适游期或 使用范围 （5分）	适宜游览的日期每年超过300天，或适宜于所有游客使用和参与	4~5
		适宜游览的日期每年超过250天，或适宜于80%左右游客使用和参与	3
		适宜游览的日期超过150天，或适宜于60%左右游客使用和参与	2
		适宜游览的日期每年超过100天，或适宜于40%左右游客使用和参与	1
附加值	环境保护与 环境安全	已受到严重污染，或存在严重安全隐患	-5
		已受到中度污染，或存在明显安全隐患	-4
		已受到轻度污染，或存在一定安全隐患	-3
		已有工程保护措施，环境安全得到保证	3

计分。根据对旅游资源单体的评价，得出该单体旅游资源共有综合因子评价赋分值。

旅游资源评价。依据旅游资源单体评价总分，将其分为五级，从高级到低级为：

五级旅游资源，得分为90分及以上；

四级旅游资源，得分值域为75~89分（含75分）。

三级旅游资源，得分值域为60~74分（含60分）。

二级旅游资源，得分值域为45~59分（含45分）。

一级旅游资源，得分值域为30~44分（含30分）。

此外还有：

未获等级旅游资源，得分≤29分。

其中：五级旅游资源称为特品级旅游资源；五级、四级、三级旅游资源被统称为优良级旅游资源；二级、一级旅游资源被统称为普通级旅游资源。

应用案例5-16

白洋淀风景名胜区旅游资源定量评价

参照国家标准《旅游资源分类、调查与评价》（GB/18972-2003）旅游资源评价方法，对五大功能区旅游资源进行定量评价（评价表可参考表5-6）。

评价结果表明，水城综合旅游功能区和白洋淀旅游功能区总评价值分别为78分和77分，在各景区中得分最高，被列为四级旅游资源（优良级旅游资源）；大王旅游功能区、安州旅游功能区、端村旅游功能区总评价值分别为 52、51、50，均列为二级旅游资源（普通级旅游资源）。

资料来源：根据蔡敬敏，朱其梅，李国梁《白洋淀风景名胜区旅游资源分类及评价》整理与改编.

思考题

1. 谈谈你对旅游资源的认识。
2. 旅游资源有哪些分类方法？
3. 为什么要对旅游资源进行分类？
4. 旅游资源调查的类型有哪些？它们之间有何区别？
5. 旅游资源调查的程序是什么？
6. 为什么要对旅游资源进行评价？
7. 旅游资源评价应遵循哪些基本原则？
8. 旅游资源评价的方法有哪些？
9. 旅游资源评价的内容包括哪些？
10. 什么是"三三六"评价法？
11. 旅游资源单体要素评价主要适用于哪些旅游资源的评价？
12. 什么是旅游资源的美感质量评价，常见的学派有哪些？其主要观点和方法是什么？

第六章

旅游市场的调查和分析

通过旅游资源的调查、评价，规划组已经可以掌握了旅游地的旅游资源发展的基础，但旅游地旅游资源发展程度并不完全取决于旅游资源的丰富程度，更在于客源市场的可靠性、是否存在稳定的客源，这些才是旅游地旅游业能否发展的关键。旅游的生存和发展离不开市场。

对于区域旅游发展来说，最终要解决的是能够吸引多少游客前来的问题，因此，关于游客流量的预测是任何旅游规划决策的前提之一。要预测未来的游客流量，就要对过去和现在的接待情况进行调查，对影响客源的因素进行分析，对旅游者已经使用或将来可能会使用的旅游设施和服务进行调查。因此，本章主要介绍旅游市场的概念、旅游市场调查的内容、方法，以及旅游市场分析和旅游市场定位。

第一节 旅游市场的调查

旅游市场又称为旅游客源市场，是指旅游供需关系的总和。旅游市场调查是指运用科学的方法和手段，有目的、系统地收集、记录、整理、分析和总结与旅游市场变化有关的各种旅游消费需求以及旅游营销活动的信息、资料，以了解现实旅游市场和潜在旅游市场，并为旅游规划与开发，以及旅游经营决策者提供客观决策依据的活动。

一、旅游市场调查的内容

旅游市场需求反映旅游市场规模、市场购买力和旅游动机，决定着旅游地的规划目标、开发方向和开发规模等。旅游市场调研的内容很广泛，涉及旅游市场的宏观环境调查、旅游地市场竞争环境调查和旅游者需求调查，主要是对旅游市场需求的调查。

（一）旅游市场环境调查

旅游规划与开发是以旅游客源地市场环境为条件的。旅游市场环境对旅游者出游、旅游消费规模、旅游消费选择等起着决定性作用。旅游市场环境调查包括旅游客源地的政治环境、经济环境、社会文化环境等方面的调查。旅游规划与开发必须同旅游客源地市场宏观的环境相协调和适应。

1. 人口状况与旅游市场

人口是形成市场的一个先决条件，没有人口就没有购买力。因此，弄清楚人口状况对旅游规划与开发来说，就意味着弄清楚了可供开发的本地潜在旅游市场规模到底有多大。市场发展潜力与人口规模是成正比的，人口规模大就意味着社会购买力总量大。因此，对旅游规划与开发人口规模的考察是对本地旅游市场开发规模的一个总体认识。此外，人口的职业、教育、流动也是需要重点调研的内容。

2. 经济社会环境与旅游市场

（1）国民经济与旅游市场

旅游客源市场的经济环境决定了旅游者的出游能力，包括客源地国民经济发展现状和居民收入水平等。

一般用该地区的国内生产总值（GDP）来衡量，国内生产总值越高则说明客源地的经济发展态势良好，旅游需求旺盛。根据国际惯例，当一国人均国民生产总值达到800美元时，居民将普遍产生国内旅游动机；达到4 000美元时，产生国内旅游动机；超过10 000美元时，普遍产生洲际旅游动机。

应用案例 6-1

中国已成为世界第一大出境旅游市场

2013年中国旅游研究院发布的《中国出境旅游发展年度报告2013》显示，2012年，我国出境旅游人数为8 318.27万人次，同比增长18.41%。从绝对数量而言，中国出境市场已超过德国与美国，成为世界第一大出境旅游市场。

报告显示，2012年，中国游客境外消费总额达1 020亿美元，旅游服务贸易逆差进一步扩大，达519亿美元。中国出境游客65%的消费用于购物。花费在5 000元以上的游客比例明显下降，出境消费更趋平民特征。

"在过去的十年中，国人出境旅游人次的年均增速高达18%。2012年，中国以8 318万人次的海外游客、1 020亿美元的旅游消费成为世界最大的旅游支出国和旅游客源国。"中国旅游研究院院长戴斌在报告发布会上说，出境旅游从过去一种少数人享受的权利正逐步走向普及化的平民消费，中国游客为世界旅游业的增长贡献了13%的份额，中国已成为世界旅游业持续繁荣的新引擎。

分析和思考：我国国内生产总值的快速增长对我国居民的旅游消费产生了哪些影响？

数据来源：新华网. 中国已成为世界第一大出境旅游市场［EB/OL］.（2013-04-25）［2020-01-02］.http://www.chinadaily.com.cn/dfpd/2013-04-25/content_16449727.htm.

（2）个人收入与旅游市场

个人收入状况反映了居民购买力的强弱。对旅游市场有直接影响的则是个人可支配收入。个人可支配收入是人们扣除用于日常基本生活开支之后的剩余部分，直接决定着旅游市场的购买力。消费的一般规律总是随着收入的增加，从购买生活必需品到购买耐用消费品，然后购买劳务。旅游是购买劳务的一种。旅游花费在最终消费中所占比重的增加，也说明随着收入的增加而产生更多的旅游活动。个人收入状况越好，则用于生活必需品，如吃饭、穿衣等方面的花费占收入的比例就越小，同时就会将大量的资金用于更高层次的消费，旅游就是其中之一。

知识链接 6-1

恩格尔系数

法国统计学家恩格尔提出了恩格尔系数。

$$恩格尔系数（\%）= \frac{食品支出总额}{家庭或个人消费支出总额} \times 100\%$$

恩格尔系数揭示了居民收入和食品支出之间的相关关系，用食品支出占消费总支出的比例来说明经济发展、收入增加对生活消费的影响程度。众所周知，吃是人类生存的第一需要，在收入水平较低时，其在消费支出中必然占有重要地位。随着收入的增加，在食物需求基本满足的情况下，居民消费的重心才会开始向穿、用等其他方面转移。因此，一个国家或家庭生活越贫困，恩格尔系数就越大；反之，恩格尔系数就越小。

根据联合国粮农组织提出的标准，恩格尔系数在 59% 以上为贫困，50%~59% 为温饱，40%~50% 为小康，30%~40% 为富裕，低于 30% 为最富裕。因此，只有当恩格尔系数足够小时，居民才会产生大量的旅游消费需求。

4. 政治环境与旅游市场

旅游客源市场的政治环境包括两个方面的内容：一是政府对旅游发展的态度和制定的相应政策；二是当地的政治氛围和社会稳定状况。

从旅游消费形成的机制来看，需要两个条件：一是有相当规模的可自由支配收入，二是应有闲暇时间，两者缺一不可。可见，旅游客源地政策在旅游者消费行为中具有相当重要的作用。政府制定的政策法规会对社会购买力和旅游需求产生影响。因此，旅游客源地制定的法规政策，尤其是针对旅游经济发展的法规政策，如旅游产业的发展政策、居民休假的政策等都会在很大程度上影响旅游市场的规模和发展方向。世界上很多国家实行带薪休假制度，因此，居民旅游度假的意识就比较强烈，一些国家的居民甚至形成了旅游的习惯。

应用案例 6-2

2017—2019 年五一假期旅游统计数据

我国旅游市场假日经济消费不断提高。2017 年五一假期实现 791 亿元收入，2018 五一假期全国共接待国内游客 1.47 亿人次，同比增长 9.3%，实现国内旅游收入 871.6 亿元，同比增长 10.2%。2019 年，全国旅游收入已经直接突破 1 000 亿元大关，并且进一步超 1 100 亿元，假期实现收入 1 176.7 亿元，同比增长 16.1%。

资料来源：资料来源：中国产业信息. 2019 年五一假期旅游收入、旅游人数、十大旅游城市及人均花费情况分析［EB/OL］.（2019-05-09）［2020-01-03］. http://www.chyxx.com/industry/201905/736696.html.

旅游业是一个新兴产业，发展速度惊人，但是，从某种程度上讲旅游业又是一个十分脆弱的产业，受政治经济环境的影响较大。典型的实例是 2001 年美国的"9.11"事件。由于受到恐怖主义的威胁，美国的旅游业受到了重创，世界各地到美国旅游的需求锐减。

5. 区位条件和旅游市场

旅游活动发展的普遍规律是人们控制旅游活动的地域范围通常是由近及远地渐进发展。旅游客源市场的区位条件主要是指旅游开发地与旅游客源市场之间的自然地理区位、经济区位、交通区位和旅游区位，强调旅游开发地与旅游客源市场在空间上、经济上、交通上、旅游上的位置关系、经济社会关系、交通连接关系和旅游合作竞争关系，以及联系的紧密程度。

（二）旅游客源市场需求调查

旅游客源市场需求是旅游客源市场的实际需求，旅游市场需求反映市场规模、市场购买力和旅游消费动机，决定着旅游地的规划目标、开发方向和规模等。其主要包括旅游者特征、消费结构、消费行为特点，以及旅游者对于旅游接待的满意度等。

应用案例 6-3

绍兴市 2018 年全市国内旅游抽样调查

尊敬的女士、先生：

为了不断提高我省的旅游接待水平，使您得到质价相符的服务，请您协助我们填写这张调查表，在符合您情况的项目内填写或用"√"表示。

谢谢您的协助！

浙江省旅游局

浙江省统计局

1. 您目前的常住地是_____省（自治区、直辖市）_____市（县）

2. 您此次来本市共度过_____夜，其中：

   A. 住在本市的星级饭店_____夜

   B. 住在本市的非星级旅游住宿单位_____夜

   C. 住在本市的亲友家中_____夜

   D. 住在本市的自有休闲度假居所_____夜

   E. 住在本市的其他住宿设施_____夜（房车、露营等）

3. 您是否到景点游览：A. 否　B. 是，游览了_____个景点

4. 您此次来本市旅游的方式是：（可以多选）

A. 单位组织　B. 个人、家庭或亲朋结伴　C. 旅行社组织　D. 自驾车出行

E. 租车出行

5. 您此次出行交给旅行社或单位的费用是：_____元（未交纳填"0"）

除此之外，您在本市花费的总额是_____元，其中：

A. 在本市购票的长途交通费是_____元，其中：

A1. 飞机_____元

A2. 火车_____元

A3. 长途汽车_____元

A4. 轮船_____元

B. 自驾车或租车的花费总额是_____元（自驾车或租车游客填写），其中：

B1. 在本市加油的汽油费_____元

C. 住宿_____元

D. 餐饮_____元

E. 自然景区、景点门票及导游费_____元

F. 观看文艺表演、博物馆、图书馆等文化艺术方面的花费是_____元

G. 娱乐（包括歌舞、棋牌、网吧、游艺厅等室内外娱乐场所以及保龄球、网球场、游泳池等健身休闲）_____元

H. 购物_____元

I. 市内交通_____元

J. 居民服务（包括理发、美容、桑拿、沐浴、足浴、推拿保健、摄影扩印、车辆维修等）_____元

K. 邮电通讯_____元

L. 其他_____元

M. 以上花费所包括的人数为_____人（请务必填写）

6. 您在此次旅行过程中产生的花费，采用现金支付的比例为_____%，采用刷卡支付的比例为_____%，采用移动支付（支付宝、微信、APPLE PAY 等）的比例为_____%。

7. 您的性别：A. 男 B. 女

8. 您的年龄：A. 65 岁以上　B. 45~64 岁　C. 25~44 岁

D. 15~24 岁　E. 14 岁以下

9. 您的职业：A. 公务员　B. 企事业管理人员　C. 企事业职员

D. 专业/文教科技人员　E. 工人　F. 军人　G. 农民　H. 离退休人员

I. 学生　J. 其他

10. 您来本市的主要目的：A. 观光游览　B. 休闲度假　C. 探亲访友

D. 商务会展　E. 会议培训　F. 健康/疗养 G. 宗教/朝拜

H. 文化/体育/科技交流　I. 购物　J. 其他

11. 您对我市哪些旅游资源感兴趣：（按兴趣程度，可以多选）

A. 山水风光　B. 文物古迹　C. 民俗风情及特色街区　D. 文化艺术

E. 饮食烹饪　F. 医疗保健　G. 旅游购物　H. 度假休闲 I. 节庆活动

12. 您对本市旅游服务质量的总体评价：A. 好　B. 较好　C. 一般　D. 差

13. 您对我市旅游环境的总体评价：A. 好　B. 较好　C. 一般　D. 差

14. 您是第几次在本市旅游：A. 第1次　B. 第2~3次　C. 第4次及以上

15. 您是第几次在本省旅游：A. 第1次　B. 第2~3次　C. 第4次及以上

16. 您是：A. 城镇居民　B. 非城镇居民

17. 您此次在浙江省游览的城市数（座）_____（地级市，乘车路过和转乘飞机不停留游览的城市不计算在内）

（资料来源：绍兴市人民政府网站）

分析与思考：通过上述问卷调查，可以了解到绍兴市2018年旅游市场的哪些情况？

1. 旅游者特征

对旅游者特征及行为特点的分析有助于规划者和开发者了解目前该区域旅游产品和旅游服务的市场范围和对该区域感兴趣的旅游者类型，能为旅游市场的细分和目标市场选择提供一定的参考依据。

（1）客源地是指国际旅游者的国籍和常住地、国内旅游者的居住地或城市，掌握客源地信息有助于帮助掌握旅游规划和开发地的市场分布的构成现状。

（2）市场规模是指包括国际旅游者和国内旅游旅游者的购买人数和销售量。

（3）市场构成是指包括旅游者的年龄、性别、职业、民族、收入水平等，他们对旅游产品的需求是不尽相同的。

（4）出游目的包括国际旅游者和国内旅游者来访该地的旅游动机，是旅游者到达和出访该旅游地的内在原因，有观光、度假、商务、公务、探亲访友、休闲、文化、交际等，掌握旅游者的出游目的有助于了解该地目前的吸引力结构。

2. 旅游者消费结构和行为

根据旅游者消费的结构、行为可以发现旅游消费中的增长潜力点和薄弱点。了解旅游者的消费构成，刻画旅游吸引力大小，掌握消费结构中可以进一步挖掘的空间，以便更好地创造旅游经济效益。

（1）消费总额及构成。旅游者的总消费和消费构成为旅游经济影响评价提供了基础信息。旅游业具有强的关联带动性，通常由食、住、行、游、购、娱六大要素组成，并且与邮电、通信等其他方面联系广泛，都是旅游者的消费对象。旅游者的消费主要包括住宿、餐饮、购物、交通、景点、娱乐以及其他方面的消费水平和构成。

（2）消费行为。其包括旅游者的出游方式、出游季节、购买习惯、停留时间。

3. 旅游者对于该地旅游接待的满意程度

旅游者对于该地旅游接待的满意程度是旅游者对该区域旅游开发现状的反馈信息，特别是对旅游产品质量、价格、服务等方面的意见和建议，能有效地指导规划者发现区域旅游发展中存在的问题与完善优化的方向。

（1）旅游者到访次数。它记录旅游者重游该地的次数（或重游率），如初次到访和多次到访等。该指标体现了旅游者对该旅游地的总体感觉。一般情况下，旅游者多次到访某个目的地说明他对旅游地的兴趣是可持续的。对于该指标的调查还可以通过旅游者的预期选择，如"是否打算在未来一年中重游此地"。

（2）旅游者满意度。它包括旅游者对于旅游地的整体评价，以及对旅游景点、旅游服务、旅游设施、旅游管理、旅游价格、旅游产品、旅游购物、旅游环境、旅游治安等的分项评价。他们的评价和态度直接导致现实旅游者和潜在旅游者的购买决策。了解旅游者对于该地旅游景点或者旅游服务方面的看法和满意程度是对旅游规划与开发，以及市场营销专项规划非常有价值的信息，可以使规划者了解在目前的市场构成条件下，哪些条件需要改进，哪些方面需要保留。在调查中还可以向旅游者就需要改进的地方进行探询。

（三）旅游客源市场竞争环境调查

市场与竞争总是相伴而生的。随着旅游市场的竞争日趋激烈，各地都掀起了旅游开发的热潮。不同的旅游目的地可以提供相同或相似的旅游旅游产品，当旅游者面临对同类产品进行选择时，旅游地之间的竞争就显得尤为突出和激烈。因此，在旅游规划与开发过程中，特别是在已有的客源市场条件下，识别与评估市场竞争者，做到知己知彼，对于科学预测市场规模，进行市场定位，以及对于是否开发、开发规模、开发方向、发展目标、规划布局等同样具有重要地位。

通常情况下，同一市场中的竞争者可大致分为两类：一是按竞争产品的范畴，分为同类产品竞争者、同种产品竞争者、同类需求竞争者和相同购买力竞争者；二是按波特（M. E. Porter）提出的行业结构角色分类，分为直接竞争者、间接竞争者和潜在竞争者。

1. 竞争者的识别

识别竞争者是进行竞争者分析的第一步。其主要是识别和明确主要竞争者，以及竞争者的发展目标、发展战略，有助于掌握竞争者在干什么以及能干什么。

2. 评估竞争者的优势与劣势

旅游市场竞争分析的核心内容是对旅游地的主要（直接）竞争对手进行评估，包括竞争者的规划开发与经营目标、现有市场占有率与市场地位、影响竞争者规划开发与经营的因素、扩大规模或退出行业所面临的障碍、盈利能力及销售增长率，从而为旅游规划中有针对性的竞争策略提供制定的依据。

3. 估计竞争者的反应模式

在识别了主要竞争者并明确其战略目标及优劣势之后，旅游地还应根据上述结果，充分估计自身的竞争行为可能导致的后果，即分析竞争者可能会做出什么反应。

根据竞争对手的反应策略，可将其分为缓慢反应者、局部反应者、隐蔽反应者、激进反应者，从而制定出更加具有针对性的营销策略。

二、旅游市场调查的方法

旅游市场调查通常采用的方法有直接调查和间接调查。直接调查又称实地调查或第一手资料调查，是指在周详的准备和组织下，由调查人员直接向被调查者搜集原始资料的调查方法。这一调查方法的优点是针对性强、时效性好；缺点是调查成本较高、费时、费力。间接调查又称文案调查或第二手资料调查，是指通过收集其他组织或个人整理的已有信息数据和资料，从中选取旅游规划开发中与市场有关的信息进行分析研究的调查方法。这一调查方法的优点是省时、经济、简便；缺点是缺乏时效性、精确性和可靠性等。对旅游地客源市场的调研主要采取以下五种方法进行。

（一）抽样调查法

抽样调查法是从调查对象总体中抽取一部分作为样本进行调查，并根据样本调查结果来推断总体的性质和发展水平的一种非全面调查方法。抽样调查主要是对客源市场的需求和反应进行调查，可以是随机调查，也可以是非随机调查，例如在旅游景区（点），可以以时间间隔或人数间隔抽选国内游客进行访问调查。调查对象可以是外地游客，也可以是本地的居民。调查的对象和范围根据调查的目的和内容确定。抽样调查表（问卷）的结构和内容可以根据调查对象和调查目的灵活设计。抽样调查表一般在饭店、景点、机场、码头、车站等地发散，可以向填写问卷的游客赠送小纪念品。

抽样调查法具有调查费用低、时效性高、适应面广和准确性高的优点，但是，不可避免存在推断误差。为了避免出现推断误差，必须周密安排、科学调查、加强质量监控。因此，调查问卷的主要工作程序包括确定调查对象、设计调查问卷、调查人员培训、发放回收调查问卷、调查问卷统计分析。

问卷调查过程中，应保证抽样调查工作力量，实施调查培训制度。调查人员应在调查前统一接受培训，对旅游抽样调查的目的、意义、内容、指标解释和调查程序有清晰的认识。对调查问卷及时进行认真审核，认真核实调查问卷中的逻辑关系，对不合理、不符合逻辑关系的问卷予以剔除，要确保调查问卷的回收率和合格率，以提高抽样样本的科学性。

应用案例 6-4

2017 年云南省国内游客花费情况抽样调查方案

一、调查目的

全面掌握和了解云南省及各州市接待国内游客（包括过夜旅游者和一日游游客）人数和国内游客在本省的花费等有关情况，为加强国内旅游业的宏观管理和帮助旅游单位拓展国内旅游市场提供决策依据和信息资料，促进我省国内旅游业持续、快速、健康的发展。同时为推算《云南省旅游业主要指标测算办法》中所需要的乘坐交通工具的国内一日游游客等指标比重，开展此项调查。

二、调查对象

调查的对象为来云南旅游的国内游客。

国内游客是指不以谋求职业、获取报酬为目的，离开惯常居住环境，到国内其他地方从事参观、游览、度假等旅游活动（包括外出探亲、疗养、考察、参加会议和从事商务、科技、文化、教育、宗教活动过程中的旅游活动），出行距离超过 10 千米，出游时间超过 6 小时，但不超过 1 年的我国大陆居民。

惯常居住环境是指居民日常生活、居住和工作中经常涉及的地方，包括居住地、工作单位附近的公共场所和经常往来的亲朋好友家。

国内游客包括过夜旅游者和 1 日游游客两部分。

三、调查内容

（一）国内游客的构成（包括乘坐交通工具的国内一日游游客比重等）；

（二）国内游客来云南旅游的目的；

（三）国内游客在云南的停留时间；

（四）国内游客在云南的旅游花费及构成。

四、调查方式

采取在旅游住宿设施调查过夜旅游者情况为主，在景点、农家乐、火车站、客运站等地点调查一日游游客，在亲友家过夜的旅游者情况以补充的方式进行。

五、调查规模

根据云南省国内游客旅游调查的历史资料及各州市的旅游市场发展水平及规模，确定抽样调查样本量。

六、抽样方法

采用多阶段随机等距方法抽选调查点和调查样本。

（一）对旅游住宿设施开展抽样调查的方法

1. 对旅游住宿设施开展过夜旅游者调查时，应以本辖区的所有旅游住宿设施为调查总体，在准确掌握本地区旅游住宿设施总数、总规模、档次、出租率等情况的基础上，按随机抽样的要求科学抽样。

2. 在旅游住宿设施过夜的人数包括三类：

（1）国内旅游者人数。又分为两个部分：

①去景点的国内旅游者人数；

②不去景点的国内旅游者人数。

（2）国内非旅游者人数

（3）外宾人数（包括入境旅游者和常住中国的境外人员）。

在调查和推算总体时，应不包括（2）和（3）这两个部分的人数。

3. 采用分类、分层、多阶段和随机等距的抽样方法，调查准备离店的国内客人。

具体可参考如下步骤：

（1）分类。

将旅游住宿设施分为星级旅游住宿设施（星级饭店）和非星级旅游住宿设施（旅馆、招待所、内部宾馆等）两类。

利用现有的统计体系，获得星级旅游住宿设施（星级饭店）的统计资料。

通过与公安、工商等部门的联系，掌握本地区各类社会旅馆的个数和床位总量等统计资料。

（2）分层。

在星级旅游住宿设施和非星级旅游住宿设施选择抽样单位时，都应坚持低档、中档和高档住宿设施兼顾的原则，保证各层次住宿设施占各自相应的比例。例如，将非星级旅游住宿设施分为四个层次：旅馆、招待所、内部宾馆和其他非星级旅游住宿设施；将星级旅游住宿设施分为四个层次：一星级饭店、二星级饭店、三星级饭店、四五星级饭店。

（3）多阶段随机等距抽选调查点。

①通过向有关部门了解全社会旅馆业的总规模，对其中的非星级旅游住宿设施按规模（客房数或床位数）大小排队，并从1开始顺序编号，计算抽选距离（k1）：k1＝本地区非涉外旅游住宿设施个数/本地区应调查的非星级旅游住宿设施个数，第1个抽中的编号为k1/2以后，每隔k1个住宿设施抽选一个调查点。

对抽中的非星级旅游住宿设施进行如下操作：

了解上年接待人数、出租率、床位总数等主要指标，以测算本城市所有非星级旅游住宿设施的接待总人数。

剔除非旅游者人数。

②通过对星级饭店接待国内游客数量占全部接待量的比例大小排队，并从1开始顺序编号，计算抽选距离（k2）：k2＝本地区星级饭店个数/本地区应调查星级饭店个数，第1个抽中饭店的编号为k2/2，以后每隔k2个饭店抽选一个调查饭店。

（4）对抽中的旅游住宿设施，调查人数应按上年报告期该旅游住宿设施接待游客总人数的一定比例确定。

（5）在抽中的旅游住宿设施中调查时，应分两步进行。

第一步，通过调查了解在该旅游住宿设施住宿的非旅游者所占比重；

第二步，由调查员向准备离开本地的离店客人发放问卷，了解旅游者在本地区游览的有关情况。

（二）在景（区）点开展抽样调查的方法

1. 在同一地区选定的景点之间应相隔一定的距离。

2. 在选择景点调查单位时，应兼顾市区、市郊、郊县等方位和区域，选择各自有代表性的景点为调查单位。

3. 景点游览人数（门票人数）包括六类：

（1）在旅游住宿设施过夜的国内旅游者人数；

（2）外地来本地的一日游游客人数；

（3）本地一日游游客人数；

（4）住亲友家的国内旅游者人数；

（5）国内非旅游者人数（如持景点月票者，在惯常生活环境内活动者，出行距离不超过10千米、出游时间少于6小时的出行者等）；

（6）入境旅游者人数。

4. 在抽中的景点（区）同时采取等距抽样调查法，按门票间隔抽选国内游客进行调查。

（三）在未设门禁系统的游览观光区域、客运站、火车站等地点开展抽样调查的方法

在同一地区选定的地点之间应相隔一定的距离，被选地点应是同一国内游客在同一天内一般不可能同时都去的区域，以避免出现国内游客被重复调查的情况。

七、组织实施

本调查由云南省旅发委负责组织实施，由委托调查单位和各州市旅游委严格按照方案要求进行调查。调查结束后，各州市旅游局按要求将调查问卷上报省旅发委，并

由委托调查单位负责数据复录抽查、处理汇总及调查报告的撰写及反馈。

八、调查时间

在确定国内旅游抽样调查的调查时间时，应充分考虑季节性等因素。各州市旅委须在每轮抽样调查结束前 5 天将问卷调查结果报送至省旅游委及委托单位进行审核、录入。委托调查单位须在每轮调查结束后 10 天内完成数据的审核、录入并撰写报告，在年终提交一个全年的汇总报告。在确定每次调查的调查时间点时，应把调查期间的调查日具体划分为三个阶段：

（一）4 月、5 月、6 月为第一阶段；

（二）6 月、7 月、8 月为第二阶段；

（三）9 月、10 月、11 月为第三阶段。

九、调查质量的控制

第一，调查人员应在调查前统一接受培训，对国内旅游抽样调查的目的、意义、内容、指标解释和调查程序有明确的认识。

第二，在调查现场，调查人员要认真记录，督导员应在现场指导。

第三，调查员对回收的调查表要认真核对，保证被调查者对前后问题回答的一致性，然后交督导员统一复核。

第四，在实施调查方案时，应根据本地区的实际情况，明确注明排除不合理问卷，以提高抽样样本的代表性。

第五，加强调查数据录入过程中的检查工作，认真核实调查表中的逻辑关系。

十、工作进程

第一，4 月中旬根据调查方案，抽取调查点，分配各地州各调查点样本量，布置调查任务。

第二，4 月中旬准备问卷印刷、采购礼品、制作工作证件等。

第三，4 月下旬第一轮开始启动，每个季度的问卷、数据和调研报告在下个季度的第一个月的 13 日前提交。

第四，11 月 20 日前提交全年数据、一个全年汇总报告和 16 个地州分报告。

各地区的调查样本量分布见表 6-1、表 6-2。

表 6-1　各地州市国内游客花费情况抽样调查样本量分布表（1）

州、市	样本量		
	A	B	合计
昆明市	2 777	2 229	5 006
曲靖市	520	503	1 023
玉溪市	594	1 086	1 680
保山市	537	349	886
昭通市	394	457	851
丽江市	920	309	1 229
普洱市	286	211	497

表6-1(续)

州、市	样本量		
	A	B	合计
临沧市	269	120	389
楚雄州	749	643	1 391
红河州	897	840	1 737
文山州	509	166	674
西双版纳州	571	589	1 160
大理州	994	880	1 874
德宏州	474	191	666
怒江州	143	69	211
迪庆州	366	360	726
合计	11 000	9 000	20 000

表6-2 各地州市国内游客花费情况抽样调查样本量分布表（2）

州、市	样本量		
	A	B	合计
昆明市	2 063	1 671	3 734
曲靖市	413	378	791
玉溪市	446	817	1 263
保山市	402	261	663
昭通市	299	343	642
丽江市	687	232	919
普洱市	215	161	376
临沧市	201	91	292
楚雄州	564	482	1 046
红河州	671	630	1 301
文山州	381	122	503
西双版纳州	427	436	863
大理州	746	660	1 406
德宏州	355	144	499
怒江州	109	52	161
迪庆州	271	270	541
合计	8 250	6 750	15 000

资料来源：根据云南省文化和旅游厅网站《2017年云南省国内游客花费情况抽样

调查方案》整理、改编。

分析与思考：

1. 运用抽样调查法，应注意哪些要点？

2. 旅游市场调查对旅游地旅游规划和开发的指导意义体现在哪些方面？

（二）观察调查法

观察调查法是调查人员借助观测仪器设备或人工现场把守观测，对观测对象进行跟踪、记录、观察的一种研究方法。调查人员通常是在景点、饭店、餐厅、旅游商店、娱乐场所、机场、车站、码头等游客集散地进行观察调查，掌握旅游者的流向、流量、对旅游地（点、厅）的兴趣和逗留状况等。可使用的仪器设备有自动记录器、车辆记录器、游客记录器、流动传感器等。通过观察调查法获取的数据，比较生动、直观、可靠。但是，获取的信息都仅仅反映了旅游市场旅游者总体的规模特征，要对旅游市场详细情况有所了解，还必须对其社会经济状况和旅游态度等心理特征，运用抽样调查的方法进行调查分析。

（三）资料搜集法

资料搜集法属于一种间接的调查方法，主要是搜集和整理有关旅游地的相关资料，特别是与旅游业的直接和间接的各种公开出版、发行、传播的各种资料，包括旅游接待系统的统计资料、旅游有关部门的统计资料、地方志、统计年报，以及公开出版、发行的各种刊物、书籍、调查报告，如中国旅游统计年鉴、各地统计年鉴、国民经济和社会发展统计公报。此外，还要注意从相关政府部门收集内部资料，一些已经具有较长开发历史的旅游地，通常会积累一定的历史资料和数据，这些也是收集的重点。对上述资料进行综合分析，可以从宏观上把握进出本地的外来旅游者和本地旅游者的总体流量、流向和特点。

（四）面谈法

面谈法是指调查人员采取个别访谈或小组访谈的方式，访问被调查者，并通过被调查者的反馈来收集信息的方法。访问对象既可以是游客，也可以是接待游客的各类经营管理人员和服务接待人员。调查结果受调查人员的访问技术水平有所影响。

（五）电话询问法

电话询问法是指调查人员借助电话工具向被调查者了解信息的方法。电话询问提出的问题要简明、明确，避免冗长、烦琐，以免引起被询问者的疑惑与反感。

此外，调查方法还有邮寄调查法、留置调查法、网络调查法等。

一、市场环境 SWOT 分析

旅游规划与开发人员在前期旅游市场调查的基础上，通常会使用 SWOT 方法来分析整个规划区域、旅游行业及市场，以获取相关的市场信息，为规划与开发决策提供依据。SWOT 分析是指整个规划和开发区域内外部环境分析，分析规划区内部的优势（strength）、劣势（weakness）以及外部的机会（opportunity）和威胁（threat），以形成规划区的发展战略。其中优势因素和劣势因素代表内部能力因素，是规划区域在其发展中自身存在的积极和消极因素，属主动因素，包括经济基础条件、行政管理体制、资源条件、政策条件、人力资源、基础设施等；机遇因素和挑战因素代表外部环境因素，是对规划区域的发展有直接影响的有利和不利因素，属于客观因素，包括政治环境、经济环境、社会文化环境、技术环境、市场环境等。将这些调查数据，依次序按矩阵形式排列起来，运用系统分析的方法，把各种因素相互匹配起来加以分析，从而得到一系列相应的结论或对策。

二、旅游市场规模分析

衡量旅游市场规模的指标很多，如旅游人数、旅游收入、旅游花费等。如果旅游规划的对象是一些已经具有较长开发历史的旅游地，旅游地通常会积累一定的历史资料。通过收集这些历史数据，可以对旅游地未来旅游业的发展规模与特征进行分析与预测。

旅游市场规模预测法主要包括时间数列预测法、回归模型预测法等。

（一）时间数列预测法

时间数列预测法是旅游调查中常用的定量预测法，主要包括简单模型法、长期趋势模型法和循环变动模型法等。旅游调查预测中常用的简单模型法包括简单平均法、移动平均法、指数平滑法和灰色模糊预测法，主要用于近期预测。长期趋势模型法是利用描述事物长期趋势的数学模型进行外推预测的方法，包括二次抛物线趋势模型法、指数曲线法以及龚珀兹趋势（Gompertz trend）曲线法。

时间数列预测法通常采用的方法是将历史数据依照一定时间单位和流量单位排列，绘制流量曲线，包括区域旅游业发展的外汇收入、国内旅游者人数、国内旅游收入等变化曲线，据此对过去的旅游市场变化进行分析，以推测今后的发展趋势，为未来的旅游目标市场定位提供依据。

（二）回归模型预测法

回归模型预测方法是通过对具有相关关系的变量建立回归模型来进行预测的方法。回归模型预测主要有一元回归模型预测和多元回归模型预测。一元回归模型预测是在确立一个自变量和一个因变量之间具有显著相关关系的基础上，配合回归线进行预测的方法；多元回归模型中则存在一个因变量和多个自变量的关系。

三、旅游市场空间分析

旅游客源市场的空间结构是客源地和目的地空间相互作用的结构，通过旅游地理学研究的重要领域。在旅游规划过程中，对旅游客源市场空间结构的分析，包括客源地的出游力（率）分析和游憩活动空间分析、目的地的市场吸引圈分析及客源地和目的地的距离衰减分析等。

（一）客源地出游力（率）分析

1. 出游力与出游率

出游力（emissiveness）是指某一客源地居民群体在经济能力、休假制度、身心健康等条件下形成的参与户外休闲或旅游的综合能力。可以专指某一部分人群的出游能力，也可指整个社区、整个城市的出游能力。有时学者们也用客源地的推力来表达这一作用力。在实际工作中，出游力通常使用抽样方法来表达针对特定人群、特定目的地的出游力的大小，具体表现为出游率。所谓出游率，是指抽样调查中某客源地的被抽样调查回答实际到访过某目的地的人数与被抽样调查总数的比。它既可视为该客源地对某目的地的出游率，也可视为市场针对该目的地的到访率。

在出游力相同的情况下，由于种种因素影响，对不同的目的地也有不同的出游率。旅游者对目的地的评价，对出游率的大小具有重要影响。

2. 游憩活动空间与等游线

游客出游时流动的游憩行为在地表上的投影是点、线状，称为"游憩流动曲线"。等游线（isotourist）是指出游范围内由出游率相同的点组成的连线。它一般围绕着客源地呈同心圆或由其变形的圈层组成。等游线从市中心向外衰减扩散，在主要交通干线上呈外凸形状，到访率沿交通干线的衰减速度较慢。

多根等游线形成的趋势面称为游憩活动空间（recreational activity space，RAS）。RAS 的形成与区位有关。旅游者在自己居住区周围容易形成出游率较高的等游线。运用等游线技术进行规划区域的 RAS 分析，有助于旅游地旅游规划与开发的编制和旅游产品的开发管理。

（二）目的地的市场吸引圈分析

目的地市场吸引圈的大小，除与距离成本有关外，还与目的地本身吸引力的大小有关。古多尔（Goodall）和阿什沃思（Ashworth）于 1988 年用等意愿曲线（iso-will-ingness curve）来表示距离与目的地吸引力之间的关系，随着目的地离客源地距离的增加，目的地对游客的吸引力逐渐减弱，为了保证远处的目的地能够达到一定程度的游客流量，就必须增强其对游客的吸引力。从图 6-1 还可看出，目的地吸引力的增加速度必须大于距离增加的速度，才能产生对旅游者的吸引。

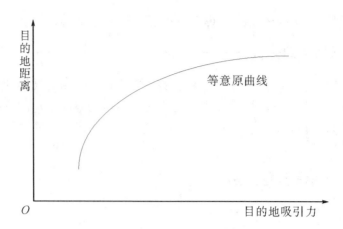

图 6-1　目的地吸引力与距离的关系

（三）旅游距离衰减分析

人们选择游憩活动时，一般会遵循旅游距离衰减的规律，即游客的出游量随距离的增加而发生递减的规律，这是由游客出游量在距离上的不同分布概率计算而得出的结果。通常，距离越近，流量分布的概率越大；距离越远，流量分布的概率越小。出游半径反映了一种统计学上的平均状态，反映距离衰减的速度。出游半径越大，距离衰减越慢；反之亦成立。

在距离衰减现象中，存在着一个最小距离，在此范围内，旅游者不认为他们是在离家出行，这一距离称为出行阈值。不同出行能力的人，其出行阈值大小不同。旅游者的出行意愿意除了与距离大小有关外，还与目的地的吸引力大小有关。这种吸引力的大小可以用旅游者在旅游目的地停留时间的长短来表示，一般使用行游比指数来衡量，即从客源地到目的地的旅行时间与在目的地游览观光时间的比值。

吴必虎、唐俊雅等（1997）根据对 20 世纪 90 年代中国国内游客市场的分布和出游规律的研究，总结出城市居民出游率随距离增加而衰减。80%的出游市场集中在距城市 500 千米以内的范围内。随着距离的增加，到访率衰减现象越来越显著，500～1 500 千米距离的到访率降至 20%～40%，而 1 500 千米以外目的地到访率降至 5%～30%。

但是，对于旅游者而言，正因为距离遥远，人们对它的理性认知水平就越低，对它的想象的认知却提高了，因其遥远、神秘而变得充满吸引力。因此，旅游目的地的吸引力衰减规律存在一个门槛距离，在这一门槛距离之内，呈现距离衰减规律，而在这一门槛距离之外，则呈现距离递增规律。

四、旅游市场结构分析

旅游市场需求有随时间和空间变化的显著规律。随时间变化是由旅游的季节性引起的，我们通常可用季节性强度指数来定量分析；旅游需求的空间分布结构主要指旅游者的地理来源和强度，可用地理集中指数来定量分析。

（一）季节性强度指数

季节性（时间）可以被定义为每年重复发生的周期性模式，通过旅游者数量、旅游者支出和住宿天数表现。时间序列的长度，包括年度内的季节、月内季节、周内季节、一日内的季节和公共假日内的季节等类型。

旅游季节性的形成主要有自然和制度两方面的原因。旅游季节性现象通常表现为：单峰季节型，一年只有一个游客高峰；双峰季节型，一年有两个游客高峰；无峰季节型。旅游需求的时间分布集中性通常用季节性（时间）强度指数 R 来定量分析，其计算公式为：

$$R = \sqrt{\sum_{i=1}^{12} (x_i - 8.33)^2 / 12}$$

式中，R 为旅游需求的时间分布强度指数；xi 为各月游客量占全年的比重。

R 值越接近于零，旅游需求时间分配越均匀；R 值越大，时间变动越大，旅游淡旺季差异越大。公式中还可以将 12 个月转换成其他任何长度的时段，相应的系数也要变换。因此，R 值不仅取决于旅游需求变化，而且会随选择分析的时段长短而变化，较适用于不同年份（时段）的比较和不同旅游地的比较。

（二）旅游需求的空间分布集中性

旅游需求的空间分布集中性可以用地理集中指数来定量分析，计算公式为：

$$G = 100 \times \sqrt{\sum_{i=1}^{n} \left(\frac{x_i}{T}\right)^2}$$

公式中，G 为客源地的地理集中指数；x_i 为第 i 个客源地的游客数量；T 为旅游地接待游客总量；n 为客源地总数。

游客来源越少越集中，G 值越接近 100；G 值越小，则客源地越多越分散。对于任何一个旅游地，客源地越分散，旅游经营越趋稳定，如客源太集中，易受客源地社会、经济、政治等变化的冲击。

五、旅游竞合分析技术

在旅游市场中，旅游竞争与合作并存，需要运用旅游竞合理论进行相应的分析与研究。"竞合"概念是由亚当·布兰顿伯格（A. Brandenburger）和巴里·纳尔布夫（B. Nalebuff）提出的，他们把合作（cooperation）和竞争（competition）组合成一个新单词"co-opetition"，后来逐渐为很多研究博弈理论的学者所接受。

旅游竞合分析应用较多的是区域旅游市场的研究。旅游资源的有限性及分布的不均衡性常常导致旅游景区或旅游地之间的激烈竞争，伴随着传统经济时代向新经济时代的转变，这种旅游市场中的对抗性竞争越来越不适应旅游业的发展。旅游竞合模式作为一种解决区域旅游发展的有效途径，为竞争而合作，靠合作来竞争，从而促进对称性兼容和一体化互惠共生，协调旅游区之间的关系，增强旅游体系的整体竞争力，最终达到旅游市场中的双赢效果。

旅游竞合模式是针对主导旅游资源相似的临近地域而提出的一种旅游发展模式（the coperation- competing model，C-C 模式）。它是基于竞争前提下的有机合作，其实质是推动和实现区域旅游的一体化，对协调旅游空间竞争和空间合作的关系起到显著作用。

根据旅游资源的特性，将区域旅游竞合关系的空间结构分为两种类型，即互补合作型与强化竞争型。

（一）互补合作型

几个彼此相邻的区域旅游地拥有一种或多种独特的难以被替代的旅游资源，根据比较优势理论，相邻的区域旅游地凭借优势资源进行旅游合作，加强内部交通网络建设，避免产品雷同开发和重复建设，从而形成优势互补、彼此辐射的作用。如广州长隆旅游集团旗下的欢乐世界、国际大马戏、香江野生动物世界等众多的旅游景区形成互补合作的旅游竞合模式，构建出极具市场号召力的旅游产品集群；深圳华侨城旅游集团旗下的民俗文化村、世界之窗、欢乐谷等旅游景区也属于此种类型。

（二）强化竞争型

两个或两个以上区域旅游地拥有相似性较大的同类旅游资源，根据分散集聚效应，相邻区域旅游地虽然在区域外旅游市场中强强联合，提升整体旅游吸引力，但是在区域内旅游市场中相互间竞争激烈。如长隆旅游集团与华侨城旅游集团作为广东整体区域旅游目的地，在远郊旅游市场中容易强化共同优势，但在区域内旅游市场中则产品同质性较大，表现出明显的旅游分流趋势。

第三节　旅游市场定位

一、旅游市场细分

（一）旅游市场细分的概念

市场细分是20世纪50年代中期由美国营销学家温德尔·史密斯（Wendell Smith）在总结企业按照消费者的不同需求组织生产的经验中提出的，一经提出就受到高度重视并得到广泛应用。旅游市场细分是从旅游者的特点及其需求的差异性出发，根据不同的标准将一个整体的客源市场划分为若干子市场，以从中选出目标市场的过程。每一个需求特点相类似的旅游者群体叫作一个细分市场。

旅游者需求是多样性，而任何一个旅游地旅游产品又是有限的。在旅游者需求个性差异巨大的时代，任何旅游地都无法满足所有旅游者的需求和审美品位，而只能满足旅游市场中某一部分旅游者的某些需求。

因此，旅游市场可依据旅游需求的相似性与差异性，将基本需求相同的列为同一细分市场，在旅游市场细分的基础上，确定特定的目标市场，制定相应的营销策略，从而更好地满足旅游消费者的各种需求，实现经营目标。

(二) 旅游市场细分的意义

1. 有利于及时发现新的市场机会

通过旅游市场细分，我们可以了解到不同游客群体的需求差异及需求的满足程度，那些没有被满足或没有被充分满足的旅游需求就成为旅游地新的市场机会。

例如，随着人们生活水平的提高，拥有私家车的人越来越多。他们常常驾车外出旅行，在这种情况下，那些能为车主们提供良好的汽车服务和自助游服务的旅游景区（点）无疑将更受青睐。再如，不同地域的旅游者对大连的兴趣点也明显不同，南方游客可能对大连的某一具体旅游产品不怎么感兴趣，他们来大连或想来大连只是因为大连是北方城市的主要代表之一，来看"北方明珠"成为南方游客想来大连的主要动机；而处于内陆的华北、西北游客来大连旅游的主要原因则是大连的"滨海形象"。

2. 有利于提高旅游地的竞争力，取得良好的经济效益

旅游者需求的多样化决定了没有一个旅游地能满足所有旅游者的需求，也不可能在所有的市场上开展竞争，与其分散力量、四面出击，不如针对目标市场的需求，集中力量占领。因此，准确地进行市场细分，有利于旅游地有针对性地开展市场营销和竞争，合理地运用资源以尽可能少的投入，取得更好的经济效益。

3. 有利于制定市场营销组合策略

通过市场细分，旅游企业可以比较直观、系统、准确地了解目标市场的需求，集中力量对一个或几个细分市场进行市场营销，突出旅游企业产品和服务特色，制定灵活的竞争策略，可以及时调整销售渠道和促销手段。从某种意义上说，市场细分是使经营者面对整个市场，集中并优化使用其资源的一种战略。

二、市场细分的标准

旅游市场细分的标准是旅游者的行为及其影响因素。旅游地可根据自身实际情况，选择细分标准。常见的旅游市场细分的标准有以下类别：

（一）地理细分

地理细分就是将旅游市场划分为不同的地理单元、气候类型、旅游目的地与客源地的距离等，然后选择其中的一个或几个作为市场营销的目标市场。常见的地理细分变量有地理区划、气候类型、距离等，如表 6-3 所示。

表 6-3　旅游市场的地理细分

地理细分变量	细分类型
地理区划	世界六大旅游区（东亚及太平洋旅游区、南亚旅游区、中东旅游区、非洲旅游区、欧洲旅游区、美洲旅游区）；国别（美国、日本等）；我国的主要旅游区（华北、华南、西南、西北、东北、华东）；省（地区）、市、县、乡、镇；城市或乡村
气候条件	温带、亚热带、热带
距离	近程、远程旅游市场，或一级（重点旅游市场）、二级（开拓旅游市场）、三级（机会旅游市场）

（二）人口细分

人口细分是按照旅游者的年龄、性别、家庭人口、收入、职业、受教育程度、宗教、种族等人口变量来对客源市场进行划分（见表6-4）。该类因素对旅游者的需求影响较大，并且该类信息容易通过市场调查获取，并进行分类处理得到，是比较常用的细分方法。

表6-4　旅游市场的人口细分

人口细分变量	细分类型
年龄	儿童市场、青年市场、中年市场、老年市场；14岁以下、15~24岁、25~44岁、45~64岁、65岁以上
性别	男性旅游市场、女性旅游市场
家庭人口	单身市场、情侣市场、两代同堂家庭市场、三代同堂家庭市场
收入	高收入市场、中等收入市场、经济型市场
职业	商务旅游市场、公务旅游市场、学生旅游市场

（三）心理细分

处于相同人口统计群体的人，可能具有不同的心理特征。心理细分是指按照旅游者的个性、兴趣、爱好等心理因素来划分旅游市场，常用的标准有社会阶层、生活方式、个性等，如表6-5所示。

表6-5　旅游市场的心理细分

心理细分变量	细分类型
社会阶层	社会名流、上层社会人士、普通人士
生活方式	基本需求满足型、需求拓展型、需求质量提升型
个性	安逸型、冒险型

（四）行为细分

行为细分是指以旅游者选择购买旅游产品的行为方式来进行市场细分，通常采用的标准有旅游动机、旅游时间、旅游方式、价格敏感度等，如表6-6所示。

表6-6　旅游市场的行为细分

心理细分变量	细分类型
旅游动机	观光旅游市场、度假旅游市场、康体旅游市场、休闲旅游市场、探亲访友旅游市场等
旅游时间	淡季、旺季、平级旅游市场等；寒暑假市场、节假日市场、周末市场；春、夏、秋、冬季旅游市场
旅游方式	团队旅游市场、散客旅游市场
价格敏感度	豪华型旅游市场、经济型旅游市场

三、旅游市场定位及原则

旅游市场定位是指确定目标市场与市场的范围，即目标市场的选择。

在市场营销活动中，并不是所有的细分市场都是旅游地希望并能够进入的。市场细分是确定目标市场的前提和基础，目标市场是市场细分的目的和归宿。科学合理的目标市场只有通过深入的市场细分才能产生。市场细分是旅游企业选择目标市场的依据，选择目标市场是市场细分工作的延伸。旅游经营者需要根据自己的条件，从细分的市场中选择出一个或几个子市场作为自己从事市场营销活动的对象，这一过程被称为目标市场的选择。有效的目标市场选择应遵循以下原则：

（一）可进入性

可进入性是指选定的目标市场应该在经济上、政策上、文化上都具有可进入性，这是目标市场有效性的重要前提。对于进入门槛较高的细分市场，除非能够肯定企业从中受益能大于其所付出的成本，否则将不是理想的目标市场。

（二）可衡量性

可衡量性是指市场的规模、市场购买潜力以及市场的未来发展走向可以测量。

（三）可获利性

目标市场中有大量尚未满足的现实需求与潜在需求，而且该市场购买力强，进入该市场后有利可图，能够带来可观的利润。

（四）可操作性

可操作性是指所选择的细分市场内，制订的市场营销策略能够付诸实施，有效吸引该市场的需求。例如某个国外细分市场，尽管具有一定的潜在规模，但是因为距离、文化差异等原因，无法针对其制订营销计划或制订的计划无法实施，那么该细分市场则不应列入目标市场。

应用案例 6-5

统一嘉园为何衰落？（1）

2005年"十一"黄金周，无锡旅游异常火爆。除了大家熟知的传统景区，更有千年崇安古寺、东林书院、钱钟书故居等新景点，一齐赚足游客眼球。10月1日至7日，全市接待旅游者达到210万人次，旅游总收入13.27亿元，同比分别增长23%和30%；日均旅游收入近2亿元，创出历史新高。

然而，就在城市旅游一片繁荣之际，开业不到四年的无锡统一嘉园景区，却在两个月前因资不抵债、经营难以为继而破产倒闭了。

该景区坐落于太湖之滨，与央视无锡影视基地隔水相望，相距不过数百米之遥。景区依山傍水，气势恢宏。山顶上，高16.8米、耗费青铜80多吨的中华统一坛，庄严雄伟；山脚下，由六桥六亭二坊一榭组成的千米"缘廊"，曲回绵延直至湖心，如金龙戏水。

镜花缘景区尚未开园，就已经流产，决策者不得不重新寻找市场出路。本来，就景区的资源特点和区位优势来看，它地处太湖风光带内，占据了太湖边的观景制高点，可远观太湖之烟波浩渺，也可体验江南水乡之苇荡野趣。其山水园林的市场定位，显而易见。

当时国内旅游市场的发展态势，对景区其实非常有利。随着"人造景观热"的消退，自然景观和山水园林受到广大游客和旅行社的青睐。此时，如果决策者利用民营企业的灵活机制，及时进行战略转型，面向国内大众旅游消费市场，迅速推出"太湖山水园林"的品牌新概念，完全可能一举赢得市场主动。但是，决策者却匪夷所思地将景区定位成一个海峡两岸共同期盼统一的政治化主题景区，并且在山顶的最佳观景之处，投入巨资修建了台湾妈祖庙和中华统一坛。

那么，对于这一战略转型，决策者到底如何考虑的呢？《中国经营报》曾在2002年8月30日，就此采访过该公司董事长梁先生：

"梁最初的造园念头来自当年蔓延全国的影视旅游热，尤其是央视无锡影视基地引起的旅游狂潮。看到无锡的唐城、三国城、水浒城的成功，业已有成的梁决定和无锡郊区大浮乡合作开发旅游项目，为迎合潮流，园景主题定为"镜花缘"。未曾想到，1998年开始，红极一时的影视旅游热退烧了。好在梁洪青本来钟情自然山水，当初景区是借助真山真水进行园景布局，而不仅仅是一些人造景点，这为景点转向留下空间。1998年，他敏感地觉察到台商对大陆的投资热正由原来的珠三角转移到长三角，经过重新征求专家意见和充分论证后，1999年下半年开始，梁把园景定位转向两岸民间交流，在园区中引进了妈祖文化，给长三角附近台胞提供了一个礼祀妈祖的去处。

据不完全统计，现在居住上海的台湾人已有35万，周边台商投资企业超过2万家，梁的园景抓住了特定消费群体，效果相当不错。"

景区的决策者其实是知道自己的资源优势的。之所以出现市场定位的严重偏差，问题主要出在"市场细分"和"目标市场选择"这两个环节。

评判市场细分是否成功，一般有四个基本原则：①可营利性，就是细分市场的规模必须足够获取盈利。②同质性，市场细分的本质就是将异质市场同质化，这样才便于制订同一营销计划。③显著性，就是所选择的细分市场应该能够跟其他细分片形成明显区隔。④可测量性，就是市场细分应能测量营销活动的效果。

在这个景区营销的失败案例中，决策者把居住上海的35万台湾人这一"特定消费群体"，错误地认定为景区的目标市场，其判断失误主要缘于两个原因：

一是严重忽视了目标市场的"可营利性"。对于统一嘉园这样投资上亿元的观光型景区来说，要确保"可营利性"，所选择的目标市场必须有足够大的规模，后续客源要非常充沛。而总人数35万的目标市场，规模实在太小，根本不足以支撑景区的长期发展。当时统一嘉园的门票价格是35元，即使我们假设居住上海的所有台湾人都到景区游玩一次，也不过千万元左右，毛收入还不到景区投资的十分之一。

二是没有仔细辨析目标消费人群的"同质性"。居住上海的台湾人，的确是一个"特定消费群体"。但是，它跟景区的"目标消费群"不能混为一谈。这些台湾人来到上海，主要目的是在上海工作和生活，旅游消费并非他们的主要生活内容。只有他们当中那些具有较强的旅游消费欲望、并且对统一嘉园景区的旅游资源可能感兴趣的人，才是真正意义上的目标消费群体。同样，所谓"周边台商投资企业超过2万家"，情形也是如此。

由于在市场细分和目标市场选择时缺乏理性的思辨，决策者误认为"居住上海的35万台湾人"就是统一嘉园的最大客源市场，这就无形之中人为地夸大了目标市场的规模，从而造成一种市场幻觉，导致景区定位发生偏差。

从景区营销的角度看，统一嘉园的山水资源，本来具有极大的市场宽容度。由于景区在市场定位时犯了方向性的重大错误，结果，景区产品被人为地局限在一个非常窄小的目标市场之中，这就大大压缩了它在大众旅游消费市场的发展空间。

事实上，在开园后的数年间，从上海来无锡统一嘉园参观游览的台湾游客，只有一万多人。这一数字，对于一个投资上亿的大型主题景区来说，几乎是微不足道的。

资料来源：郑泽国. 统一嘉园为何衰落？[EB/OL].（2005-12-13）[2020-01-03].http://www.cntour2.com/viewnews/20081013/Management/20081013145136781_2.htm.

分析与思考：

1. 这样一个占据了极佳山水资源的主题景区，在城市旅游环境日趋改善的今天，为什么会经营失败呢？

2. 统一嘉园的市场细分和目标市场的选择有什么问题？

思考题

1. 什么是旅游市场调查？

2. 旅游市场调查的内容包括哪些？

3. 旅游市场调查的方法有哪些？各有哪些优缺点？

4. 以你周边的旅游景区（点）或旅游城市为例，设计一份旅游调查问卷。

5. 旅游市场分析包括哪些方面？

6. 什么是旅游市场定位？

7. 为什么要进行旅游市场细分？

8. 旅游市场细分的标准有哪些？

9. 有效的目标市场选择应遵循哪些原则？

第七章

旅游地旅游形象定位

　　市场定位是通过市场细分，为产品寻找一个或几个目标市场。在对细分市场进行评估，确定旅游目标市场之后，企业便要决定采取何种方式有效吸引和管理目标市场。

　　旅游地的发展必须着眼于对潜在旅游者或旅游目标市场的有效促销与引导。随着旅游业的蓬勃发展和旅游地之间竞争的加剧，人们发现，旅游形象成为吸引旅游者最关键的因素之一，是目的地对旅游者最为重要的拉力之一。一个个性鲜明的旅游形象可以形成该旅游地较长时间的垄断地位。因此，在国内和国际旅游市场中，为了在旅游地竞争中获得有利的地位，旅游目的地往往需要投入大量的人力、财力、物力，以期在旅游者中建立理想的旅游形象。本章主要介绍旅游形象的内涵，塑造和设计旅游形象的目的，旅游形象的特征及其形成过程，阐释旅游形象定位的过程、方法和传播策略。

第一节　旅游地旅游形象的内涵和形成

一、旅游形象的内涵

　　形象在西方旅游学研究中被定义为"一种抽象的概念，它包含着过去存留的印象、声誉以及同事间的评价。形象蕴含着使用者的期望。"克朗普顿（Crompton）将目的地形象定义为：一个人对一个目的地的信任、意见及印象的总和。

　　随着旅游业在世界范围内的快速发展，旅游形象是旅游地形成竞争优势的有力工具之一。旅游者在选择旅游地和进行旅游决策时，除了考虑距离、时间、交通方式和旅行成本等因素外，还非常重视旅游地的旅游形象这个吸引因素。事实上，那些在游客心中具有强烈而深刻印象的旅游地，往往吸引远在千里之外的旅游者到此一游。个性鲜明、亲切感人的旅游形象以及高质量的旅游产品可以帮助旅游地在旅游市场上较长时间地占据垄断地位。世界上旅游业发达的国家和地区，都具有鲜明的旅游形象。例如瑞士的旅游形象为"世界公园"和"永久的中立国"；西班牙为"3S"天堂和

"黄金海岸"。

旅游地形象（tourism destination image，TDI），即目的地形象（destination image，DI），有时也被称为旅游形象（tourism image，TI）。我国关于旅游地旅游形象的研究始于 20 世纪 90 年代。

邓祝仁（1998）认为，目的地形象主要指旅游者对目的地总体的、抽象的，以及对目的地的历史影响、现实感和未来信息的一种理性综合。

吴必虎（2001）认为，旅游形象是旅游者对某一旅游地的总体认识和评价，是对区域旅游内在的和外在的精神价值进行提升的无形价值。

李蕾蕾（2002）认为，旅游形象是旅游者对旅游地历史、现实和未来信息的一种总体的抽象的理性综合。

从传播学的角度出发，旅游形象是人们对某个旅游地的形象信息处理的过程及其结果，也是一种外化形态的、人所设计创造的、可传播的符号系统。

因此，可以将旅游形象定义为：某一区域内外公众对旅游地总体的、抽象的、概括的认识和评价，它是对旅游地的历史、现实和未来的一种理性再现。

具体来看，旅游形象可以从旅游地和旅游者两个层面来理解。

一是从旅游地层面来讲，旅游形象是旅游地对本身的各种要素资源进行整合提炼，有选择性地对旅游者进行传播的意念要素，它是旅游地进行对外宣传的代表形象，是旅游地希望旅游者获得并形成的形象。

二是从旅游者层面来讲，旅游形象是旅游者通过各种传播媒介或实地经历所获得的旅游地各种要素资源所形成的意念要素的集合，是旅游地的客观形象在旅游者心目中的反映。

二、旅游形象设计的目的

（一）针对地方旅游决策部门和公众

对于地方旅游决策部门和公众来说，旅游形象设计可以使旅游决策部门的领导者从众多的旅游资源中，识别出最核心的部分，在此基础上，把握未来旅游产品开发和市场开拓的方向，使地方公众了解本地开发旅游的潜力和前景，增强旅游意识，积极参与地方旅游的开发和建设。

（二）针对旅游者

旅游者在选择出游目的地的时候，面对众多不熟悉的旅游地及旅游产品，常常会犹豫不决。最近的研究认为，影响旅游者决策行为的不一定总是距离、时间、成本等一般因素，旅游地的知名度、美誉度、认可度，其他一些因素可能更为重要。旅游地通过形象设计，可以增加识别度，引起旅游者注意，诱发其出行欲望，促使现实的和潜在的旅游者了解和信赖本地的旅游产品，从而采取行动到旅游地去旅游。

（三）针对旅游企业

旅游形象能帮助旅游企业，特别是旅行批发商和旅行零售商识别当地旅游资源的优势和劣势，提供对旅游产品的关键认知，扩大客源市场和旅游产品的销售。对于旅行社来讲，其线路的组织和产品包装，与目的地的形象的建立与推广往往有着千丝万缕的联系。

三、旅游主题形象的特征

（一）综合性

旅游地的旅游形象是建立在地方"地脉""文脉"分析和市场分析基础之上的，由多种因素构成。

1. 内容的多层次性

旅游形象的内容可分为物质表征和社会表征两个方面。物质表征主要包括旅游地的外观设计、环境氛围营造、休闲娱乐活动的安排、服务质量的高低、园林绿化、地理位置等。社会表征主要包括旅游地的经济状况、福利待遇、公众关系、管理水平等。

2. 心理感受的多面性

旅游地旅游形象是旅游地在旅游者心目中的感性反映。由于每个旅游者的观察角度不同，因人而异，因地而异，因时而异，即每个旅游者都是从自己的特殊位置来观察和认识旅游地，这决定了旅游者对旅游地旅游形象的心理感受呈现出多面性。

（二）稳定性

旅游地旅游形象一旦形成，便会在旅游者心目中产生印象。一般来讲，这种印象所积累形成的形象具有相对的稳定性。首先，稳定性产生于旅游地所具有的客观物质基础，如旅游地的建筑物、地理位置、社会环境、社会文化、员工队伍等，在短期内不会有很大的改变，只要旅游地的物质基础是稳定的，旅游地所树立的形象也是稳定的。其次，这种稳定性还反映在旅游者具有相同的心理机制，这种相同的心理机制表现为旅游者好美恶丑、从善弃恶的人之常情，他们对旅游地具有大体相同的审美观和好恶感，这一点也决定了旅游地的旅游形象具有相对稳定性。

（三）可塑性

旅游地的旅游形象具有相对稳定性，但并不意味着一成不变。

人们对旅游地的认识是通过信息的传递而形成的。信息传递的作用表现在两个方面：一方面，它向旅游者提供关于无形的服务质量方面的形象，另一方面又使这些无形的旅游服务质量有形化。例如，图片可使无形服务有形化；让旅游者观看闭路电视、幻灯片和旅游地的风景电影，便于旅游者和旅游地之间的双向沟通。由于服务的无形性和易变性，对旅游者来说，"满意"的含义常常是多方面的。要使旅游者真正感受到旅游的无限乐趣，就必须在每次服务中保证较高的质量。若产品的质量得不到保证，在旅游者心目中到该旅游地旅游的期望值就会降低，从而导致旅游者购买旅游产品的兴趣下降，最终降低甚至破坏旅游地在旅游者心目中的旅游形象。

四、旅游形象的形成过程

传播学的研究发现，除了我们一直知道的客观环境或实性环境、显性环境的存在以外，还存在一个所谓的"媒介环境"或虚性环境、隐性环境。正如美国著名专栏作家李普曼所说，在我们观察世界以前，已有人告诉我们世界是什么样的了。对于大多数事物，我们是先想象它们，然后再经历它们。

甘恩（Gunn，1972）把旅游者或潜在旅游者形成的旅游形象概括为原生形象和诱导形象，原生形象指潜在旅游者还未到旅游目的地之前所形成的旅游感知形象，而诱导形象则是在旅游者在实地旅游之后形成的。拉各斯（Fakeye）和克朗普顿（Crompton）（1991）在此基础上，进一步把旅游者和潜在旅游者所形成的旅游感知形象概括为原生形象、诱导形象和复合形象。

从时间序列上看，旅游地旅游形象按形成过程可划分为三个阶段，即原生形象、诱导形象和复合形象。

（一）第一阶段——原生形象阶段

原生形象阶段又称本底感知形象阶段，是指旅游者在未决定旅游之前，头脑中已经存在一系列旅游目的地作为可选方案，并在心目中形成对各个旅游目的地的形象认识，这些形象认识是接受各类信息传媒的影响而沉积在记忆里的信息碎片所构成的对旅游地的印象。这一形象的形成是日积月累、潜移默化式的，虽然内涵模糊，外延广泛，但却最为基本也最牢固。在旅游决策时，它往往是人们动机产生和提出选择方案的根本原因。

（二）第二阶段——诱导形象阶段

诱导形象阶段又称决策感知形象或次生形象阶段，是指旅游者一旦有了出游动机和选择目标，并决定要去旅游时，就会有意识地搜集有关各备选旅游地的信息，并对这些信息进行加工和比较选择。其方式主要是查阅有关旅游资讯的刊物、报纸、网络宣传、电视节目及听取旅游企业和旅游管理机构的宣传，从中提取有用的信息，并在头脑中加工，形成对旅游目的地较清晰的形象认知，从而形成决策感知形象，即次生形象。

（三）第三阶段——复合形象阶段

复合形象阶段又称实地感知形象阶段，是旅游者对各备选旅游目的地的旅游成本与预期收益进行比较后做出的选择决策。等到达旅游目的地实地旅游之后，旅游者再通过自己的旅游经历并结合以往的旅游知识形成一个综合性更强的旅游地复合形象。这是旅游地形象形成的最后阶段。今后，人们便可依据其形成的复合形象对各备选旅游目的地进行比较选择，以决定是故地重游或另选他地。

根据旅游地旅游形象的形成过程（见图7-1），可以看出，在旅游决策和旅游行为理论中，旅游形象是影响潜在旅游者做出旅游目的地选择的重要因素。旅游形象极为重要，潜在旅游者选择目的地，在很大程度上取决于旅游地形象。现实旅游者是否故地重游则与旅游地的旅游产品和旅游形象的一致性等有关。

旅游目的地在完成旅游形象定位及使用有效的传达方式之后，衡量旅游形象定位完成的真正标志，则是受众认知，即旅游地旅游形象被目标受众（目标市场）所认识

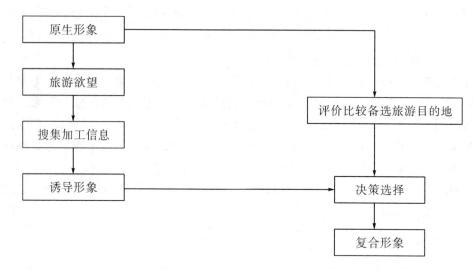

图 7-1 旅游地旅游形象的形成过程

知晓与感受的程度。因此，旅游目的地应加强旅游地旅游形象的管理，经常开展旅游市场调研活动，加强与受众对象包括本地居民和旅游者的反馈式沟通，调整、控制旅游地形象整合营销传播过程，形成良性循环。

第二节 旅游地旅游形象的定位和传播

旅游形象设计有一个简化模型，即分析、定位、本地塑造和对外传播（见图 7-2）。首先，分析包括地理文脉、旅游形象的受众调查、替代性分析，这是旅游形象设计在基本依据；其次，定位是在分析的基础上将旅游地的核心理念概括出来，这是旅游形象设计的核心，最终通过浓缩的一个形象口号表达出来；再次，围绕此形象在本地塑造物质视觉和人文感知形象；最后，选择适当的传播手段影响受众。

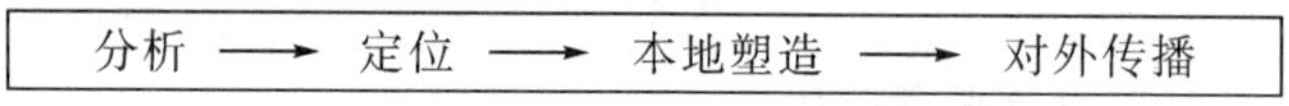

分析 ⟶ 定位 ⟶ 本地塑造 ⟶ 对外传播

图 7-2 旅游地形象策划简化模型

一、旅游形象定位的基础工作

旅游形象定位是指为旅游目的地在目标顾客心目中树立和塑造与众不同或突出的地位。建立旅游形象的基本程序一般包括前期的基础性研究和后期的显示性研究两个方面。

前期的基础性工作从陈传康提出的"文脉分析"扩展到包括市场（刘峰，1999）、旅游者感知（牛栋 等，1999）或者受众调查和形象替代性（吴必虎 等，2001）在内的综合分析。旅游者和社区居民的感知认知逐渐受到重视。2000 年以后，客源市场、竞争对手、区位分析等要素在旅游形象策划中得到普遍重视。谢朝武，黄远水（2002）认为已有的旅游形象策划模式"更多地关注旅游形象提炼的本身，并且采用单向贯通路径来实施整个策划活动，其最为明显的特点是策划行为往往都由策划专家完成，根本或者说基本上没有旅游者和社区居民的参与，难以保证形象策划的完整性和科学性"。针对这种局限性，他们提出了旅游地形象策划的游客和社区居民参与型的组织模式。

里特和特劳特认为，定位理论的核心思想就是"去操纵已存在心中的东西，去重新结合已存在的联结关系"。旅游形象定位不仅要立足于目的地自身特征，而且要考虑到市场状况。总的来看，旅游地旅游形象定位的基础性研究包括地方性研究和市场分析。

（一）地方性研究

任何旅游目的地都具有其自身独特的地方特性。地方性研究是旅游地旅游形象设计的基础工作之一。其主要任务就是通过对规划区域的文脉的把握，对地方历史文化的"阅读"和提炼，精炼地总结该地的基本风格，包括文化特质和自然特性，为未来的旅游规划与开发提供本土特征基础。地方性研究包括自然地理特征、历史文化特征和现代民族民俗文化的研究，为未来的旅游规划与开发提供具有鲜明本土特征的形象基础。

1. 对自然地理特征的研究

一个地方是否在地理特性方面具有与其他地区截然不同的特征或占有特殊地位，都有可能被强化开发为地方性，成为吸引旅游者的事物。如西藏是世界上平均海拔最高的地区，被称为"世界屋脊"。如果本地没有世界性的地理特征，可以考察本地是否具有全国性的地理优势或自然特色，如黑龙江漠河县境内乌苏里附近的黑龙江江心是中国边界最北端之所在；新疆吐鲁番盆地艾丁湖（海拔-155m）是中国陆地最低点，吐鲁番还是中国炎热日数和极端最高气温最多和最高的地点，素有"火炉"之称；四川雅安市是年降水日数最多的城市之一，被称为"雨城"；青海湖是我国最大的湖泊等。在地方旅游开发中，抓住这些地理特征，有时对潜在旅游者很具有吸引力，即使是区域内的地理之最，也可以作为宣传营销的切入点，如华东第一高峰安徽的黄山、华南第一高峰广西桂林的猫儿山等。一些地理特征本身并无"之最"的属性，但因为本身在地理位置上具有唯一性，同样可以用来作为地方性特征加以挖掘"炒作"，如北回归线所经地点建立的纪念碑；新疆的亚欧大陆几何中心点纪念碑等，都被开发为具有独特地方特性的旅游吸引物。

2. 对历史文化特征的研究

对历史文化特征的研究就是寻找具有一定知名度和影响力的历史遗迹、历史人物、历史事件和古代文化背景，作为地方性的构成要素。利用当地的历史文化影响进行定位的成功案例不胜枚举。历史文化名城洛阳，曾作为夏商周、汉魏、隋唐等十三朝古都，历史文化遗迹足迹无处不在。例如，为纪念周武王之弟周公姬旦的文治武功而建的周公庙、中国最早的佛教寺庙白马寺、北魏至北宋四百年间修建的龙门石窟、唐代大诗人白居易终老之所龙门东山、三国名将关羽首级葬所关林等，这些深厚的历史渊源和浓郁的文化背景，使洛阳的旅游产品必然紧密结合在历史文化的体验中。正是基于这种文化史的考察和思考，北京大学旅游开发与规划研究中心在给洛阳旅游形象进行定位时，提出了"中原鼎城·华夏古都"的口号，并在产品设计中，突出了"夏商周历史文化底蕴、汉魏建筑符号、隋唐都城广场"的古都旅游的特点。

3. 对民族文化的研究

在历史记载和考古发现并不充分的地区，同样可以通过对当地民族文化和民俗文化的考察分析，提炼出富有地方特色的景观特性。特别是在一些少数民族集中的地区，民族文化往往构成富有旅游号召力的精彩内容，为旅游形象的设计和旅游目的地的营销，打下了坚实的基础。云南以少数民族文化为特色，大打"民族文化旅游"的王牌，取得了相当大的成功。长期以来，这里的各族人民在与自然相处的过程中形成了各具特色的灿烂文化和民俗风情，对外界旅游者形成强烈吸引。聚居在西双版纳、德宏、耿马、新平、元江等地的傣族是一个充满诗意的民族，傣族的植物文化和泼水节令人难忘。居住在滇西北玉龙雪山脚下的纳西族和他们那古雅淳朴的民风令人盛赞不已。大理白族的聚落文明和较高的文化素养与他们居住地区的苍山洱海的美景相互辉映，让人流连忘返。其他居住在云南各地的苗族、彝族、傈僳族、哈尼族、独龙族、瑶族、景颇族、藏族等少数民族同样使有机会与他们接触的旅游者难以忘怀。实际上，不仅是云南的少数民族文化具有鲜明的地方性，就连居住在云南的汉族居民，也与外省的文化有显著差异，故云南才衍生出"云南十八怪"这样特殊的地域文化现象。

（二）市场分析

1. 受众分析

受众调查和市场定位也是确定旅游地形象、选择促销口号的科学基础和技术前提。传统的4PS营销理论过多地强调由内而外的营销模式，强调寻找自己需要的旅游者，而不去了解旅游者到底需要什么。旅游形象的构建主要目的是向潜在旅游者推销旅游目的地，帮助旅游者更清晰、更方便地了解地方的特点和特异之处，促使其产生旅游动机，由潜在旅游者变为现实旅游者。因此，旅游目的地有必要深入了解旅游者对规划区的意境地图的认知，这种感知研究是树立形象的第二个基础。因此，对旅游形象地进行设计和对传播的对象（受众）进行调查和分析，就显得尤为重要。受众调查的基本目的之一是了解人们对旅游地的形象的感知。

2. 替代性分析

当"人人都是旅游者，处处都是旅游地"的时候，旅游目的地之间的竞争就显得日趋激烈。任何一个旅游目的地都面临着市场竞争压力。在旅游市场竞争中，区域内外旅游地在形象定位和营销战略等方面采取的措施会彼此影响。在买方市场的情况下，有许多可互相替代的旅游目的地供选择，人们会将有关旅游目的地进行形象比较，最终选择能满足其旅游需要和心理预期的旅游目的地。一些旅游目的地的衰落不单有自身的原因还有众多新生力量的冲击与压力。旅游目的地要想得以持续的发展就需要不断地进行自身在竞争中的优势与劣势的分析，把自身的优势发挥到极致的同时，还要克服自身的劣势。在国际旅游市场竞争中，旅游目的地营销不但要充分了解旅游者心目中的感知旅游形象，而且还要深入了解竞争对手的旅游目的地形象，以便拓展旅游市场定位战略。

因此，旅游形象定位是建立在地方性分析和市场分析两方面基础之上的。地方性分析揭示地方的资源特色、文化背景；市场分析揭示公众对旅游地的认知和预期；同时，还要分析自身与竞争者的长处和短处，以便拓展旅游市场定位战略，这两个方面的综合分析构成旅游形象定位的前提。

二、旅游形象定位策略

旅游形象定位是旅游规划中创新性很强的工作，成功的形象定位将为旅游目的地树立一个值得追求的理念目标，使旅游目的地的形象扎根于旅游者心中，为地方旅游业发展指明一个方向，具有"灯塔"效应。

（一）领先定位

领先定位适用于独一无二或无法替代的旅游资源或旅游产品，在不同类别的旅游形象阶梯中占据第一的位置，如中国的长城、埃及的金字塔、威尼斯水城、美国的大峡谷等，都是世界上绝无仅有的历史古迹旅游胜地或自然奇迹旅游胜地。人们一提起滨海沙滩，就会自然想起地中海和夏威夷；一提起文明古国，人们会想起中国和希腊；一提起人类奇迹，会想起长城和金字塔；一提起主题公园，会想起美国的迪斯尼乐园，等等。但如此绝对领先、形象稳固的旅游目的地毕竟为数不多，大量的旅游目的地要依据其他方法进行形象定位。

（二）比附定位

比附定位也称借势定位，即通过与竞争品牌的比较来确定自身市场地位的一种定位策略。比附定位的对象是指通过依附原有深入人们心中的第一位形象定位，并不去占据原有形象阶梯的最高阶，而情愿甘居第二。实践证明，与原来处于领导地位的第一品牌进行正面竞争往往非常困难，而且失败居多。但是，其在对外宣传上往往不以"第二"的形式出现，而是同样突显其独特性。例如，牙买加的旅游形象定位为"加勒比海中的夏威夷"，目的无非是利用夏威夷绝对稳固的旅游形象而相对轻易地进入旅游者心中，并在旅游形象阶梯中占据一个较佳的位置，从而使牙买加从加勒比海地区众多海滨旅游地中脱颖而出。再如"塞上江南"（银川）、"东方威尼斯"（苏州）、"东方夏威夷"（三亚）。

（三）逆向定位

逆向定位强调并宣传定位对象是旅游者心中第一位形象的对立面和相反面。定位对象利用竞争对手的较高知名度和声誉来引起旅游者对自己的关注和支持，同时开辟了一个新的易于旅游者接受的心理形象阶梯。例如，美国的"七喜"饮料宣称"非可乐"；河南林州市林滤山风景区以"暑天山上看冰堆，冬天峡谷观桃花"的独特定位征服市场。深圳野生动物园的形象定位就属逆向定位。它将人们心目中的动物园形象分为两类，一类是早已为人类熟识的普通笼式动物园，在中国，这类动物园以北京动物园最知名，动物品种最丰富；另一类为开放式动物园，游客与动物的活动方式对调，人在"笼"（车）中，动物在"笼"外，从而深圳野生动物园成为国内第一个城市野生动物园。

应用案例 7-1

深圳野生动物园简介

深圳野生动物园于 1993 年 9 月 28 日正式开业，是我国第一家集动物园、植物园、科普园等多种园艺、观赏功能为一体的亚热带新型园林生态环境风景区；深圳市野生动物园荣获国务院授予的"中华之最"光荣称号，是全国第一家返璞归真的开放式动物园。

资料来源：深圳新闻网［EB/OL］.（2019-03-06）［2020-01-05］.http://www.sznews.com/tech/content/2019-03/06/content_21451479.htm

（四）空隙定位

比附定位和逆向定位都与原有形象阶梯存在关联，而空隙定位则放弃了与旅游者心中原有旅游形象的关联，开辟一个全新的形象阶梯，从新的角度出发进行立意，创造鲜明的形象。与有形商品定位比较，旅游地形象定位更适于采用空隙定位。

以深圳"中国民俗文化村"为例，民俗村的定位形象并不在于那些风格各异的民族村落，以及穿戴民族服饰的少数民族村民，而在于它将"全园秀（show）"首次引进旅游景点。以往的旅游点都不曾有类似的每日定时举行的大型游园活动，而"中国民俗文化村"每日定时开展民族大游行、歌舞表演、有游客参与的联欢等大型游园活动，"全园秀"在游客心中留下了难以磨灭的印象。"全园秀"这种创新形式随即扩散并传播到全国各地新兴旅游景点中。

"世界之窗"的旅游形象也不是那一个个精雕细琢的世界著名建筑，而是在黄昏和夜幕中尽情表演世界风情的异国演员。"世界之窗"的主体市场正如宣传口号"让中国了解世界"所示，是从未踏出国门的国内游客。在此之前，有多少人会这样面对面地接触那些"金发碧眼"的外国姑娘呢？又有多少人亲眼欣赏过美国的百老汇、印度的踩铃舞、俄罗斯的土风表演呢？事实上，"世界之窗"在报纸和电视中的宣传广告，所突出表现并为人们长久记忆的还是不同肤色和国别的异国儿童和热情奔放的异国演员。外国演员登上中国舞台，以及从中外合资星级饭店的外籍员工，到开放改革之后艺术团体之间的中外交流，规模虽都不算大，而真正面向众多普通旅游者服务的即景表演，还是"世界之窗"首开先河。如今，北京、无锡、成都、广州各地纷纷出现类似景点。深圳"世界之窗"必须进一步强化和宣传景点内部的吸引因素——外国演员和员工，树立一个全新的旅游形象，以空隙定位提高市场占有率和竞争力。

（五）重新定位

任何一个旅游目的地都不可能是长盛不衰的，它具有一个从发生到消亡的过程，这就是旅游地的生命周期。旅游者"喜新厌旧"，总是希望有新的东西去代替旧的东西。重新定位是原旅游地采取的再定位策略。对于处于衰落中的景点，通常该景点会采取重新定位的方法，促使新形象替换旧形象，从而重新在旅游者心目中占据重要位置。

重新定位成功的典型案例是美国加州的重塑新形象。加州的形象在旅游者心中早已浓缩、简化为空洞的概念：游泳池、沙滩、金门大桥、好莱坞。而且这些形象描述不断为其他旅游地"借用"。加州需要重新定位。加州新形象紧紧围绕其在地理、气候、人种、文化等方面的"多样性"这个核心特点，而用复数地名"那些加利福尼亚"（The Califorinas）为定位形象。这样，即使最不好奇的人也会询问有几个加州。"加州"一例固然包含绝妙的广告文字技巧，但它却显示出了重新定位的意义。

三、旅游地形象口号

根据地方性研究和受众调查结果，提出旅游地的形象定位后，要据此设计出言简意赅的宣传口号，用于宣传推广。旅游形象定位的最终表述往往以一句主题口号加以概括。

因此，旅游规划界在旅游地形象设计中，习惯于将旅游形象定位的表述提炼为一句富有感召力的旅游口号，并将其用在客源市场上进行推广，从而传播旅游形象，塑造旅游地品牌。

旅游形象口号主要用于向外界和旅游者推广传播当地的旅游形象，建立知名度，吸引游客，在这一点上，旅游形象口号相当于一句"广告语"或"广告词"。

旅游形象口号正是以通俗易懂而又内涵丰富的寥寥数语勾勒出旅游地理念核心的最有效的表达方式，是旅游形象设计的点睛之笔。

（一）旅游形象口号的作用

旅游形象口号的作用可以归纳为两大方面：

一是对地方政府而言，旅游口号可以提炼旅游目的地的整体形象，提高旅游宣传的针对性，扩大旅游地的知名度和影响力。

二是对旅游消费而言，旅游口号通过引起旅游者的心理反应，可以激发其购买欲望，并最终促成旅游购买行为的实现。

世界上许多城市和省份都有自己的旅游形象口号，寥寥数语，就把该地区的形象特征栩栩如生地刻画在潜在的和现实的旅游者脑海中，如美国纽约的口号是"我爱纽约（I Love New York）"。中国香港在回归之后，将其主题口号由"万象之都"改为"我们是香港（We are Hong Kong）"，北京市的"东方古都·长城故乡"浙江宁波的"东方商埠·时尚水都"等，都具有很强的形象推广功能，起到了良好的宣传效果，表7-1列示了美国部分州的形象及其宣传口号。

表 7-1　美国部分州的形象及其宣传口号

州别	旅游形象口号
纽约	我爱纽约（I Love New York.）
佛罗里达	殷切期盼，不负众望（When you need it Bad，We've got it Good.）
夏威夷	夏威夷群岛：世界向往的地方（The Hawaiian Islands：Where the World wants to be.）

表7-1（续）

州别	旅游形象口号
得克萨斯	德州：让您梦想成真（Texas-Come Live the Legend.）
维尔京群岛	蓝色地平线之外的世外桃源（Beyond the Blue Horizon.）
佐治亚	人间欢乐如此追寻（This Way to Fun.）
马萨诸塞	到麻省实现梦想（Make It in Massachusetts.）
新墨西哥	西南边疆梦幻之地（Where the Southwest Began，Land of Enchantment.）

（二）旅游形象口号设计的模式

从表7-2可以看出，很多旅游地的旅游形象口号与旅游地的地脉、文脉是丝丝相扣的，有些口号又是非常抽象的。据此，旅游形象口号可分为资源导向型口号和游客导向型口号。

1. 资源导向型口号

资源导向型口号是对当地旅游资源、旅游产品、旅游目标的提炼，是地方旅游开发和建设的形象指南。旅游地形象定位口号既对内统领旅游发展方向，又具有对外营销的作用。

此时，旅游地形象定位与口号合而为一，既体现了地方特征，又富有极大的旅游吸引力，这是一种很理想的状况。例如，美国宾州有一个地方叫好时（Hershey），因盛产甜菜、制糖业发达，其将自己的旅游形象口号巧妙地设计为"地球上最甜的地方"。又如，加拿大的口号"越往北，越使你感到温暖"，隐含着加拿大的地理位置和热情友好的人文环境等地方特征。无锡的口号是"充满温情和水"，西班牙的口号是"阳光普照西班牙"。再如，北京市"东方古都·长城故乡"、宁夏回族自治区"塞上江南，神奇宁夏"、江西省"生态江西·休闲花园"、浙江宁波"东方商埠·时尚水都"等定位口号，既充满诱惑，又包含地方定位的口号。山东省的旅游口号经历了从"一山·一水·一圣人"到"走近孔子，扬帆青岛"再到"齐鲁神韵，山水豪情"的转变，实际上都是对山东省旅游资源、旅游文脉的某种表达。

2. 游客导向型口号

游客导向型口号的本意是帮助旅游目的地树立其在游客心目中的品牌形象，是用"市场化"的、"感性"的语言来表达和传播的。游客导向型口号往往是通过独特的视觉和切入点来打动旅游者的心灵。例如，《汉中市全域旅游发展总体规划》确定汉中的旅游形象为"两汉三国真美汉中"，旅游口号是"汉中自然好"。纽约的宣传口号是"我爱纽约"，加拿大魁北克的口号是"感觉如此不同"，夏威夷的口号是"轻松逍遥"等。再如，杭州宋城"给我一天，还你千年"的营销口号、上海市"上海：精彩每一天"的营销口号、江苏省"梦江苏"的营销口号等，这些口号所包含的地方特征不明显，而是传播了旅游可能给旅游者带来的利益和价值。值得一提的是中国香港的旅游口号"乐在此，爱在此"，似乎进行了更进一步的抽象，将"快乐""爱"等个人的价值追求融合到旅游口号中，传播着旅游地品牌阶梯的高层，这也是中国香港旅游业较为发达的一种表征。

旅游形象口号往往在一个主题口号下形成一个系列，以主题口号为主，并针对不同的旅游客源市场，在不同的场景中运用不同的营销口号。例如长城以"不到长城非好汉"作为面向全国和海外各级市场的主题营销口号，同时，可以针对中老年游客打出"长城：中华民族的脊梁"的口号，针对青少年游客叫响"我登上长城了"的口号。

（三）旅游地形象口号调查

很多国家和地区在进行旅游形象口号的设计时，都要开展形象调查或旅游市场调查的基础工作。例如，香港每年都要花费相当的人力、资金进行科学的市场调查，了解游客对香港的认识，"魅力香港、万象之都"以及"动感之都"这样的口号，正是香港在形象调查的基础上策划形成的。

当前，地方旅游形象口号的设计过程更加重视旅游者的意愿调查和社区参与。当地政府多采用公众征集的方式，即由地方政府，往往是旅游主管部门或旅游景区（点），直接或者委托等方式，在主要的大众传播媒介，通常是以地方和区域性的报纸为主、并选择一到两家全国性的报纸如《中国旅游报》《人民日报（海外版）》《光明日报》等，刊登征集启示。随着互联网的普及和新媒体的兴起，这种征集广告多在旅游网站和新媒体上发布，通过设立入选奖项，吸引公众参与应征。

应用案例 7-2

河北面向全球公开征集旅游形象主题口号及标识

由河北省委宣传部、河北省旅游发展委员会主办的"哈弗 SUV 杯——河北旅游形象主题口号及标识全球有奖征集活动"正式启动。获得口号征集第一名的参赛者将获得哈弗 H9 一辆。

据了解，本次活动将邀请对河北有深度研究的文史专家、旅游专家、地理学家、民俗专家、文学作家等代表组成评审团，对征集到的口号进行评审，最终确立既能体现河北旅游文化内涵特质，又能在全世界旅游目的地品牌中脱颖而出的主题口号。

此次"河北旅游形象标识及口号征集活动"将分征集、评审、确认发布三个阶段进行，征集阶段到 2016 年 6 月 14 日截止。公众可通过登录河北旅游政务网及河北旅游发展委员会的官方微博、微信平台，河北广播网等多个途径参与活动。活动同时面向各界专家、学者、高校师生及设计院所、设计公司开展定向征集。

河北旅游主题口号作品最终将评选出一等奖 1 名、二等奖 2 名、三等奖 5 名。而河北旅游形象标识作品最终将评选出一等奖 1 名、二等奖 2 名、三等奖 3 名和优秀奖 20 名。获得口号征集第一名的参赛者将获得哈弗 H9 汽车一辆，其他获奖的参赛者也将有不同程度的奖励。

河北省旅游发展委员会的相关负责人表示，河北旅游资源丰富，又面临着难得的历史机遇，通过开展旅游形象主题口号和标识征集活动，可借机向全世界展示河北旅游的优势资源，唱响河北旅游品牌，塑造鲜明的河北旅游主题形象，构建河北旅游品牌的整套推广体系，提升河北旅游的知名度和影响力。接下来，河北将着力提升旅游基础建设和服务水平，着力打造具有竞争力的旅游产业集群，全面提升区域旅游核心竞争力，进一步发挥旅游业的支撑带动作用，推动区域经济的整体发展，加速将旅游业打造成为河北经济支柱产业。

资料来源：新华网. 河北面向全球公开征集旅游形象主题口号及标识［EB/OL］. (2016 - 05 - 06) ［2020 - 01 - 03］. http://www.xinhuanet.com/travel/2016 - 05/26/c _129016607.htm

分析与思考：

1. 河北省采取哪种方式征集旅游形象口号？

2. 面向社会征集旅游地旅游形象口号有何意义和作用？

四、旅游地旅游形象营销

旅游地旅游形象定位的根本目的就是提高其市场份额，吸引旅游者到旅游地旅游。旅游形象营销是指旅游目的地利用各种手段、媒介与旅游市场现实的和潜在的旅游者（受众）进行旅游形象信息传递、接受和反馈活动的过程。

旅游地信息传递的主要对象是旅游形象，旅游目的地应将营销的方向、目标与诉求点统一，归结到旅游形象的树立上来，而不是单纯地进行各类旅游产品的促销，构建由形象塑造、包装、传播与管理组成的旅游地形象整合营销体系，以获取最佳、高效的旅游营销效果和效益。

（一）旅游形象营销策略

旅游地的旅游形象一旦确立之后，所有的旅游营销活动都要围绕旅游形象而展开，以确立的旅游形象塑造旅游地知名度和美誉度。

任何一个旅游地只可能满足某一部分游客的某些需求，所以只有明确自身的相对优势，然后将旅游形象精准地传递到对本地旅游产品感兴趣的目标市场，才有可能提高信息的传递效率，获得最佳的营销效果。为此旅游地必须针对目标市场，实施有效的旅游形象营销策略，进入目标市场。

一般来说，可选择的目标市场战略主要有三种，即无差异市场营销策略、差异性市场营销策略和集中性市场营销策略。

应用案例 7-3

统一嘉园为何衰落（2）？

统一嘉园开业之后，预想中的数十万台湾游客并未纷至沓来。不得已，转而希望以期盼祖国统一的政治主题，吸引当地和周边的中小学生市场。为了加强景区在中小学生市场的品牌号召力，景区增设了爱国主义展馆，跟当地有关部门联合开展了"祖国统一、振兴家园"青少年爱国主义主题教育活动。景区还先后被正式命名为"爱国主义教育基地""中华爱国工程"等。

统一嘉园进入学生市场，本来是一件好事。在为自身开辟一条创收新渠道的同时，客观上也丰富了学生市场的旅游品种。江南地区的中小学校，历来就有集体春游的传统习惯。无锡各大景区每年接待的春游学生，多达数十万人。作为一个新景区，统一嘉园的加盟给学生春游市场注入了新的活力，也使学校和旅行社的春游线路和景点选择，富有变化和新鲜感。学生市场的主要特点，是每年都会有新生入学。它的基本客源，是长期而稳定的。针对这一市场的景区营销思路，应该着眼长远，而不能急功近利。打个通俗的比方，它应该像"割韭菜"，割了一茬还有一茬。而不能"铲地皮"，连根拔起，以至于三年之内寸草不生。遗憾的是，统一嘉园恰恰采用了后一种极端的做法，一开始就以极具破坏性的超低票价，对学生市场进行过度促销。这种做法在短期内颇为奏效，景区一度出现了表面的繁荣景象。但是，这种做法对景区的长远发展，却危害甚大。

当时无锡各大景区面向学生市场，门票普遍以半价形式销售。对于千人以上的学生团才会另外优惠。统一嘉园的门票挂牌价为35元，半价本应在17元左右。但是，它在进入市场之初，就以低于10元的超低票价，对中小学生客源进行"通吃"。一时间，景区内人气鼎盛，好不热闹。但是，由于景区的门票价格放得过低，实际利润却十分微薄。过度促销的另一个弊端，是景区的门票价格系统从此失去了应有的弹性。对于一个以门票为主要收入来源的景区来说，价格始终是撬动市场的一个重要杠杆。一开始就把票价降到最低，造成的直接后果就是，当市场初始阶段的兴奋消退之后，景区在未来的市场博弈中再也无牌可出。

无锡的城市地位，决定了它只是旅游过境地，而非旅游目的地。景区要获得规模较大、持续稳定的外省市客源，就必须纳入"华东线"。经过一段时间的努力，统一嘉园一度成功地说服了本地部分旅行社，采用在华东四日游、五日游、七日游线路中"送太湖新景统一嘉园"的方式，向游客大力推荐景区。与此同时，上海、南京等地的部分旅行社也开始积极为景区组团，并有意向逐步将统一嘉园纳入华东线。这时候，如果景区顺势加强对旅行社的服务，积极稳妥地谋求发展，景区分销渠道就可初步建立，在国内旅游市场也会有所突破。

然而，面对这样的有利形势，景区营销人员为了在黄金周期间获得短期利益，竟然置早已跟旅行社签订的协议于不顾，突然抬高旅游团队优惠票价，以至于让已经发团的旅行社陷入进退两难的尴尬境地。更有甚者，由于景区内部的人事变动，相关决策者竟然宣布已经派发出去的大量赠券作废，造成许多不必要的争执。景区在营销管理方面的鲁莽草率，却在事实上形成了对旅游分销商和社会公众的一种背信弃义，使企业的商业信誉一落千丈。而景区初步建立起来的旅游分销渠道，也在顷刻之间土崩瓦解。令人惋惜的是，在企业面临重大生存危机之际，决策者既没有正视已经出现的各种市场问题，及时进行营销政策的调整和服务质量的改进，更没有采取任何危机公关措施，消除业已造成的负面影响。而是听之任之，完全将企业的命运交由市场主宰。

此后不久，景区的旅游业务便开始江河日下，直至"门庭冷落鞍马稀"，一步步走向彻底失败的不归路。

资料来源：念楼，晓城. 荒废13年的美景能否重生 [N]. 江南晚报，2018-10-30（A05）.

分析与思考：统一嘉园的营销策略出了哪些问题？

1. 无差异性市场营销策略

无差异性市场营销策略是指旅游地在市场细分之后，将所有细分市场都视为其营销目标，不考虑各细分市场的特性，而只考虑各细分市场的共性，使用单一的市场营销策略来开拓市场，即只推出单一产品、采用一种价格、使用相同的分销渠道、相同的广告宣传，力求在一定程度上满足尽可能多的顾客的需要。这种策略的最大优点是成本小。但是它忽略了旅游者需求的差异性。对于旅游目的地而言，这种策略主要适用于少数垄断性强、供不应求的旅游产品。

2. 差异性市场营销策略

差异性市场营销策略是指旅游地将整体市场划分为若干细分市场，通过对细分市场的评估，决定同时为几个细分市场服务，设计不同的产品，并在渠道、促销和定价方面都加以相应的改变，以适应和满足各个细分市场上旅游者的不同需要，从而占领多个细分市场。采用这一策略的关键在于找准细分市场的差异，使这些细分市场之间形成一种客源互补的结构。

面对激烈的市场竞争，采用差异性市场营销策略，旅游目的地可以提高自己的适应能力和应变能力，减少营销风险，生产多种产品来满足旅游者的多种需求，从而提高旅游地的竞争力和市场占有率。这一策略的优势为满足需求好，竞争力强，风险分散。但是由于产品品种、销售渠道、广告宣传的多样性与扩大化，旅游地市场营销的成本也会大幅度增大，给管理带来很大挑战。

3. 集中性市场营销策略

集中性市场营销策略是指在旅游市场细分的基础上，旅游目的地选择一个或少量细分市场作为旅游目标市场，为满足某些旅游者特定的需求而集中力量实行高度专业化经营，在较小的目标市场上实现较大的市场占有率。此种战略的优势是管理简单，但是，风险也相对集中。

应用案例 7-4

沈阳市旅游发展总体规划（2015—2020 年）——市场分析

一、国内外旅游市场分析

2014 年，沈阳市接待国内外游客 8 305.6 万人次，同比增长 10.7%，其中，接待入境游客 59 万人次。沈阳旅游市场总量可观，接待国内外旅游总人数和旅游总收入在全国 15 个副省级城市中均排名第 8 位，相比武汉、成都、广州等副省级城市还有很大差距。

国内市场总体规模大，是沈阳市旅游的主体市场。客源以辽宁省内近距离市场为主，辐射范围有限；短途过路游客多，以观光游为主要目的，但商务会议客流较大；消费水平高，餐饮、购物支出占比大，休闲需求强；自助休闲、智慧出行将成为主流，自驾车旅游成为重要旅游方式。

入境市场起步晚、发展基数小、人均消费低。近年来沈阳接待入境游客增长迅速，客源以韩日为主，辐射东北亚，港澳台市场潜力凸显；入境游客综合停留时间较短，游客大多以短期的商务游客与周边观光客为主。

二、明确旅游市场定位

国内市场定位是：激活基础市场——沈阳本地、沈阳经济区"1+7"城市群、辽宁省内等为近程基础市场。开发重要市场——以东北、内蒙古、环渤海、珠三角、长三角等区域内的大城市为中程重要市场。拓展机会市场——国内其他地区（以国内西北、西南等远程市场为主）。

入境市场定位是：巩固主体市场——东北亚、港澳台。开发潜力市场——俄罗斯、东南亚地区（新加坡、马来西亚、泰国、印尼、菲律宾）。拓展机会市场——欧、美、澳洲等其他国家和地区。

三、根据细分市场确定市场策略

重点针对环渤海特别是北京市场，开发家庭亲子娱乐体验类产品、休闲度假游和历史文化体验游，强化基础配套服务设施的完善性，注重旅游产品的体验性。强化商务旅游专项市场，围绕会议中心、酒店集聚区建设城市休闲片区，以便捷渠道连接景区景点，通过针对性营销激活其休闲需求。

（二）旅游形象的传播手段

缺少有效的传播手段，旅游目的地的旅游形象也就无法实现。为了传播、树立旅游目的地良好的旅游形象，激发旅游者的旅游动机，应制定相应的营销战略及其具体策略组合，突出形象，塑造形象，加强沟通，以增加客源，拓展市场。通常可采取广告宣传、公关策划、节事活动、优惠策略、网络传播等传播手段。

1. 广告宣传

广告是一种高度大众化的信息传递方式，传播面积广，效率高，速度快。通过广播、电视、户外媒体、报纸，《旅行家》《运动休闲》《中国国家地理》《旅游摄影》等专业媒体进行宣传，是目前旅游地树立和强化旅游形象的首要途径。广告主要可通过报纸电视的专题报道，专题片的宣传，画册、明信片、挂件、邮票、宣传材料的传播，通过组织报纸电视采访，影视剧的拍摄，有关书籍的出版，户外广告的展示来促进旅游形象的有效传播。例如，澳大利亚为了改变人们对其只有羊毛、袋鼠的单一认识，提出了"富有创造力的澳大利亚"的形象战略，并通过宣传册、招贴画、广告等一以贯之地宣传，为澳大利亚在国际旅游市场赢得了很高的知名度和美誉度。

影视剧的拍摄往往成为旅游地形象宣传的隐性广告。例如，电影《卧虎藏龙》对江西安吉竹海和安徽黄山翡翠谷进行了很好的宣传，铁岭龙泉山庄借助电视剧《刘老根》成为知名景区。自从看了《一米阳光》之后，男男女女从水泥森林里爬出来，气喘吁吁来到丽江，期盼一场风花雪月的轶事。早晨的第一米阳光爬上满是皱纹的纳西老宅门，于是爱上丽江的人便打算和这个依山傍水的小城终身厮守，不离不弃。

2. 公关策划

公关活动可以建立和维持旅游目的地与公众间的良好关系，其影响面广、影响力大，有利于迅速塑造并传播良好的旅游形象。因此，旅游地要积极参加、组织各种与旅游有关的展览会、交流会、研讨会、演出会、招商引资会、新闻发布会等形式的公关活动，邀请专家学者、旅游企业的管理人员、名人、主要旅游客源地新闻媒体和国内外有广泛影响的新闻媒体记者、专栏作家来旅游地旅游参观，以扩大旅游地的知名度。

3. 节事活动

节事旅游是指以各种节日盛事的庆祝活动为核心吸引力的一种特殊旅游形式。旅游节事活动既是一种颇受旅游者喜爱的旅游活动，又是一种集参与性、观赏性、大众性于一体的特殊形式的旅游形象传播手段。旅游地通过举办具有地方特色、民族特色的旅游节及现代的旅游节事活动，选择和发展标志性的旅游节庆，使其成为旅游地形象的指代物，能够树立并传播旅游地的旅游形象，如潍坊国际风筝节、内蒙古那达慕大会、青岛啤酒节等。

应用案例 7-5

第 36 届潍坊国际风筝节

第 36 届潍坊国际风筝会新闻发布会在北京举行，以"拥抱世界、共享蓝天、放飞梦想"为主题的第 36 届潍坊国际风筝会于 4 月 20 日在山东潍坊开幕。

本届风筝会共安排了三大类、30 项活动，包括主题类活动 13 项、文体类活动 6 项、经贸类活动 11 项。除了每年一度的潍坊风筝大赛、世界风筝锦标赛等传统项目外，今年新增了 AOPO 航空嘉年华、中国非物质文化遗产暨风筝形象大使花车巡游、无人机表演、国际大马戏嘉年华、极限摩托车飞跃特技秀等群众喜闻乐见的项目。

本届风筝会主要有四个特点：一是充分实现群众的参与性和共享性。本届风筝会除专题会议外，基本都是群众性活动，包括赛事、演出、展览等，群众都可以随意参加游览；本届风筝会开幕式定在滨海放飞场，面积 478 667 平方米，在潍坊各个县市区都选择了一个群众广场，开展风筝放飞活动，充分满足群众的户外活动需求。二是大力推进活动的国际化，为扩大对外开放搭建精彩舞台。重点邀请多个国家的多名国外风筝放飞运动员参加第 15 届世界风筝锦标赛。通过风筝这根银线，潍坊国际风筝节牵引世界各地的宾朋齐聚潍坊，在交流技艺、愉悦身心、沟通感情的同时，大力弘扬民族传统优秀文化，进一步提高文化软实力建设，努力开创潍坊全领域、全过程、全方位对外开放新格局。三是利用市场化运作方式，广泛发动社会力量参与。本届风筝会有多家企业积极参与，踊跃赞助大会需要的服装、奖牌、饮用水、场地服务、产品等，不但节省了财政支出，还有效推广企业产品，宣传企业品牌，达到合作共赢的目的。四是注重活动创新，切实增强节会的现代感和时尚感。本届国际风筝节，在充分挖掘传统文化、民俗文化的同时，注重引入科技元素和时尚元素，如准备了 AOPO 航空嘉年华、无人机表演、国际大马戏嘉年华、极限摩托车飞跃特技秀等饱含科技含量和异域风情的节目。

潍坊是风筝的发源地，1988 年被"世界风联"确定为"世界风筝都"，潍坊国际风筝会自 1984 年开始，至今连续举办了 35 届，已经成为当前国际上规模最大的群众性风筝赛事，成为潍坊走向世界的靓丽名片。如今，潍坊国际风筝会不仅是文化的盛宴，也是经贸的桥梁，该市把"风筝牵线、文化搭台、经贸唱戏"贯穿在每届风筝会之中，借盛会之举，积极招商引资，每年都举办多场投资洽谈会、项目签约仪式。

资料来源：中国新闻网. 第36届潍坊国际风筝节将于4月开幕[EB/OL].(2019-03-25)[2020-01-02].http://www.chinanews.com/business/2019/03-25/8789620.shtml

此外，伴随着我国旅游业的快速发展，国内各种旅游交易会十分红火，种类繁多，如国家举办的大型旅游交易会（中国国际旅游交易会、中国国内旅游交易会），分区域的旅游交易会（北方旅游交易会）等。其中中国国际旅游交易会自1998年开始举办，至今已经连续举办了23届。北方旅游交易会自1996年起，每年举办一次。旅游交易会已经成为向市场推介产品的重要舞台。一般而言，大型的旅游交易会云集了海内外各国旅游代理商、分销商以及游客等，参展商借助旅游交易会的平台，往往能够花费相对较低的成本获得更多的营销网络和信息。

应用案例7-6

2018中国国际旅游交易会在上海新国际博览中心成功举行

由中华人民共和国文化和旅游部、中国民用航空局和上海市人民政府共同主办，上海市旅游局、北京兴旅国际传媒有限公司承办的2018中国国际旅游交易会（以下简称交易会）已于2018年11月16日至18日在上海新国际博览中心成功举行。本届旅交会设展位总数2 245个，总展出面积5.75万平方米。其中，国内展位数1 542个，占展位总数的69%，海外展位数703个，占展位总数的31%。

在本次展会中，海内外旅游机构表现出了极高的热情，交易会也成为海内外旅游企业形象宣传推广及推介自身旅游特色和产品的"角斗场"。

在此次国内参展商中，各地方旅游厅（局）展台把各自风格特点民俗融入其展台设计，并且加大力度宣传推广各自的旅游线路。在企业方面，中国旅游集团、华侨城、长隆集团、途牛旅游等具有国际影响力的中国企业纷纷以大型特装亮相交易会。海外展区，同样吸引了韩国、日本、美国、泰国等众多大型海外展团的参与，现场向参观者宣传各具特色的旅游产品。

本届交易会的主要特点如下：一是继续保持较高的国际化程度。南太平洋旅游组织、东盟秘书处、中国-东盟中心等国际旅游组织均参展。二是聚焦行业热点，强化交易功能。今年展会关注旅游行业发展的新情况、新特点、新趋势。为强化展会的旅游交易功能，本届交易会全面实现了买卖家网上预约洽谈。三是旅游展示推介活动丰富多彩。展会期间，除各展位的常规旅游展示宣传外，四川、新疆等国内省（自治区、直辖市），印度尼西亚、欧洲旅游联盟、马来西亚、韩国、塞尔维亚、泰国、卡塔尔等国家及国际组织在展馆中心舞台开展了独具特色的旅游推介。

资料来源：中国国际旅游交易会网站. 2018中国国际旅游交易会[EB/OL].(2018-11-19)[2020-01-03]. http://www.citm.com.cn/history/show/600.html

分析与思考：举办中国国际旅游交易会的目的和意义分别是什么？

4. 优惠策略

旅游企业在盈利的基础上拿出一定的比例贡献社会，提供各种优惠策略，如在国家规定的节假日实行价格优惠，以招徕更多的游客前来旅游，从而实现"一传十，十传百"的正反馈宣传效果。同时，可采用销售激励手段，向旅游者赠送旅游吉祥物，发放优惠券，并对旅游代理商和批发商进行销售激励。

应用案例 7-7

贵州省 A 级旅游景区门票优惠政策实施细则

本实施细则适用于《支持文化旅游业恢复并高质量发展十条措施责任分工方案》门票优惠政策的实施工作。贵州省内开放的 A 级旅游景区（不包括温泉景区和景区内特许经营性项目）负责实施本门票优惠政策。本实施细则的优惠政策对象为境内外全体游客和全国医务工作者、疾控工作人员、村医四类人群。

优惠政策内容：

一、本实施细则优惠时间为发布之日起至 2020 年 12 月 31 日。

二、针对境内外全体游客实施门票五折优惠政策。

优惠对象：包括贵州在内的全国所有省（自治区、直辖市）游客、港澳台地区居民游客、外籍游客。

优惠凭证：本人身份证、户口簿、驾驶证、返乡证、护照等有效身份证件。

三、针对全国医务工作者实施门票免费政策。

优惠对象：全国医务工作者。

优惠凭证：医师证、护士证、人力资源和社会保障部与卫健委（原卫生部和计生委）共同颁发的职业资格证或其他医务工作相关资格证件。

四、针对全国疾控工作人员实施门票免费政策。

优惠对象：全国所有疾控工作人员。

优惠凭证：疾控工作人员工作证件。

五、针对村医实施门票免费政策。

优惠对象：全国所有乡村医生。

优惠凭证：乡村医生证或其他相关证件。

六、线上购票流程。医务工作者、疾控工作人员、村医无须网络购票；其余游客在网络购票时，需要输入有效身份证件相关号码：国内居民以本人身份证号码作为身份凭证，外籍游客以本人护照号码作为身份凭证，港澳台地区居民游客以本人返乡证号码作为身份凭证。

七、线下购票流程。在景区售票处出示个人身份凭证，半价或免费办票，有序进入景区。

5. 网络传播

在信息化时代，尤其要注重网络等新媒体的运用。网络传播是目前传播信息和交流文化最有效、最便捷的手段之一，网络能把旅游地形象传播开来，因此，越来越多的旅游地和旅游企业使用网络等新媒体建立自己的旅游形象和传播旅游服务信息。网络是旅游形象传播不容忽视的手段，在使用此手段时，旅游地要建立自己的主页，并力争进入各主要网络搜索引擎，与热门站点友情链接，利用电子邮件发送传播旅游形象的电子宣传品，同时，发挥信息传递、收集市场信息、顾客关系管理、展现旅游地文化等多种职能。

思考题

1. 什么是旅游形象？
2. 旅游地设计旅游形象的目的是什么？
3. 旅游形象具有哪些特征？
4. 旅游地的旅游形象形成一般经历哪几个阶段？
5. 旅游地的旅游形象的基础性分析包括哪些具体工作？
6. 旅游地的旅游形象定位策略有哪些？
7. 旅游地的旅游形象口号可以分为哪些类别？设计的模式有哪些？
8. 以你周边的旅游地为例，谈谈旅游地的旅游形象如何传播。

第八章

旅游产品规划与开发

旅游形象定位和旅游产品开发二者之间具有密不可分的关系。旅游形象定位确定以后，旅游产品的开发就有了明确的主题和方向。旅游产品是旅游者的直接消费对象，是旅游形象的载体和直接体现者。旅游地的旅游形象定位必须有相应的旅游产品作为支撑，旅游地提供有价值的、独特的产品和效用是其确立旅游形象的根本。抽象的旅游形象定位只有物化为具体的旅游产品，成为旅游者的消费对象，满足旅游者的旅游消费需求，才能体现旅游形象定位的价值。

国内外旅游业发展较好的旅游目的地，基本上都拥有鲜明独特的旅游形象，并且有相应的旅游产品作为支撑。本章主要介绍旅游产品的含义、分类和构成，阐释旅游线路的含义、类型，以及旅游线路设计的原则等。

第一节　旅游产品的含义和构成

旅游地形象定位和培育是一个复杂的系统工程，实施营销策略时要注意形象与旅游产品和营销的一致性。旅游者因一个独具魅力的形象选择了目的地旅游，一旦获得的体验不如最初的期望，就会大失所望，使旅游地产生，从而会对旅游地产生消极的宣传和影响，日积月累就会给目的地旅游业带来极大的负面效应。

一、旅游产品的含义

旅游产品主要是用来交换的，它是旅游经营者所提供的，也是旅游者所购买的对象。目前，关于旅游产品的定义主要从旅游供给和旅游需求的角度进行。

（一）旅游供给角度的旅游产品

从旅游供给的角度来看，魏小安、冯宗苏（1991）提出，旅游产品是提供给旅游者消费的各种要素的组合，其典型和传统的市场形象表现为旅游线路。林南枝、陶汉军（1994）认为，旅游产品是指旅游经营者凭借着旅游吸引物、交通和旅游设施，向旅游者提供的以满足其旅游活动需求的全部服务。具体地讲，一条旅游线路是一个单位的旅游产品。谢彦君（1999）认为，旅游产品是指为满足旅游者审美和愉悦的需要而在一定地域上被生产或开发出来以供销售的物象与劳务的总和。黄羊山（2001）认为，旅游产品是旅游经营者凭借着旅游资源和旅游设施，向旅游者提供其在整个旅游活动过程中所需的全部服务和商品。这些旅游服务和旅游商品共同组成了旅游产品，因此，旅游产品是一个整体的概念，是由多种要素组合而成的综合体，但主要是以服务形式表现出来的无形产品。

（二）旅游需求角度的旅游产品

从旅游者的角度出发，顾树保、于连亭（1985）提出，旅游者不仅花钱，而且要花一定时间购买从他离家到返回家里的整个过程中为其娱乐、休息、求知或其他目的的一次经历，就是旅游产品。林南枝、陶汉军（1994）认为，旅游产品就是指旅游者花费了一定的时间、费用和精力所换取的一项经历。黄羊山（2001）认为，旅游产品是旅游者花费一定的时间、货币和精力所购买的对象。它不是一件件具体的物品，而是一系列不同的旅游服务和旅游商品组成的综合体，加上旅游者的感受，最终获得一次完整的经历，得到一次体验。曲玉镜（2002）认为，旅游产品是指旅游者在旅游活动中或以旅游活动为基础，自己创造的产品，这一旅游产品观点更加强调了旅游者的组合生产功能。

综上所述，从旅游规划与开发的角度而言，旅游产品是旅游者的直接消费对象，是旅游地形象的载体和直接体现者。旅游地的旅游形象定位必须有相应的旅游产品作为支撑。旅游产品和旅游形象都是在地方性研究和市场分析的基础上形成的。在买方市场条件下，旅游形象定位和旅游产品设计都应更加重视市场分析，特别是对旅游者的需要分析。可以说，旅游者是旅游产品的直接消费者，也间接参与旅游产品的设计和生产。旅游活动的"经历体验说"对旅游产品规划与开发有重要的启示意义，旅游产品应从整体上满足旅游者的需求，为旅游者提供难忘的旅游经历，任何一个环节出了问题，都将影响旅游者的体验，使旅游地的旅游形象大打折扣。

因此，旅游产品是旅游目的地为满足旅游者的旅游需求，对旅游资源进行开发，并辅以各种设施和服务而形成的综合性产品。从旅游规划和开发的角度而言，旅游产品的形式是整个旅游地，它是出于交换的目的而开发出来的能够向旅游者提供审美和休闲服务的空间单元，是一个整体概念。

二、旅游产品的分类

（一）从构成层次分类

从利益构成上看，谢彦君（1999）指出，旅游产品可以分为两种，一种是核心旅游产品，另一种是组合旅游产品。核心旅游产品是指各种形式的景区景点，它是出于交换的目的而开发出来的能向旅游者提供某种探索和体验的空间单元；组合旅游产品，或称整体旅游产品，是将各种旅游媒介物追加到核心旅游产品而形成的。旅游媒介物是旅游活动的凭借物，通常包括交通设施、住宿设施、娱乐设施、购物设施等。这种追加既可以发生在生产领域，也可以发生在流通领域；既可以由旅游产品的生产企业来完成，也可以由旅游产品的销售企业来完成。通过这种追加，旅游产品具有几乎可以满足旅游者旅游期间一切需要的效用与价值。

王玉明、冯卫红（2007）指出，旅游产品是一个整体概念，是由众多物质因素和服务组成的多层次、多成分的整体产品，它分为核心产品、形式产品和延伸产品。旅游产品的核心产品是经过开发的旅游资源即旅游景点、景区或旅游事项。旅游产品是满足购买者旅游需要的产品，而真正能满足旅游需要的是旅游景点或景区（旅游资源），而不是旅游设施和服务等；旅游产品的形式产品主要指旅游资源的形象、知名度、品牌、特色等。旅游产品的形象、知名度、品牌和特色是产品依托旅游资源及旅游设施而反映出来的外在价值，是激发旅游者旅游动机，是引导和强化旅游消费行为的具体形式；旅游地的交通、餐饮、住宿等旅游设施、服务和旅游产品都是为了使旅游者买到满意的核心旅游产品，更好地满足其旅游需要而围绕旅游景点、景区开发和提供的，是旅游产品的延伸产品。这就解释了一个背包客可能并不利用任何交通、餐饮、住宿等设施和服务但还是能购买到他所需要的旅游产品。

王琳（2009）认为，一个区域所能提供的各种形式的旅游产品的总和，包括所有单项旅游产品和线路旅游产品。单项旅游产品，比如景区、饭店、交通、餐馆、购物商店、娱乐场所等；线路产品包括不同主题和特色的旅游线路。这些单项产品和线路产品都存在于这个区域，并且由某种地脉和文脉相互联系，形成一个整体，体现出地区的整体形象。

孟爱云（2013）将旅游产品分为核心产品、辅助产品、支持产品三个组成部分。核心产品是目的地具有代表性的旅游产品，对旅游者的吸引作用最大，并与当地的旅游形象相一致，如马尔代夫的沙滩、香港的购物场所等。辅助产品是核心产品的补充，它们与核心产品共同吸引旅游者前往产品所在地旅游，并发挥着丰富旅游者旅游经历、增加旅游乐趣的作用。支持产品则是旅游者顺利完成旅游活动所必需的各种产品与服务的集合，支持产品虽然本身并不具备太多的吸引力，但是却是开展旅游所必不可少的，如交通、住宿、餐饮等。

（二）从与旅游资源的关系分类

谢彦君（1999）从旅游产品与旅游资源之间的关系上，可以将旅游产品分为：资源依托型旅游产品和资源脱离型旅游产品。

资源依托型旅游产品是依托旅游资源而开发出来的，如黄山、泰山、曲阜孔庙、故宫、秦陵兵马俑等。

资源脱离型旅游产品，是凭借人力、物力、财力而开发出来的人造景点，例如迪士尼乐园、锦绣中华、中华民俗文化村等。

资源依托型旅游产品和资源脱离型旅游产品共同组成核心的旅游产品。

（三）从与旅游者旅游消费的密切程度分类

《地区旅游卫星账户编制指南》（2006）指出，对于旅游地而言，旅游者购买的各项物品或服务的经济意义是不同的。基于旅游产品与旅游者旅游消费的密切程度，将旅游产品相应划分为"旅游特定产品"和"非旅游特定产品"。有些物品或服务，如果没有旅游者其消费水平将大幅度降低，或者在旅游者的消费中占有较重要的地位，这些物品或服务被称为"旅游特征产品"；有些物品或服务虽然也为旅游者所消费，但其消费的重要性远低于旅游特征产品，如地方手工艺品和纪念品，这些物品和服务被称为"旅游相关产品"。以上两类产品合称为"旅游特定产品"。旅游者在旅游过程中也会购买诸如衣服、防晒霜、啤酒等物品或服务，这些物品或服务的需求主要来自非旅游者身份的人们，被称作"非旅游特定产品"。旅游特定产品和非旅游特定产品构成了旅游消费的产品集合，这个产品集合可以称为"泛旅游产品"。这有助于旅游地树立大旅游产业观。

此外，还可以根据旅游产品的功能和特色进行分类，分为观光型旅游产品、度假型旅游产品、科学考察型旅游产品、文化艺术型旅游产品等。

应用案例 8-1

开平碉楼世界文化遗产的旅游产品开发策略

开平碉楼是一种广泛分布在广东开平地区的独特乡土建筑。据普查，开平碉楼现存 1 833 座，分布在开平 15 个镇及办事处，是全国碉楼分布最集中的地方。开平碉楼展现了中西方文明的交融，见证了中国近现代历史和华侨历史发展的一段特殊时期，体现了人与自然和谐相处的生活方式，极具历史、文化、科学和艺术价值。2007 年 6 月，开平碉楼被联合国教科文组织列入《世界遗产名录》，成为我国第 34 处世界遗产，实现了广东省世界文化遗产零的突破，这对全省旅游品牌建设和旅游产业发展将起到积极推动作用。

开平碉楼是开平市的核心景区，对外公开的碉楼景点有：自力村碉楼群、三门里村迎龙楼、马降龙村碉楼群、锦江里村碉楼群、加拿大村碉楼群、适庐、南楼纪念公园、立园等。其中，设门票营业的碉楼景区有 3 处。

产品种类单一是开平碉楼旅游开发亟待解决的问题。由于缺乏与碉楼旅游搭配的活动，绝大部分游客参观完碉楼后即分流到台山、恩平、新会、阳江等周边县市，导致游客在开平的逗留时间短，消费水平低。

分析与思考：开平碉楼世界文化遗产如何延长旅游吸引力，提升旅游效益？

方法一：当地旅游管理部门曾出于提高收入抵消增加的管理成本和控制客流的考虑，有意提高门票价格，但文化遗产作为公共产品，门票涨价又引起了社会的不满。

方法二：研究人员在游客量大的碉楼景点以刚结束参观的游客为对象开展了问卷调查，抽样方式采取等距抽样方法，后运用因子-聚类分析、交叉分析、单因素方差分析等统计方法对所得数据进行了检验。

根据调查分析结果，研究人员提出了开平碉楼的项目开发策略。开平碉楼旅游产品谱系可划分为"乡村农家型活动""文化体验型活动""温泉美食型活动""自然野趣型活动""康体娱乐型活动"5 个产品类型。

旅游产品就像一串项链，只有当挂绳把珠子串在一起，才成其为项链。对于旅游产品来说，整个旅程就是项链的挂绳，而旅游吸引物、餐饮产品、住宿产品、旅游购物品以及其他各个旅游中涉及的配件产品就是项链上的一颗颗珍珠。

英国学者密德尔敦（1998）认为，旅游产品是为了满足消费者的某种需求而精选组合起来的一组要素，所有构成产品的要素都可以按最符合消费者特定需求的方式进行设计、更改或搭配。

麦德里克和密德尔顿（2001）进一步指出，旅游产品整体观内在地包含了旅游产品要素观。整体旅游产品观意味着任何一次对目的地的访问都是由多种要素组合而成的，旅游产品就是为了满足旅游者某种需求而精选组合起来的一组要素。这些要素包括交通、住宿、景点和其他设施（如餐饮和娱乐设施等）以及相应的服务。

有些西方学者提出可以用 4AS 即 4 个英文字母 A 为字首的词语来表示旅游产品：Attractions，"旅游吸引物"即当地的旅游资源；Access，"可进入性"或"可达性"，即当地的交通运输设施和交通运输服务；Amenities，即当地的住宿、餐饮、娱乐、零售以及其他旅游生活设施和相应的服务；Ancillary Services，即当地旅游组织提供的相关服务（如旅游问讯中心）。

从旅游产品的构成要素来看，旅游地的旅游产品应包括以下要素。

1. 旅游景点（区）

旅游景点（区）是经过开发的旅游资源，在旅游者的消费中占有较重要的地位，是吸引旅游者最关键的要素。旅游资源有不同类型，满足旅游者不同的需要，所以经过对资源设计、开发后形成的旅游产品也会有不同的类型。

2. 旅游设施和服务

旅游设施是旅游产品中由于旅游资源开发而生产的延伸产品，是旅游产品的重要组成部分，一般分为旅游接待设施和旅游基础设施两大类。

旅游接待设施是旅游经营者用来直接服务于旅游者的凭借物，主要包括住宿、餐饮、交通及游览设施。旅游基础设施是指旅游目的地建设的公共设施，包括旅游目的地道路系统，水、热、电、气供应系统，废水、废气、废物排污处理系统，邮电通信系统，环境卫生系统，安全保卫系统，城镇标识系统，绿化系统等。这些基础设施主要是为当地居民生产生活服务的，不是为旅游者专门建设的，也是旅游产品设计和开发时主动性最差的一部分。但这部分也是很重要的，是旅游产品成功开发并得到市场认可的保证。如果没有这些基础设施提供便利，旅游接待设施的功能就难以有效发挥，旅游活动也无法顺利进行。

旅游服务是附着在旅游设施上的，设施和服务相结合为旅游者提供完备的产品体验。

3. 旅游购物品

旅游购物品是旅游者在异地购买并在旅途中使用、消费或带回家使用、送礼、收藏的物品，对旅游者具有实用性、纪念性、礼品性和收藏价值。旅游者在旅途中购买的商品，除少部分作为生活必需品被消耗掉外，大多数被旅游者带回家，留作美好的回忆，或者帮旅游者更好地了解旅游目的地的文化、艺术和传统。因此，旅游购物品是旅游创汇的重要来源，在旅游产品的设计、生产中不可缺少。而且作为礼品馈赠亲友的旅游购物品，一定程度上可以对旅游目的地起到宣传促销的作用。

4. 旅游通达性

旅游通达性是指旅游者在旅游目的地之间来回移动的方便、快捷、通畅的程度，具体表现为进出旅游目的地的难易程度和时效标准。旅游目的地的通达性对旅游产品的成本、质量、吸引力等有较大的影响作用，因此也是旅游产品构成的重要内涵。

由此可见，旅游产品不仅包括旅游地沿线的旅游景区景点，还包括沿线的交通、住宿、餐饮等旅游设施和服务，以及旅游购物。

四、旅游产品开发

首先，旅游产品的开发要向旅游者提供什么样的经历和体验，其中，提供什么样的旅游活动项目是核心内容。旅游产品开发执行的是旅游资源和旅游市场双重导向，资源和市场都可以决定提供什么样的旅游活动项目。

华尔士和史狄文斯（1990）将旅游项目描述成具有以下特征的旅游吸引物：吸引旅游者和当地居民来访，并为达到此目的而经营；为到来的顾客提供轻松愉快经历和消遣的方式，使他们度过闲暇时间；将发展的潜力发挥到最大；按照不同项目的特点来进行针对性的管理，使游客的满意度最大；按照游客的不同兴趣、爱好和需要提供相应水准的设施和服务。苏格兰旅游委员会（1991）指出，旅游项目是一个长久性的旅游吸引物，旅游项目的主要目的是让公众和旅游者得到消遣的机会，做他们感兴趣的事情，或是受到一定的教育，而不应该仅仅是一个游乐场、一场歌剧舞剧或电影、一场体育竞赛，等等。旅游项目不仅应该吸引严格意义上的旅游者、一日游者，而且还应对当地居民具有一定的吸引力。

因此，旅游项目是以旅游资源为基础开发的，以旅游者和旅游地居民为吸引对象，为其提供休闲消遣服务、具有持续旅游吸引力，以实现经济、社会、生态环境效益为目标的旅游吸引物。旅游项目不是简单的旅游资源，而是将已经存在的旅游资源经过人为的改造和设计，使其独特魅力更加突出地展现出来。旅游项目是连接旅游资源和旅游者之间的一座名副其实的桥梁。

其次，根据活动项目的要求，建设旅游便利设施。活动项目的规模、类型和档次决定了设施的规模和档次。旅游设施分为两大类：一类是旅游专门设施，是专门（或直接）为旅游者提供服务所凭借的物质条件，包括住宿设施、交通设施、餐饮设施、游览设施、娱乐设施、购物设施、旅行社、咨询服务处等。另一类是旅游基础设施，是目的地城镇建设的基本设施，包括交通道路设施，水、电、气、热的供应设施，废物、废气、废水的排污处理设施，邮电通信设施，金融保险设施，医疗卫生设施，管理设施等。旅游基础设施保障了旅游专门设施正常的运营。旅游设施的建设是一个投资很大的过程，开发应与当地社会经济发展水平相适应，不能过度超前，也不能过分落后。

最后，旅游产品开发还包括旅游线路的设计或选择。广义的旅游产品通常指的就是旅游线路，综合考虑旅游者的闲暇时间、支付能力、精力和兴趣爱好，把一系列的旅游景点（区）以及节庆活动等旅游活动项目组合起来，连接这些项目所在地的线路便是旅游线路。在具体旅游线路设计过程中，旅游者还需要选择具体的旅游服务设施，如交通工具、饭店等，这也是旅游地旅游产品设计的一部分。

应用案例 8-2

四川省"十三五"旅游业发展规划——旅游产品

一、重点培育的旅游精品名单

世界遗产：国道 318/317（四川段）、蜀道、长征丰碑线。

5A 级景区：海螺沟、碧峰峡、安仁古镇、平乐古镇—天台山、光雾山、成都大熊猫繁育研究基地、稻城亚丁、四姑娘山、兴文石海、蜀南竹海、嘉阳—杪椤湖景区、巴山大峡谷、泸沽湖、蒙顶山、大瓦山—大渡河峡谷、五粮液景区、安岳石刻、陈毅故里、寰人谷—汉阙、武胜宝箴塞民俗文化旅游区、米仓山（广元）、恐龙王国公园、荣县大佛、黑水达古冰山、高坪凌云山、石渠巴格玛尼—松格玛尼景区、石渠洛须—邓玛旅游景区、新龙高原丹霞景区、黑竹沟。

国家级旅游度假区：西岭雪山（花水湾）旅游度假区、大溪谷—石象湖旅游度假区、大青城旅游度假区、红格阳光温泉旅游度假区、阆中嘉陵江旅游度假区、中国死海旅游度假区、华蓥山旅游度假区、大海螺旅游度假区、唐家河—青溪旅游度假区、仙海旅游度假区、峨眉国际旅游度假区、七里坪—柳江古镇旅游度假区、向家坝金沙平湖旅游度假区、五峰山海明湖旅游度假区、黑龙滩旅游度假区、三岔湖旅游度假区、会理旅游度假区、泸沽湖旅游度假区、宜宾大竹海旅游度假区、大碧峰峡旅游度假区、蒙顶山旅游度假区、周公山温泉度假区。

国家生态旅游示范区：天台山、稻城亚丁、达古冰山、四姑娘山、黑竹沟、天曌山、兴文石海、黄荆老林、王岗坪、威远穹窿地貌旅游区、八台山龙潭河、白马王朗、虎牙大峡谷、巴山大峡谷、泸沽湖、螺髻山、木格措、二郎山（喇叭河）、牛背山、龙苍沟、飞龙峡、凌云山景区、金城山景区。

全国特色景观旅游名镇名村：成都市大邑县安仁镇、邛崃市平乐镇、崇州市街子镇、金堂县五凤镇、龙泉驿区洛带镇、新津县兴义镇、蒲江县成佳镇、都江堰市安龙镇、自贡市大安区三多寨镇、攀枝花市米易县白马镇、仁和区平地镇、盐边县渔门镇、盐边县红格镇、德阳市旌阳区孝泉镇、中江县仓山镇、绵阳市江油市青莲镇、平武县虎牙藏族乡、平武县白马藏族乡、广元市青川县青溪镇、昭化区昭化镇、遂宁市龙凤古镇、仁里古镇、乐山市犍为县罗城镇、南充市高坪区东观镇、龙门古镇、都京镇和蓬安县相如镇、营山县黄渡镇、宜宾市翠屏区李庄镇、屏山县龙华镇、宜宾县横江古镇、长宁县竹海镇、屏山县书楼镇、江安县夕佳山镇、兴文县僰王山镇、广安市广安区协兴镇、武胜县沿口镇、华蓥市红岩乡、达州市大竹县清河镇、巴中市巴州区恩阳镇、雅安市雨城区多营镇、眉山市彭山区江口镇、洪雅县高庙镇、青神县汉阳镇、阿坝州松潘县川主寺镇、甘孜州泸定县磨西镇、凉山州西昌市礼州镇、雷波县黄琅古镇、越西县中所镇、会理县城关镇、会东县姜州镇。自贡市贡井区固胜村、荣县金台村、攀枝花市东区银江镇阿署达村、泸州市泸县兆雅镇新溪村、德阳市绵竹市九龙镇清泉村、中江县集凤镇石垭子村、什邡市师古镇红豆村，绵阳市平武县平通镇牛飞村，宜宾市长宁县佛来村、筠连县春风村，达州市宣汉县龙泉土家族乡黄连村，巴中市巴州区水宁寺镇始宁村，雅安市石棉县安顺乡安顺村、石棉县蟹螺乡蟹螺堡子村、宝兴县硗碛藏族乡咎落村、天全县紫石关镇紫石关村，眉山市东坡区白马镇龚村、仁寿县文宫镇石家村、洪雅县瓦屋山镇复兴村，资阳市安岳县文化镇燕桥村、雁江区保和镇晏家坝村、乐至县劳动镇闲宁村，阿坝州马尔康县（现马尔康市）沙尔宗乡丛恩村、马尔康县卓克基镇西索村、小金县两河口镇两河村、小金县木坡乡登春村、若尔盖县巴西乡巴西村、若尔盖县冻列乡则隆村、汶川县雁门乡萝卜寨村、理县桃坪羌寨、茂县黑虎乡小河坝村、茂县雅都乡四瓦村、黑水县色尔古镇色尔古村、黑水县木苏乡大别窝村、黑水县维古乡西苏瓜子村，甘孜州丹巴县梭坡乡莫洛村，凉山州西昌市大菁乡白庙村、冕宁县复兴镇建设村、冕宁县漫水湾镇西河村、木里县俄亚乡大村、木里县东郎乡藏寨、甘洛县海棠镇海棠村。

二、10 大精品旅游线路

（一）大熊猫国际生态旅游线。针对国际和国内市场，整合成都大熊猫繁育研究基地、雅安碧峰峡、都江堰熊猫谷、卧龙 4 大人工圈养大熊猫种群基地，46 个大熊猫自然保护区和岷山、邛崃山、大小相岭 3 大山系野生大熊猫栖息地，坚持与国际接轨的、生态可持续发展的理念，服务大熊猫国家公园建设，推出成都熊猫基地—都江堰熊猫谷—卧龙—宝兴—四姑娘山—雅安碧峰峡等全世界唯一、具有垄断地位的"熊猫家园·乐园"主题线路产品。加快完成汶川至四姑娘山、国道 351（小金—宝兴—雅安）等公路改造和卧龙、宝兴的生态小微营地等住宿体系目的地化产品建设。

（二）九环世界遗产线。针对东南亚、港澳台+国内市场，完善提升阿坝州内成都经汶川、松潘的九环西线旅游公共服务设施，推进西 1 线（国道 347 茂县—黑水—红原—阿坝段）、西 2 线（省道 301 松潘—瓦切—红原段）、西 3 线（国道 213 和国道 248 松潘—若尔盖—红原段）建设。加快绵阳、广元和德阳前往九寨沟的九环东 1 线（彭州—绵竹—茂县）、东 2 线（国道 347 绵阳—安县—北川—茂县段）、东 3 线（广元—青川—平武—川主寺—红原）、东 4 线（国道 212 广元—文县—九寨沟段）等旅游线路的公路改造升级和公共服务设施建设，构建九环精品旅游线路网络体系。推进跨省入川旅游线：联动甘、青推出中国大西部自驾游环线线路，加快松潘—若尔盖—郎木寺—合作—兰州、红原—阿坝—久治—西宁公路交通和旅游服务设施建设。

（三）成乐文化生态度假环线。针对东南亚+国内市场，重点提升和增强成乐、乐雅高速休息站的旅游服务功能，完善"成—乐—绵"旅游客专的开设，满足自驾自助游客需要。加快构筑乐山大佛—峨眉山—瓦屋山—周公山区域"动态观光、聚合度假"旅游产品体系，加快省道 106（资阳—仁寿—眉山—丹棱—洪雅段）、省道 307（乐山—夹江—洪雅—雅安段）、国道 245、省道 435 和国道 108（峨眉山—峨边—金口河—汉源—荥经—雅安段）区域旅游小环线建设。

（四）国道 318/317 川藏最美景观旅游线。针对欧美市场，以建设成为川藏公路国家旅游风景道为目标，加快雅康、汶马等高速公路建设及国道 318/317 改造升级，重点完善游客救助、汽车维护和与机场共享、落地自驾的大众游客旅游公共服务体系建设，试点建设康定—雅江旅游公共服务设施示范项目，完善提升国道 318/317 与大九寨、稻城亚丁和海螺沟等成熟旅游目的地的交通联系，构筑国道318/317沿线200公里范围的纵1线（省道217马尔康—小金段）、纵2线（国道248和省道217马尔康—金川—丹巴—泸定—磨西—石棉段）、纵3线（国道227、国道350和国道248壤塘—炉霍—道孚—八美—新都桥—九龙段）、纵4线（炉霍—色达—甘孜）、纵5线（省道456、国道317和国道227石渠—甘孜—新龙—理塘段、纵6线（德格—白玉—巴塘）等若干旅游支线、小环线网络体系。推进跨省入川旅游线：国道318（巴塘—芒康—左贡—林芝—拉萨段）、国道317（德格—昌都—那曲—拉萨段）公路交通和旅游服务设施建设。

（五）香格里拉文化与生态旅游线。抓住香格里拉国家风景旅游道建设契机，针对东南亚+国内市场，主线为成都—雅安—康定—雅江—理塘—稻城—亚丁—木里—盐源—西昌—成都，串联国道318/317川藏最美景观旅游线，推出高原生态观光、休闲度假、康巴文化体验主题线路产品。构成环亚丁香格里拉旅游环线和区域圈，重点完善亚丁—乡城—得荣、亚丁机场—稻城—乡城、木里—泸沽湖—盐源等旅游公路建设。推进跨省入川旅游线：联动滇、藏推出"大香格里拉"文化生态旅游线，加快稻城亚丁—三江口—云南丽江、得荣—云南香格里拉、泸沽湖—云南丽江等公路交通和旅游服务设施建设。

（六）蜀道三国文化旅游线。针对日韩及港澳台+国内市场，加快成都、绵阳、广元沿G5京昆高速、国道108（绵阳—梓潼—翠云廊—普安—剑阁）、国道347（梓潼—阆中）等公路的三国文化遗址的挖掘和产品开发，重点打造剑门关、唐家河、明月峡、阆中古城等三国文化体验产品，省域内形成成都—德阳—绵阳—剑门关—昭化古城—广元—苍溪—阆中—南充—遂宁—成都旅游精品环线。推进跨省入川旅游线：广元—汉中、广元—甘肃等公路交通和旅游服务设施建设。

（七）嘉陵江山水人文旅游线。针对国内市场，以嘉陵江为纽带，由北向南经朝天—广元—苍溪—阆中—仪陇—蓬安—南充—武胜，构建嘉陵江田园风光、古城古镇古村、风水文化、人文体验、欢乐度假为主题的旅游线。完善G42沪蓉高速（南充—岳池—广安—华蓥—邻水）等沿线旅游公共服务设施。推进跨省入川旅游线：联动成、渝推出"两江一刻"（长江上游国际黄金旅游带、嘉陵江旅游带和大足—安岳石刻）旅游线。加快广安—重庆、成都—安岳—重庆、宜宾—泸州—重庆等公路交通和旅游服务设施建设。

（八）秦巴南国冰雪旅游线。针对港澳台+国内市场，主线为成都—绵阳—平武—青川—广元—旺苍—南江—通江—万源—宣汉—达州—平昌—巴中—盐亭—中江—成都，以大巴山山地风光、革命老区红色旅游、秦巴南麓滑雪场群、古镇古村为主题，建设川东北旅游欢乐世界，成为大巴山国家风景旅游道的主要构成部分。加快对南江—巴中、巴中—通江—万源、达州—大竹、达州—营山—南充等公路的"旅游化"升级。推进跨省入川旅游线：南江—汉中；通江—镇巴；万源—安康；达州—开江—万州等公路交通和旅游服务设施建设。

（九）攀西阳光康养旅游线。打造欧美俄罗斯+国内市场，以建设成为滇川国家旅游风景道为目标，推出成都—汉源—石棉—冕宁—西昌—德昌—米易—攀枝花阳光度假、彝族风情体验游线路产品。完善G5京昆高速雅攀高速沿线休息站的旅游公共服务设施功能，满足自助自驾游客需求。沿原国道108，打造观天路景观（雅攀高速）旅游支线和特色乡村旅游小环线。对国道108（德昌—会理段）、省道208（甘洛—越西—昭觉—金阳段）、省道307（西昌—昭觉—美姑—雷波段）、省道103（马边—美姑段）、省道212（西昌—普格—宁南段）、省道310（会理—会东—巧家段）公路和旅游设施着力提升完善。推进跨省入川旅游线：联动云南推出大泸沽湖文化风情、攀西南方丝绸之路和彝族文化体验旅游线。加快攀枝花—丽江、攀枝花—大理等公路交通和旅游服务设施建设。

（十）长征丰碑红色旅游线。针对国内市场，整合长征沿途的优质旅游资源，推出"重走长征线"天然最美的旅游线路产品。主线为皎平渡—会理—冕宁—石棉—泸定—宝兴—小金—马尔康—红原—松潘—若尔盖，重点完善沿途公路、休息站等公共服务设施，加快重点景区、景点建设。提升改造国道350（丹巴—道孚—炉霍—甘孜段）等线路。推进跨省入川旅游线：联动云、贵、甘、陕推动"长征遗址"申遗，推出红色长征精品旅游线；联动黔、渝推出赤水河流域白酒文化旅游线。加快松潘—陇南、若尔盖—迭部等公路交通和旅游服务设施建设。

第二节　旅游线路的设计

一、旅游线路的含义

旅游线路设计是旅游者和旅游企业都关注的问题，它既是旅游者的行为决策，也是旅游组织者或者旅游产品设计者（如旅行社、旅游规划者）构建旅游产品的重要环节。

马勇（1992）从区域规划的角度指出，旅游线路是指一定的区域内，为使游人能够以最短的时间获得最大的观赏效果，由交通线路把若干个旅游点或旅游城市合理地贯穿起来，并具有一定特色的路线。

许春晓（2001）认为，旅游线路是旅游经营者或管理者根据旅游客源市场的需求、旅游地旅游资源特色和旅游项目的特殊功能，考虑到各种旅游要素的时空联系而形成的旅游地的旅游服务项目的合理组合。

从旅游规划和开发角度而言，旅游线路是在旅游地地脉、文脉和旅游市场分析的基础上，围绕旅游地的旅游形象，将旅游地的城市、旅游景点、设施和服务合理贯穿起来，形成的一种综合性的旅游产品。

旅游线路如串珠，交通是线，旅游景区（点）和城市如珠，设施和服务如加工装饰，几者协调组合起来，从而显现串珠的特色和主题。旅游线路销售的成功与否最终决定了一个国家或国家中的区域旅游开发的成败。毫无疑问，旅游线路销售的成败同旅游线路设计水平的高低密切相关。

二、旅游线路的类型

（一）按照空间跨度分类

按照跨越空间尺度的大小，旅游线路可分为两大类型：一是大中尺度旅游线路，通常指一个较大范围内各种旅游景区、旅游城市与旅游交通线路的空间组合，涉及面广，包括了旅游产品所有构成要素的有机组合和衔接，强调"旅"的过程；二是小尺度旅游线路，又称游览线路，是景区内联系各个景点的游览线，涉及面小，主要是景区规划所关注的内容，相对来说侧重"游"。

（二）按照旅游者行为分类

按照旅游者行为和意愿的特性，旅游线路可分为周游型、逗留型等。周游型线路的特点是旅游者的旅游目的主要为观赏，旅游线路中通常包括多个旅游目的地，同一旅游者重复利用同一条线路的可能性小；逗留型线路的特点是线路中包含的旅游目的地数量相对较少，旅游目的多是度假性质，旅游者在目的地停留和活动的范围较小，同一旅游者重复利用同一线路的可能性大。

（三）按照游客行为特征分类

在旅游线路实际组织过程中，线路设计不但要把客源地、各级别旅游景区景点和接待地有效组织起来，还必须分析影响旅游线路组织的资源分布和交通通达性等因素，并考虑旅游者行为意愿和市场对线路产品需求状况。

1. 串珠式

从客源地出发，沿直线顺次游览若干景区景点，然后原路返回，以观光旅行为主要对象。

2. 直达式

直接到达特定目的地，停留一定时间后返回，以疗养度假为主要对象。

3. 链环式

从客源地出发，沿环线顺次游览若干景区景点，然后回到客源地，以观光旅游为主要对象。

4. 基营式

从客源地出发，到达某一目的地，以该目的地为根据地，分别游览与该目的地相邻的景区景点，然后从该目的地返回客源地，以大型、具有完备服务设施的目的地区域为主。

5. 环路式

从客源地出发，到达某一目的地，以该目的地为起点，采用链环的方式顺次游览景区景点，然后从该目的地按原路返回。

6. 过境式

目的地偏居于主干道一侧，从客源地出发，需到达某一中转结点，经二次转运方可到达目的地，然后原路返回。

7. 混合式

混合式包括上述模式中若干个的综合。

三、旅游线路的设计

（一）旅游线路设计的原则

1. 市场导向原则

旅游线路作为旅游产品销售的实际形式。旅游线路设计的关键是适应旅游市场需求，以市场为导向，即必须最大限度地满足旅游者的需要。旅游线路设计应建立在市场分析基础上，清楚了解和掌握目标市场的需求和变化趋势，这决定了旅游线路设计的需求背景。旅游线路包含了多个方面的组成因素，要将多个因素有机地组合起来以适合目标市场需求。旅游者对旅游线路选择的基本出发点是以最小旅游时间和旅游消费比来获得最大的有效信息量与旅游享受，所以游览时间长短、游览项目多少及在途时间和花费比值的大小，将影响旅游者对线路的选择。成功的旅游线路设计应综合考虑旅游目的、旅游者的经济和购买力、旅游者的爱好、特殊旅游主体的需求等因素。

2. 突出主题原则

每一条旅游线路应具有自己独有的特色，以形成鲜明的主题。这一主题能够有效支撑旅游地旅游形象，与旅游形象保持一致。这种特色或主题的形成主要依靠特色资源的深入挖掘，并在食、住、行、游、购、娱等项目和设施方面与此相配套、适应，充分满足旅游者的旅游需求，有效支撑旅游地旅游形象。

应用案例8-3

《沈阳市旅游发展总体规划（2015—2020年）》——旅游产品规划

围绕打造"传奇盛京，福运沈阳"品牌（旅游形象），创新多元旅游业态，发挥资源潜力，以城市休闲片区为主要抓手，集聚发展休闲城市旅游产品，创新发展福运文化旅游和工业传奇旅游产品，融合发展乡村旅游和四季生态旅游产品，差异化开发专项体验旅游产品，合力推动全市旅游业向规模化、集群化发展，构建具有国际竞争力的旅游产品体系。

一、集聚化发展休闲城市旅游产品

转变发展观念，优先发展以城市观光、休闲度假和商务会展旅游为主要业态的城市旅游产品，实现旅客向旅游者的转化。将沈阳整体打造成为北方休闲之都。

发展城市休闲片区，构建休闲旅游载体。依托沈阳历史文化、工业文化、城市新兴业态、关东民俗等核心资源，打造引擎项目，联动周边景点、街区、商厦等散落资源点，集聚城市观光、休闲旅游、商务会展功能……

在城市旅游休闲片区内，丰富休闲业态，放大核心引领。建设袖珍公园、旅游厕所等公共休闲服务设施，增加休闲商铺，策划娱乐体验活动，构建过街天桥、地下通道、绿道等休闲游览连廊，串联片区内景区景点、商业街、休闲空间、购物场所等城市休闲资源。在城市旅游休闲片区之间，构建交通互通、营销互依、管理互动、智慧互联等联动方式，打通沈阳北站、沈阳站、沈阳南站、桃仙国际机场、绕城高速出入口、沈阳旅游服务中心等交通门户，形成与城市旅游休闲片区间的通道，通过城市公共交通无缝衔接，引导游客在片区之间的流动。

提升城市观光体系，塑造沈阳新风貌。挖掘历史文化之城、工业文明之城、生态园林之城、艺术时尚之城 4 大城市看点，在 4 大城市休闲片区内培育沈阳 4 大主导城市地标：沈阳故宫、盛京艺术中心、植物园百合塔、传奇梦工厂主题乐园。带动区域性地标和城市观景台建设。塑造"美丽沈阳"魅力景观轴线。结合城市重要道路、生态廊道等，以"金廊""银带"为核心引领，建设多样化的景观轴线体系。推广文物径步行观光、休闲绿道骑行观光、公共巴士观光、有轨电车观光 4 大观光方式。美化城市休闲片区景观环境。结合城市休闲片区文化特色与街区肌理，实施灯饰景观提升工程、立体园林绿化工程，分别体现 4 大城市风格特色。

构筑城市娱乐体系，激发城市新活力。大力发展关东民俗、大型实景、欧美时尚等特色演艺项目；特色餐饮街区、主题美食体验、大型餐饮中心等美食旅游项目；流行音乐基地、艺术创作基地等时尚娱乐项目；商务酒店、会展中心、展览场馆等商务会展旅游项目；浑河夜景、夜间美食、24 小时购物等夜生活旅游项目。

二、创新化发展福运文化旅游产品

以建设精品文化旅游项目为抓手构建旅游核心吸引物，以建设历史文化商业街区为支撑烘托城市文化氛围，以举办文化娱乐演艺活动为手段延长游客逗留时间，以文化创意旅游商品为保障延伸文化产业链条，全面打造集文化休闲、文化体验、文化节庆等于一体的多元文化旅游产品，提升沈阳城市文化内涵，塑造具有国际影响力的沈阳文化旅游品牌。

……

三、特色化发展工业传奇旅游产品

通过应用高新科技、创新开发利用、注入时尚元素三大方式激活工业文明新发展，放大沈阳传奇的工业历史成就与丰富的工业旅游资源，促进工业文化融入现代旅游生活消费中，打造成为影响国内外的工业文化旅游目的地。

四、融合化发展生态四季旅游产品

采用区内保护、区外发展的圈层保护模式，以生态休闲、养生、度假为主要功能。重点升级乡村观光、度假旅游产品，规范发展多主题温泉度假旅游产品，激活冰雪节庆、冰雪运动、冰雪娱乐等产品，灵活开发森林湿地观光、养生、度假、休闲旅游产品，实现沈阳生态突围，打造成为宜居宜游的生态旅游示范城。

……

规范发展温泉旅游产品。主题化+精品化打造品牌温泉旅游。通过主题化服务、主题化景观设计，打造清皇帝行宫式温泉、法国庄园式温泉、日式乡村温泉、新乐石器部落温泉等主题温泉；尽快出台相应的温泉法规或条例，规范温泉资源的开发利用；重点打造新民、于洪、沈北温泉产业带，在加强硬件环境改善外，提升服务质量和服务水准，精品化打造温泉，形成沈阳特色的温泉品牌。积极完善公共休闲业态，配套打造休闲公园、休闲购物、休闲餐饮，完善游客服务中心、旅游交通服务等，满足游客多元化需求，增加游客停留时间。联动温泉周边乡村、商业、冰雪等资源，升级发展温泉+地产、温泉+农业科技、温泉+会议、温泉+冰雪等多元模式，丰富温泉功能。

五、差异化发展专项体验旅游产品

……

六、设计精品旅游线路

市域主题游线。打造4条主题游线，传奇盛京主题游线、盛京福运主题游线、福运休闲主题游线、时尚休闲主题游线。

全市主题游线。北部生态康养主题游线、西部生态度假主题游线、南部乡村休闲运动主题游线。

沈阳经济区主题游线。初步打造沈辽传奇历史文化旅游、沈铁福运休闲度假旅游、沈阜工业基地旅游、沈本绿色生态旅游、沈抚休闲娱乐旅游、沈鞍佛教文化养生旅游、沈营温泉休闲旅游等主题游线。

3. 合理搭配原则

旅游线路设计时，必须充分考虑旅游者的心理和体力状况，并据此安排其结构顺序与节奏。同样的旅游项目，会因旅游线路的结构顺序与节奏的不同而产生不同的效果。旅游线路的安排，除了依据分布的自然顺序外，还要注意按照其差异性和吸引力进行合理组合。线路上核心资源（景点）的出现，应该是层层递进，在总体上应符合"越来越好"的趋向，在核心景点使旅游者的旅游活动达到兴奋顶点为最佳方案。因此，应尽量把整体线路的重点放在中间偏后位置，高潮过后结束行程，使旅游者留下对整条游程的完美印象。同时，还要将旅游热点、温点和冷点进行合理搭配，深入挖掘温点和冷点旅游资源的潜力，提升文化内涵，提高旅游服务质量。

4. 机动灵活原则

在设计旅游线路时，设计者不宜将日程安排得过于紧张，应留有一定的回旋余地。在执行过程中，线路实施者也必须灵活掌握，在保证落实旅游线路行程基本项目的前提下，同时也预备局部变通和应对紧急情况的措施。

（二）旅游线路设计的程序

旅游线路设计需考虑四个方面的因素：旅游资源、与旅游可达性密切相关的基础设施、旅游专用设施和旅游成本（费用、时间或距离）。旅游线路的设计大致可分为以下四个步骤。

（1）确定目标市场的成本因素，这从总体上决定了旅游线路的性质和类型。

（2）根据旅游者的类型和期望确定线路上的主要旅游景区、景点。旅游景区、景点所对应的旅游价值必须用量化的指标加以表示，以便于线路设计时进行比较和计算线路对于旅游者的效用度。

（3）在上述研究的基础上，设计者对相关基础设施和旅游服务设施进行分析，设计出若干可供选择的线路方案。

（4）从备选方案中选择出最优的旅游线路设计。

其中，第三个步骤的工作最富经验性（技术性），设计中必须对第二个步骤给出的基本空间格局不断进行调整，以形成新的、带有综合意义的空间格局。此外，旅游线路的设计还需要根据市场的反馈进行长期的观察和调整，最终才能得到较为理想的线路设计方案。

思考题

1. 如何理解旅游产品?
2. 旅游产品有哪些分类方法?
3. 旅游产品由哪些要素构成?
4. 以你周边的旅游地为例,谈谈你对旅游产品开发的认识。
5. 什么是旅游线路?
6. 旅游线路的类型有哪些?
7. 旅游线路设计应遵循哪些原则?
8. 旅游线路设计的程序是什么?

第九章

旅游地功能分区

随着旅游规划工作的深入，旅游地功能分区得到进一步重视，把功能分区作为协调保护和利用关系的重要手段，已经成为越来越多人的共识。本章主要介绍旅游地功能分区的概念、功能分区的意义和功能分区的原则，以及国内外典型的功能分区模式。

第一节　旅游地旅游功能分区

早在 1973 年，景观规划设计师福斯特（Richard Forster）就倡导同心圆式的利用模式，将国家公园从里到外分成核心保护区、游憩缓冲区和密集游憩区。这个分区模式得到了世界自然保护联盟（International Union for Conservation of Natrue，ICUN）的认可。甘恩（Gunn）在 1988 年提出了国家公园旅游分区模式，他将公园分成重点资源保护区、低利用荒野区、分散游憩区、密集游憩区和服务社区。加拿大国家公园的生态旅游功能分区模式一般将生态旅游地分为四大块：野生保护区、荒野游憩区、密集游憩区和自然环境区。美国、加拿大等国家的国家公园的功能分区对自然程度高的地方起到了较理想的保护作用。

2003 年，原国家旅游局颁布实施的《旅游规划通则》规定，旅游发展规划的主要任务之一，就是"优化旅游业发展的要素结构与空间布局，安排旅游业发展优先项目，促进旅游业持续、健康、稳定发展"。旅游区总体规划的任务之一也是"划定旅游区的用地范围及空间布局"。"旅游区总体规划应确定规划旅游区的功能分区和土地利用，提出规划期内的旅游容量。旅游区总体规划的成果要求应提供功能分区图等其他专业规划图等"。

2018 年住房和城乡建设部颁布的《风景名胜区总体规划标准》（GB/T 50298-2018）规定，功能分区规划应包括明确具体对象与功能特征，划定功能区范围，确定管理原则和措施。功能分区应划分为特别保存区、风景游览区、风景恢复区、发展控制区、旅游服务区等。

当今的旅游规划，大到一个国家和省级的规划，小到一个风景区、主题公园，都是按照功能对空间进行划分，以更好地协调旅游区的功能，并提升旅游区的综合功能。

一、旅游地功能分区的含义

旅游地功能分区（functional zoning）是旅游规划与开发过程中的一个重要的工作，它是围绕旅游地旅游形象，依据旅游地的资源分布、土地利用、项目设计等状况对旅游地空间的系统划分，是对旅游地旅游产品、旅游线路、设施和服务的统筹安排和布置。

不同类型的旅游规划对功能分区的要求各不相同。一般而言，旅游地功能分区可分为大尺度的旅游地旅游区划和小尺度旅游地的功能分区。在区域旅游发展规划中，对区域的划分一般称为旅游区划。旅游区划主要是根据区域内旅游资源的分异性、相似性和与行政区划相协调的原则将区域划分为若干个旅游区；旅游区规划往往是根据用地安排分区，每个旅游分区都被赋予了一定的功能。旅游区的功能区可划分为游览区、接待区、商业服务区、休疗养区等。

应用案例9-1

四川省"十三五"旅游战略布局

紧扣国家主体功能区规划，围绕国家"一带一路"、长江经济带等战略部署，深入实施全省多点多极支撑发展战略，从产业和空间两个维度，构建全省旅游5大区域（见表9-1）。

一、持续打造成都平原核心旅游区（成都、德阳、绵阳、遂宁、乐山、雅安、眉山、资阳）。以建设中国西部最重要入境旅游目的地为目标，抓住成都市建设国家中心城市契机，提升大熊猫、古蜀文明、三国历史文化、都市休闲、时尚购物的国际影响力，推动成都市率先建成世界重要旅游目的地和西部最大的旅游集散中心，构建环成都都市旅游圈和两山两湖及沱江丘区国际休闲度假旅游产业带，辐射带动全省。以成都、乐山、资阳、峨眉山、简阳国家级旅游业改革创新为示范，加快建设全省旅游业改革创新先导区。

二、巩固突破川西北旅游区（阿坝、甘孜）。以建设世界级生态旅游和文化旅游目的地，民族地区全域旅游示范区为目标，重点瞄准欧美日韩等入境旅游市场，加快大九寨、大贡嘎、大亚丁品牌旅游目的地提质增效，培育民族、民俗文化等旅游品牌，全面启动国道318/317川藏世界旅游目的地建设。加快资源优势转化为经济优势，打造一批高端的特种山地旅游、特色乡村旅游和民族生态文化旅游精品。积极发展大众自助自驾旅游，推进航空线路与落地自驾游线路无缝对接。促进川滇藏大香格里拉区域合作，加强旅游城镇以及沿线旅游厕所、旅游医疗应急救援等公共服务设施和交通等基础设施建设。

三、全力拓展川东北旅游区（广元、南充、广安、达州、巴中）。以建设秦巴山地生态旅游、红色旅游和山水休闲度假旅游目的地为目标，以国内客源市场为重点，加快建设中国南方（秦岭南麓）滑雪场项目群和嘉陵江流域文化体验休闲旅游项目群，抓住秦巴山区脱贫攻坚机遇，提升乡村旅游发展，积极创建大巴山国家旅游产业扶贫试验区。推进蜀道申遗和三国历史文化、民宿旅游品牌培育，大力发展"川陕苏区、伟人故里"红色旅游。

四、加速开发攀西旅游区（攀枝花、凉山）。以建设国际阳光康养旅游度假目的地为目标，积极推动旅游业与阳光康养、生态农业、体育运动、文化创意、影视演艺等融合发展。做好养老、康养市场，重点建设以 G5 京昆高速攀西段为轴线的攀西阳光康养旅游带，以向家坝、溪洛渡等为主体的金沙江、雅砻江上世界高坝峡谷旅游项目群，以汉源、越西、西昌、德昌、米易、会理、会东、攀枝花为代表的阳光度假城市，以泸沽湖摩梭文化、昭觉为龙头的彝族文化旅游精品产品，将四川凉山彝族国际火把节培育成世界性旅游节庆活动。

五、加快推进川南旅游区（自贡、泸州、内江、宜宾）。以建设南向国际旅游经济走廊为目标，深入推进川南城市群旅游一体化发展，重点服务本地和重庆、云南、贵州游客。结合长江上游生态屏障建设和乌蒙山区扶贫攻坚，推进金沙江流域高坝、峡谷资源综合利用，全面推动生态旅游、乡村旅游、文化旅游发展。围绕长江黄金水道和四川"四江六港"水运体系开发水上旅游产品，大力培育泸州、宜宾为对外旅游开放口岸。

表 9-1　在建及新建重点景区一览表

区域	市（州）	项目名称
成都平原旅游区	成都市	万达文化旅游城、保利石象湖（法国地中海俱乐部度假村）、金堂温泉度假旅游区、安仁古镇旅游区、平乐古镇·天台山旅游区、两湖一山旅游区
	德阳市	三星堆文化旅游区、蓥华山—红峡谷旅游区、云湖旅游区、九龙山—麓棠旅游区、崴螺山国际芳香养生观光产业园
	绵阳市	白马王朗旅游区、虎牙旅游区、李白文化产业园、小寨子沟旅游区、仙海湖旅游区、七曲山旅游区、嫘祖文化旅游区
	遂宁市	浪漫地中海七星国际文化旅游度假区、世界荷花博览园旅游度假区
	乐山市	峨眉山国际旅游度假区、岷江东岸度假区、五马坪度假区、嘉阳—桫椤湖旅游区、峨沙康养长廊
	雅安市	碧峰峡旅游区、蒙顶山旅游区、牛背山旅游区、九襄—汉源湖旅游区
	眉山市	三苏文化旅游区、黑龙滩旅游度假区、彭祖国际健康养老养生度假区、国际竹艺城、江湾神木园旅游区、中岩文化旅游区、老峨山佛教文化旅游区、瓦屋山旅游区、七里坪—柳江古镇旅游度假区、玉湖岚山旅游度假区、槽渔滩旅游风景区
	资阳市	安岳石刻文化旅游区
川西北旅游区	阿坝州	九寨云顶、中查沟国际旅游度假区、九鼎山旅游区、卧龙旅游区、四姑娘山旅游区、黄龙旅游区、大东女国旅游区、马尔康嘉绒藏族文化旅游区、中壤塘觉囊文化旅游景区、米亚罗景区、桃坪羌寨—甘堡藏寨旅游区
	甘孜州	稻城亚丁国际旅游区、藏乡田园旅游区、太阳谷旅游区、海螺沟旅游度假区、格萨尔文化旅游区、大格聂旅游区、巴格玛尼—松格玛尼景区、洛须—邓玛旅游景区、高原丹霞景区

表9-1(续)

区域	市（州）	项目名称
川东北旅游区	广元市	剑门关—翠云廊旅游区、唐家河—青溪古镇旅游区、白龙湖旅游区、曾家山—明月峡旅游区、米仓山旅游区、昭化古城旅游区
	南充市	阆中嘉陵江旅游度假区、构溪河湿地旅游区、凌云山旅游区、天乐谷景区、第一桑梓旅游区、有机生活公园、朱德故里旅游区、望龙湖—龙王寨旅游区
	广安市	协兴生态文化旅游区、华蓥山旅游文化景区、宝箴塞民俗文化旅游区、龙女湖国际旅游度假区、白坪—飞龙乡村旅游度假区、五华山旅游度假区、白龙峡漂流旅游区、枣山玉屏湖农家乐源乡村旅游区
	达州市	八台山—龙潭河旅游区、巴山大峡谷旅游区、海明湖—五峰山旅游度假区、铁山旅游区、賨人谷旅游区
	巴中市	空山国际山地生态旅游度假区、光雾山旅游区、诺水河旅游区、恩阳古镇旅游区、驷马水乡旅游区
攀西旅游区	攀枝花市	红格温泉旅游度假区、二滩旅游区、普达阳光国际康养度假区、阿署达花舞人间景区、庄上梅子箐阳光康养旅游度假区、苏铁旅游度假区、米易康养城
	凉山州	金沙江下游高坝峡谷群特色度假旅游区、马湖旅游区、灵山旅游区、大槽河温泉瀑布景区、夹马石景区、喜德温泉度假区、会理古城旅游区、文昌故里景区、西昌康养城、七里坝谷克德旅游扶贫示范区、悬崖村—古里大峡谷景区、乐安湿地旅游区、西昌古城旅游区、螺髻山旅游区、凯地里拉温泉度假区、木里大寺—洛克九百里旅游区、寸东海子—康乌大寺旅游区、泸沽湖—公母山旅游区
川南旅游区	自贡市	中航自贡—千年盐都航空文化旅游新区、卧龙湖国际旅游度假区、青龙湖旅游度假区、彩灯大世界、自贡世界地质公园
	泸州市	中国酒镇·酒庄、黄荆老林旅游区、佛宝旅游区
	内江市	穹窿地貌旅游度假区、石板河旅游区、甜源·中国甜文化体验第一城、大千欢乐世界主题乐园、大千文化旅游产业园、范长江文化旅游园区、隆昌石牌坊旅游区、古宇湖旅游区、资中古城文化旅游产业示范园
	宜宾市	"千年叙府·宜宾老城"文化旅游区、蜀南竹海国际生态休闲旅游区、"大师古镇·天下李庄"文化体验旅游区、兴文石海世界地质生态旅游区、"向家坝·金沙平湖"旅游度假区

二、旅游地功能分区的意义

（一）有利于最大限度地保护好资源

合理的功能分区能够协调好资源保护与开发利用之间的矛盾，通过控制各功能区的功能、土地利用强度、生态承载能力、规划利用强度，从人类活动、人工设施、土地利用等方面进行控制，旅游地能够有效处理资源保护和开发利用的关系，这直接影响到旅游地资源是否能可持续的利用。

应用案例 9-2

钟山风景名胜区功能分区

钟山风景名胜区是国务院公布的首批国家级风景名胜区，也是南京最闪亮的名片之一。2 月 6 日，钟山风景名胜区总体规划（2017—2035）公示，征询公众意见。

钟山风景名胜区将分为五大景区，整个景区将打造"两环一线"慢行游览系统。

玄武湖景区以湖心洲岛和大面积水域景观为自然景观特色，以六朝文化、明代文化、宗教文化为内涵，具有自然观光、考古研究、休闲娱乐、文化体验等功能，包括玄武湖五洲、玄武湖东岸、明城墙（玄武湖段）、九华山—北极阁四个游览区。

山北景区以自然山林为背景，以石刻文化、陵寝文化为内涵，具有风景游赏、爱国主义教育、探幽访古、人文纪念，生态休闲等功能。包括白马—竹海，蒋王庙、南京抗日航空烈士纪念、黄马四个游览区。

山岳景区以六朝文化、明代文化、天文科学为内涵，具有风景游赏、登高览胜、科普教育、生态休闲等功能，包括天文台、头陀岭游览区、生态保护区。

陵园景区以自然山林风貌为背景，以明孝陵、中山陵、灵谷寺为核心，具有人文纪念、科普教育、文化体验、山林游览，探幽访古等功能。包括明孝陵，中山陵，灵谷寺三个游览区。

山南景区以山岭，谷地，湖泊等为自然特征，以自然科学、民国建筑为文化内涵，具有休闲观光、风景游赏、文化体验、科普教育、康体健身等功能，包括明城墙（紫金山段）、植物科普、梅花谷-月牙湖、博爱园、天地科学园、钟山运动公园 6 个游览区。

以上五个景区根据游客达到的主要游览区域进行容量测算，限制游客人数。钟山风景名胜区日游客容量为 32.81 万人次，日极限游客容量为 58.68 万人次。五个风景区各有不同：

玄武湖景区日游客容量为 10.00 万人次，日极限游客容量为 18.00 万。

山北景区日游客容量 4.53 万人次，日极限游客容量为 7.25 万人次。

山岳景区日游客容量 0.93 万人次，日极限游客容量为 1.40 万人次。

陵园景区日游客容量 8.45 万人次，日极限游客容量为 16.90 万人次。

山南景区日游客容量 8.90 万人次，日极限游客容量为 15.13 万人次。

交通上，协调好钟山风景名胜区与城市交通的关系，形成良好的接驳。完善明城墙游览线路，利用太阳宫与白马公园地下通道，规划新建太平门路北侧地下通道，与紫金山、玄武湖游览线共同构成"两环一线"慢行游览系统。

为了优化停车布局，规划公共停车场 20 处，观光车停车场 2 处。并通过交通管制措施，逐渐减少城市交通、驻区单位交通对景区游览交通的影响。

资料来源：南京市规划和自然资源局网站. 钟山风景名胜区总体规划（2017—2035）公众意见征询[EB/OL].（2018-02-05）[2020-01-03].http://ghj.nanjing.gov.cn/pqgs/ghbzpqgs/201802/t20180205_874825.html

（二）有利于今后旅游地建设、运营和管理

世界各国国家公园的总体规划，通常把土地利用分区作为规划的首要内容，在分区的基础上制定各区域的资源保护、开发利用和管理规划。在旅游规划和开发中，实施功能分区，旅游地通过确定管理原则和措施，具体规定各区域的土地利用形态、资源保护强度、开发建设强度、游憩活动内容，为旅游管理者和旅游经营者提供了建设、开发和管理的方向，便于分类、分片管理和规划的分期实施，增强规划可操作性。

（三）有利于凸显旅游地的整体形象

在旅游地旅游形象的总体背景下，旅游地根据旅游资源和市场需要，从旅游地全局的角度，围绕旅游地形象，对旅游地进行统一安排，充分合理利用地域空间，将旅游地划分为若干旅游功能区，明确各个功能区的功能、性质、特征，有效凸显各个功能区的旅游资源和旅游产品特色。旅游地通过旅游功能划分，寻找合理的旅游区界限，使各功能区相互衔接、相互补充、相互配合、协调发展，构成一个有机整体，实现有效的地域分工合作，形成旅游地一体化建设、营销和管理，凸显旅游地的整体旅游形象，避免恶性竞争。

（四）有利于指导旅游者出游和旅游行为

将旅游地按照旅游资源特色和目标市场需求，划分为若干旅游功能区，能够为旅游者提供旅游地更加完整的、更加充分可靠的旅游信息，使旅游者获得更大的选择空间，旅游者能够更加理性地合理地规划旅游活动，景区也能有效地分流游客，控制游客容量。同时，旅游地功能分区为旅游者的游览、活动提供了行为指导，使旅游者充分了解各个功能区的信息和价值，包括各功能区生态系统的结构、功能与敏感度，现存和潜在的游客体验机会及其影响等，减少对保护区域的干涉等。

（五）有利于协调处理与当地社区的关系

旅游功能分区能够很好地协调旅游资源开发和当地社区、居民的关系，为当地社区在什么地方参与旅游业、何种程度参与旅游业等明确了方向和思路。

三、功能分区的原则

（一）突出分区原则

这是旅游功能分区规划的核心原则，在旅游规划与开发中，旅游地必须通过各种产品与服务来突出旅游地旅游形象的独特之处，通过自然景观、建筑风格、园林设计、服务方式、节庆事件等来塑造与强化旅游地的形象。每个功能区都有明确的、可理解的目标。当地居民的文化方式及居民对游客的态度亦对旅游地的旅游形象起到了重要作用。

（二）集中功能单元

对不同类型的设施如住宿、娱乐、商业设施等功能分区采取相对集中布局。游客

光顾次数最多、密度最大的商业娱乐设施区域，宜布局在中心与交通便利的区位，如大饭店、主要风景点附近，并在它们之间布设方便的路径，力求使各类服务综合体在空间上形成聚集效应。

在开发方面，集中功能单元的布局能使基础设施低成本，高效益，而且随着旅游开发的深入与市场规模的扩大，新的旅游后勤服务部门更易生存。经验表明，当饭店与社会餐馆相邻布局时更容易形成综合的市场竞争优势。

在经济方面，集中布局带来的景观类型多样性还可以吸引游客滞留更长时间，从而增加地方经济中旅游服务部门的收入，从而带动社区经济的发展。

在社会方面，集中布局有利于游客与当地居民的交流与沟通，有利于社会风俗的优化，进而可将其开发成一种新的旅游吸引物，同时，许多旅游设施还可以由当地社区居民日常使用，一举两得。

在环境方面，集中布局有利于环境保护与控制，对污染物的处理更为有效，敏感区能得到有效保护。深度开发区实施合理的设计标准，可采用连续的控制管理。

集中布局可以防止布局散乱，防止对主要自然景观的视觉污染；另外，集中布局也有利于旅游形象的形成，规模集聚效应对举办各种促销活动可以产生一定的整体规模优势。

（三）协调功能分区

协调表现在处理好旅游地与周围环境的关系，功能分区与管理中心的关系，功能分区之间的关系，主要景观结构（核心建筑、主体景观）与功能小区的关系。

在规划设计时，有些功能分区具有特殊生态价值而应划为生态保护区，旅游娱乐区则可承受较大的外界干扰，规划设计中通过适当的合理划分，引入适当的设施使其达到最佳的使用状态。另外，协调功能分区还应对各种旅游活动进行相关分析，以确定各类活动之间的互补、相依或相斥关系，从而有效地划分功能分区。旅游地根据此各功能分区内为各种设施、各类活动安排适当的位置，如野餐必须具备良好的排水条件、浓密的遮阴、稳定的土壤表层和良好的植被覆盖及方便的停车场。

（四）合理规划交通线

旅游区内交通线的规划应充分考虑游客旅游过程中的心理特性，以实现符合人体工程学的有效动线规划，设计必须依照顺序推进，以建立理想的空间布局关系。

旅游区内部交通网络的设置应高效且布局优化，路径与园林景观应有效配置，并且旅游地应建立公共交通系统，景区内应采用步行或无污染的交通方式，限制高速行车，使旅游者的行走与休息均为一种享受。对于相距较远的景点，旅游地应在景点之间配备公共汽车，邻近景点间设置人行道、缆车或畜力交通方式，可使内部实现低污染的交通优化。

空间布局还应体现出层次，在区内布置有效的眺望点系统和视线走廊，如在一些制高点、开阔地带或主要景观地区设置一系列的眺望亭与休息区，让游客能在区内最佳视点充分享受到完全展示的自然景观。

（五）保护旅游环境

环境保护的目的是保障旅游地的可持续发展，它包括两个方面：一是保护旅游地内特殊的环境特色，如主要的吸引物景观；二是使旅游地的游客接待量控制在环境承载力之内，以维持生态环境的协调演进，保证旅游地的土地合理利用，以使资源保护与管理更能协调统一。另外，实施环境保护时，还要充分体现以人为本的原则，即旅游地最终是为人类旅游活动而设计，实现人与环境的协调。规划应同时满足旅游功能及美学上的需求，实现经济价值观与人类价值观的平衡，为旅游者创造充满美感的经历体验，满足低成本开发及营运技术上的要求，提供后期旅游管理上的方便。

第二节　典型的旅游功能分区模式

一、美国国家公园分区模式

美国国家公园的分区制有一个不断发展的过程，二分法是美国国家公园最早的分区方式，它把资源的保护和利用作为一对对立物，按照自然保护与游憩活动两大功能来划分区域，即核心地区保存原有的自然状态，而在周边地区设置游客接待中心、管理区。后来分区方法逐步完善，在原有基础由添加缓冲带，使核心区的局部气候、地质、生态环境等自然条件得到了严格的保护，同时将自然保护与游憩严格分开，以减少旅游活动给资源带来的冲击。随着国家公园范围的不断扩大，设施种类的不断增多，以及解说教育方式的不断改变，三分法的分区方式已无法满足国家公园的管理要求。于是，美国在1960年拟定了以资源特性为依据的分区模式，根据各区的位置、资源条件设置和制定相应适宜的活动和设施及经营管理政策。

1982年美国国家公园局规定，各国家公园应按照资源保护程度和可开发利用强度划分为自然区、史迹区、公园发展区和特殊使用区四大区域，并在这四大分区下分别设置若干次区，以适应不同的资源特征。各国家公园的规划应视具体情况而定，并不要求设置所有分区和次区。

每个区域皆有严格的管理政策，区内的资源利用、开发和管理都必须依照管理政策来执行。其管理政策包括多个方面，主要内容包括公园系统规划、土地保护、自然资源管理、文化资源管理、原野地保留和管理、解说和教育、公园利用、公园设施以及特别使用等各个方面的各项管理政策。政策制定十分系统和完备，使得管理有法可依。

这种分区方法具有很强的游憩强度控制能力，同时充分考虑当地社会居民的各种利益，以使资源保护与管理能更协调统一。这种分区是适合美国国家公园种类多样、资源丰富、土地广阔的特点的，也是到目前为止世界上较为完整的分区技术。

二、加拿大国家公园分区模式

在加拿大国家公园中，分区是一种管理工具，它对公园中各种土地分区赋予特定目标并进行管理。分区通常被表示在公园地图上，并伴有对各区允许利用方式的文字描述。

分区也是保护区管理规划的关键部分。国家公园的分区系统采纳一种综合性的方案，它对土地和水域按照生态系统和文化资源的保护要求，以及土地和水域为游览者提供体验机会的承载力和适宜性进行分类。分区是加拿大公园局维护自然环境生态完整性的一系列管理策略之一，它为政策方针在特定区段的应用（如资源管理、适当的活动和研究等）提供了框架。分区不仅为公园管理者，也为公园的游客提供了行为指导。有效的分区需要建立在可靠的信息基础上，需要了解的信息包括生态系统的结构、功能与敏感度、现存和潜在的游客体验机会及其影响等。

加拿大国家公园分区系统包含以下五个区，公园中的所有土地都被划定在各自的分区中。

（一）特别保护区（I 区）

特别保护区之所以受到特别保护，是因为它包含那些独特的、受到威胁或濒危的自然或文化特征，或含有能代表本自然区域特征的最为典型的例证。对于特别保护区，首要要考虑的是保护，这里不允许建设机动车通道和环线。由于此区的脆弱性，要排除任何公众进入。同时此区应努力提供适当的、与场所隔离的节目和展览使游客了解该区的特点。

（二）荒野区（II 区）

荒野区是能很好地表现该自然区域的特征，并将继续维持荒野状态的广阔地带。对于荒野区，最关键的是使其生态系统能够在最小限度的人类干扰下永续存在。通过在公园生态系统承载力范围内提供适当的户外游憩活动和少量的、最基本的服务设施，本区使游览者有机会对公园的自然或文化遗产价值获得第一手的体验。荒野区非常之大，足以使游客有机会体验远离人群的寂静和安宁。户外游憩活动只有不与维护荒野相冲突时才能进行，因此在荒野区亦不允许建机动车通道和环线。不过在遥远偏僻的北方公园，严格控制的飞行通道是一例外。

（三）自然环境区（III 区）

自然环境区是作为自然环境来管理的。此区通过向游人提供户外娱乐活动、必需的少量服务和简朴自然的设施，使游人有机会体验公园的自然和文化遗产价值。这里允许存在加以控制的机动通道，并首选有助于遗产欣赏的公共交通。

（四）户外游憩区（IV 区）

户外游憩区的有限空间可以为游人提供广泛的机会来了解、欣赏和享受公园的遗产价值，以及相应的服务和设施。这个区的设置要尽量将对公园生态完整性的影响控制到最小的范围和程度。该区的特征是有直达的机动交通工具。

（五）公园服务区（V区）

公园服务区是存在于国家公园中的社区，是游客服务和支持设施的集中分布区。在社区规划过程中要详细说明和设置此区特定的活动、服务及设施。公园主要的运行和管理功能也安排在此区中。

三、生物圈保护区分区

生物圈保护区是联合国教科文组织在全球实施"人与生物圈"计划的背景下倡导并发展的，它们是受到保护的陆地、海岸带或海洋生态系统的代表性区域。生物圈保护区将其保护区划分为以下3个部分（见图9-1）：

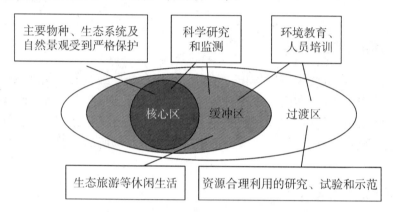

图9-1　生物圈保护区分区方案

（一）核心区

每个生物圈保护区都有一个或几个基本上保持着原始状态或很少受到人类影响的区域，作为核心区保护主要物种、生态系统或自然景观。它作为自然本底，具有重要的保护与科学价值。因此，核心区必须受到严格保护，只能进行科研、监测的活动。

（二）缓冲区

为了减少外界对核心区的影响，缓冲区是在核心区外围划定一个区域，对核心区起到保护和缓冲作用，开展一些不直接索取资源的活动，如科研、培训、环境教育以及旅游和游憩等可在这个区域内进行。

（三）过渡区

考虑到生物圈保护区内及周边社区群众生活与发展的需要，分区设计者在缓冲带的外围设过渡区。当地群众可在这个区域进行对上述两个区没有污染和负面影响的经济活动。这个区域可以用来进行资源合理利用的研究、试验和示范，并向周边地区推广和扩散，促进当地社区经济协调发展。

四、世界自然保护联盟分区

世界自然保护联盟成立于1948年，是世界上成立最早、规模最大的世界性自然保护组织。1992年，世界自然保护联盟第19届大会将保护地共分为六个大类，并沿用至今。第一类是严格保护的自然保护地或荒野保护地，其目的是科学研究或荒野保护；第二类是国家公园，其目的是保护生态系统和游憩场所；第三类是自然遗迹保护地，其目的是保护特别的自然特征；第四类是栖息地保护，其目的主要是通过管理干预而达到保护；第五类是陆地海洋景观保护地，其目的是保护陆地海洋景观，为人们提供游憩场所；第六类是资源管理保护地，其目的是自然生态系统的可持续。

世界自然保护联盟分区模式共分为3大类8种分区（见表9-2），并根据不同划分区域来确定开发强度、游览方式等内容，分区偏重于资源保护。

表9-2　世界自然保护分区

大类	小类
保护性自然区	绝对自然区、治理自然区、荒野区
保护性人类学区	自然生活区、田园景观、特殊价值区
保护性历史或考古区	保护性历史或考古区、史迹区

（一）保护性自然区

保护性自然区是为保护自然生物群落及其相关的景观特征而划定的地区，仅允许展开不会干扰此类群落得到长期保护的活动，其中又细分为绝对自然区、治理自然区、荒野区。

（1）绝对自然区。此区域内的自然环境严禁任何人为干扰，只用作提供科学研究、动植物保护等基础数据与信息的实验场所。

（2）治理自然区。此区域是为保护某种动植物、生物群落或地理环境特色而划定的，可通过人为干扰保持其适宜的生存状态的地区。

（3）荒野区。此区域在保护原有动植物自然繁衍的前提下，可为少数具有野外徒步旅行能力的人提供无任何服务设施的游憩机会。

（二）保护性人类学区

保护性人类学区是为维护人类某些古老的生活方式，使其避免因工业文明及现代工程而消失所划定的区域，包括自然生活区、田园景观区和特殊价值区3种类型。

（1）自然生活区。本区域内，人类仅为自然界的一个因子，无大面积的耕作，不严重影响野生动植物的生存。原则上本区域不准游客访问，但也不排除局部小区域的观光旅游开发。

（2）田园景观区。本区域是为保护古代农耕所形成的景观区域，具有人类学和遗传生物学的价值，可适当开发观光用地。

（3）特殊价值区。本区域是为保护足以证明人类进化或远古人类生存的地区而划定，视其具体的保护管理条例而决定其是否可以进行观光开发。

（三）保护性历史或考古区

保护性历史或考古区是为保护历史或考古学价值的古建筑、纪念物、传统聚落及市镇等而划定的区域，可适当发展观光旅游，其中包括考古区和史迹区2个分区。

（1）考古区。考古区为人类过去的居住地，足以反映人类文明发展的过程，可能现在仍为人类居住地区的一部分。

（2）史迹区。史迹区为保护近代人类活动迹象而划定的区域，通常为乡村及市镇等当地人居住的地区，但该区域会采取特别措施以保存其中具有历史价值的特色与资产。

五、我国风景名胜区分区

2018年住房和城乡建设部颁布的《风景名胜区总体规划标准》指出，功能分区应划分为特别保存区、风景游览区、风景恢复区、发展控制区、旅游服务区等。

（1）特别保存区是指风景区内景观和生态价值突出，需要重点保护、涵养、维护的对象与地区。

（2）风景游览区是指风景区的景物、景点、景群、景区等风景游赏对象集中的地区。

（3）风景恢复区是指风景区内需要重点恢复、修复、培育、抚育的对象与地区。

（4）发展控制区是指乡村和城镇建设集中分布的地区。

（5）旅游服务区是指旅游服务设施集中的地区。

六、我国森林公园功能分区

1996年，国家林业部批准实施的《森林公园总体设计规范》根据森林公园综合发展需要，结合地域特点，应因地制宜设置了不同功能区。

（一）游览区

浏览区为游客游览观光区域，主要用于景区、景点建设；在不降低景观质量的条件下，为方便游客及充实活动内容，可根据需要适当设置一定规模的饮食、购物、照相等服务与游艺项目。

（二）游乐区

对于距城市50千米之内的近郊森林公园，为添补景观不足、吸引游客，在条件允许的情况下，需建设大型游乐与体育活动项目时，应单独划分区域。

（三）狩猎区

狩猎区是指为狩猎场建设用地。

（四）野营区

野营区是指为开展野营、露宿、野炊等活动用地。

（五）休、疗养区

休、疗养区主要用于游客较长时间的休憩疗养、增进身心健康之用地。

（六）接待服务区

接待服务区用于相对集中建设宾馆、饭店、购物、娱乐、医疗等接待服务项目及其配套设施。

（七）生态保护区

生态保护区是指以涵养水源、保持水土、维护公园生态环境为主要功能的区域。

（八）生产经营区

生产经营区是指从事木材生产、林副产品等非森林旅游业的各种林业生产区域。

（九）行政管理区

行政管理区是指为行政管理建设用地。其主要建设项目为办公楼、仓库、车库、停车场等。

（十）居民生活区

居民生活区是指为森林公园职工及公园境内居民集中建设住宅及其配套设施用地。

七、其他典型的空间布局模式

在旅游区的功能分区和布局上还有以下的一些布局模式。

（一）环自然风景点或娱乐中心布局

在自然风景魅力突出的旅游区，此布局模式可进一步提高自然风景点的吸引力，布局重点是娱乐，其次是住宿。

（二）环旅馆布局

缺乏明显的核心自然景点的旅游区，通过此布局模式使豪华（或特色）旅馆成为核心，布局的重点是旅馆的建筑风格和综合服务设施体系。

（三）野营地式布局

这种模式适用于景点分散，当地条件又不宜建大型旅馆的旅游区。它是以对整个旅游区恰当的区域划分为基础，兼顾亚区之间的功能互补性，重点对亚区的旅游服务设施进行布局。

（四）双核布局模式

双核布局（twinning principle）模式由特拉维斯（Travis）于 1974 年提出，该布局方法为游客需求与自然保护区之间提供了一种商业纽带，通过精心的设计，将服务功能集中在一个辅助型社区内，处于保护区的边缘，如图9-2所示。

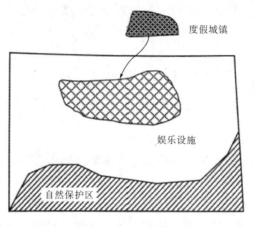

图9-2　双核式空间布局

（五）环核式布局模式

环核式布局模式是指旅游地空间布局以重要景观或项目为核心，相关的旅游接待、服务设施及娱乐项目等全部环绕该核心景观和项目进行布局的模式。这种布局的核心通常为一个自然景观，如温泉、滑雪场等，饭店、餐馆、商店等服务设施环绕自然景观布局，各种设施之间的交通联络道路构成圆环，设施与中心景观之间有便道或车道连接，交通网络呈车轮或伞骨形。

（六）社区—吸引物综合体布局模式

社区—吸引物综合体是1965年由甘恩首先提出的，这种布局模式是在旅游区中心布局一个社区服务中心，外围分散形成一批旅游吸引物综合体，在服务中心与吸引物综合体之间有交通连接，如图9-3所示。

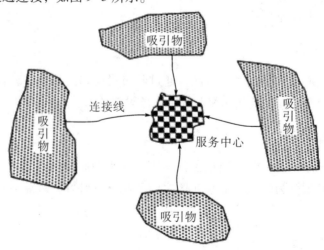

图9-3　社区—吸引物空间布局

社区—吸引物布局与环核式布局有一点相似，即在上述两种布局模式上都会出现环状分布。不同之处在于，社区—吸引物综合体布局模式下位于环状中心的是具有旅游接待功能的社区，而环核式布局模式下，位于环状中心的是旅游吸引物。因此，社区—吸引物综合体布局是在旅游资源较为丰富，但是分布较为分散的情况下产生的一种分布形式。

思考题

　　1. 什么是旅游地功能分区？

　　2. 旅游地功能分区的目的和意义体现在哪些方面？

　　3. 旅游地功能分区应遵循哪些原则？

　　4. 简述美国国家公园的分区模式。

　　5. 简述社区—吸引物综合体布局模式。

　　6. 以你周边的旅游地或旅游景区（点）为例，谈谈其旅游功能分区的情况和意义。

第十章

旅游规划与开发环境影响评估

旅游业的迅猛发展为我国的经济发展、文化繁荣、社会进步做出了不可磨灭的贡献，但同时也给自然环境、社会环境和经济环境造成的种种影响也日渐显现出来，人们越来越意识到保护旅游资源和旅游环境的重要性。因此，必须对旅游规划进行环境影响评价，不能以旅游业在经济方面的成功掩盖其对社会环境、自然环境的破坏。本章主要介绍旅游规划与开发环境影响评估的内容、意义、原则，以及旅游规划与开发环境影响识别。

第一节　旅游规划与开发环境影响评估的内容

应用案例 10-1

黄山无序开发对环境的影响

黄山既是世界自然遗产，又是世界文化遗产，然而随着旅游业的不断发展和假日旅游的不断升温，黄山旅游开发逐渐出现了无序竞争的现象，对黄山的旅游资源和自然环境造成了严重的破坏。例如，在位于海拔 1 000 多米的黄山核心风景区，不仅拥有数量众多的楼堂馆所，而且其数量还在不断增加。这主要是因为黄山旅游发展股份公司麾下 7 家宾馆的盈利，吸引了更多的后来者跃跃欲试，争相修建楼堂馆所对外营业。

既然要修建楼堂馆所，首先不可避免的是开山炸石，伐木毁林。当楼堂馆所建好，紧随而来的是餐厅的油烟，宾馆的污水，还有遍地的生活垃圾。建筑使用的钢筋，水泥和碎石四处堆积，原来的植被已经荡然无存。

为了配合旅游饭店经营的需要，黄山的水通过管道输送给数量越来越多的宾馆和招待所。因为输水管道施工的需要，经过上亿年地质构造才形成的黄山岩体被凿开敲碎，输水管通到哪里，哪里就是碎石遍地。在半山腰，在游人步行道的两旁，管道、碎石随地可见。远远望去，秀美的黄山伤痕累累。据统计，黄山风景区内的输水管道长达 40 千米，一直通到了黄山的顶峰。

没有了水源的黄山，旅游景观大打折扣，如观瀑楼对面的瀑布叫"人字凝"，往日一股瀑布飞流直下，在中途分为两股，像是在悬崖峭壁上写出的一个大大的"人"字。但今天，峭壁上只剩下瀑布曾经冲刷过的痕迹，而"梦笔生花"的真松树是一棵长在山峰顶端的黄山松，现在我们所能看到的只是一棵塑料树，真树已在几年前枯死。

北京大学世界遗产研究中心主任谢凝高教授说，黄山是世界自然与文化遗产，自然与文化遗产的保护宗旨是保护遗产的真实性、完整性，使之世代传承，永续利用。所谓完整性和真实性，主要保护黄山 154 平方千米以内的，完整的自然景观的综合体，使之世世代代都能享用，这是我们的历史责任。而现在黄山到处在搞水库、蓄水池和蓄水管道，为提高宾馆的品位、规格大兴土木，破坏自然生态，破坏黄山的自然美，造成视觉污染，这都是非常严重的事情，如果这些工程这样继续下去，不立即停止，那么黄山有被列入世界遗产涉危名录，甚至有被取消遗产称号的危险。

资料来源：马勇，李玺. 旅游规划与开发 [M]. 2 版. 北京：高等教育出版社，2006.

分析与思考：旅游规划与开发对旅游资源和环境会产生哪些影响？

旅游环境一般是指自然环境、社会环境、经济环境的综合体。早在 20 世纪 60 年代，美国林业局的旅游地理学家在探讨旅游的自然与社会环境方面取得了显著的成绩。经济合作与发展组织国家（OECD）在 20 世纪 70 年代末 80 年代初就对环境与旅游的关系加以描述，制定保护对策，并通过实例，研究旅游对环境的影响以及对旅游地经济的影响，旅游收入与环境变迁之间的关系图。霍尔德（Jean. S. Holder）在加勒比海的一项研究则从 14 个方面详述了旅游对加勒比海地区的自然、社会、经济环境的影响。

2002 年颁布的《中华人民共和国环境影响评价法》规定，国务院有关部门、设区的市级以上地方人民政府及其有关部门，对其组织编制的工业、农业、畜牧业、林业、能源、水利、交通、城市建设、旅游、自然资源开发的有关专项规划，应当在该专项规划草案上报审批前，组织进行环境影响评价，并向审批该专项规划的机关提出环境影响报告书。首次以法律的形式规定旅游规划必须进行环境影响评价，标志着我国的规划环境影响评价开始进入制度化阶段。这对于遏制旅游业发展中所出现的负面影响和旅游资源的破坏、实现旅游业的可持续发展起到了积极的推动作用。旅游规划环境影响评价的实践工作陆续展开。

旅游规划与开发环境影响评价是指在旅游发展规划的编制阶段，对规划实施可能造成的环境影响进行识别、分析、预测和评价，提出预防或者减轻负面环境影响的对策和措施，并进行跟踪监测的过程。

应用案例 10-2

自然保护区生态旅游环境影响评价——以猫儿山国家级自然保护区为例

生态旅游规划是生态旅游发展的前提和基础，它越来越受到旅游开发单位和管理部门的重视。管理部门要求旅游开发必须先进行规划，生态旅游规划必须同步对环境影响做出评价。

一、景观环境影响

猫儿山国家级自然保护区森林植物繁茂，森林覆盖率达 96.48%，生态旅游区整体景观是以绿色森林为主要基调的森林植被景观，间或出现云海、"佛光"等天象景观。森林植被景观以自然植被为主，少量有人工种植的树木为补充。景观植物品种以亚热带常绿阔叶树种为主，间或有针叶树种和部分灌木，景区从低海拔到高海拔，形成了层次分明、错落有致的自然植被景观带，景观整体较理想。生态旅游开发直接导致对景观的人为干扰程度增强，景观内部的异质性增大，景观内部物种流动性受到一定程度的阻挡，而景观的组织开放性提高。但是由于猫儿山国家级自然保护区生态环境条件良好，在保持一定开发规模的前提下，景观可以自我恢复到较好状态，对景观空间和稳定性影响较轻。同时，生态旅游规划提出从景观美学价值保护和提高的角度出发，在景区部分地段要通过人工干扰诱导形成大面积混交林和阔叶林；提出要加强对原始林、高山矮林、高山杜鹃林、湿地等景观的保护，有利于促进景区生态系统功能增强和稳定，产生正向影响，整体提升猫儿山国家级自然保护区景观价值和效果。

二、旅游资源影响

猫儿山自然保护区自然风景资源数量繁多，人文风景资源相对较少；自然风景资源单体共41个，其中地文资源单体13个、水文资源单体9个、生物资源单体13个、天象资源单体6个；人文风景资源单体24个，其中历史古迹资源单体2个、古今建筑资源单体15个、地方产品类资源2个、人文活动类资源单体4个、地域文化类资源单体1个；可借景观资源单体3个。因此，生态旅游规划设计充分发挥保护区景观资源的优势或特色，围绕保护对象，兼顾观景、游览、休憩、疗养、保健、科普等多种功能，构建生态观光、生态教育、生态休闲、生态文化四大类旅游产品体系。规划设计的所有产品均充分考虑了旅游资源保护与持续利用的问题，为满足许多新增产品需要改善和发展新的旅游资源，因此，规划设计将会使景区内的旅游资源品位和质量得到明显提高和改善。

三、生物环境影响

猫儿山自然保护区生态旅游项目建设和活动开展会影响整体景区野生动植物的栖息地和生活条件。乌龟江游览区开辟新的旅游线路时，要清理影响游线的个别小灌木，会弱度影响植物群落，同时旅游线路建设及大量游客进入会影响动物的活动与觅食，特别是干扰野生动物栖息环境与迁徙路线，相对植物而言对动物的影响程度较强；部分地段的道路建设会有少量的植被破坏或损伤，但损伤程度都较轻，随着道路建设结束和廊道景观工程实施，在很短的时间内会得到恢复；道路建设在开创新旅游通道的同时会对景区内动物的迁移产生一定的干扰或阻碍，随着动物对道路环境的认识或熟悉，这种干扰或影响会自动消失。

四、非生物环境影响

生态旅游开发期和运营期所产生的建筑垃圾、生活污水、施工废水与扬尘、交通噪声等对地面水、地下水、土壤、大气及声环境会产生一定的影响与污染，其中开发期建筑垃圾、施工废水与扬尘对环境影响程度较强，随着工程建设结束，这种影响会逐渐消失；运营期的游客活动会对活动区土壤产生弱度影响，游客和管理人员生活垃圾对水和土壤的影响相对较大，属于中度影响；旅游交通车辆产生的尾气对大气环境的影响属于较强度影响。同时，旅游开发工程建设在个别地点会对山体产生一定的影响，特别是道路建设会改变边坡稳定性和植被覆盖度，遇到大雨或暴雨可能会引发部分山体位移，碎石散落、塌方。

五、社会环境影响

生态旅游开发后人活动和游客的不良行为，对景区周边居民正常生活、文化及风俗等会产生多种影响，积极的影响主要是有利于本地能源交通、基础设施及社区建设，增加就业机会，有利于扶贫和地方经济发展，有利于增强当地居民的环保意识和文化交流，有利于本地自然环境与资源和文化遗产的保护和资金投入，有利于当地居民生活质量与精神文明水平的提高等。不利的影响主要是随着外来文化思想的传播和渗透，具有特色的原住民文化、生活习俗、社会价值观等都会发生变化或丢失。

六、结论与对策

我国的自然保护区普遍开展了不同形式的生态旅游，生态旅游开发与运行都会不同程度对自然保护区生态系统和生态环境产生多种影响。猫儿山国家级自然保护区生态旅游开发和运行会通过提高和改善保护区内的旅游资源品位和质量以及运行环境，整体提升保护区景观资源的价值和利用效率，加快保护区及周边社区经济社会发展，弱化周边社区经济发展对保护的过度依赖，促进保护区生态保护与科学管理。

同时，保护区生态旅游开发会干扰保护区内动植物的生活及环境，增加非生物环境压力，在促进社会、经济、文化发展的同时也会带来多种负面影响。保护区生态旅游开发与保护存在矛盾。旅游地既要实现生态旅游开发促进当地社区经济社会发展的经济目标，又要实现传播生态知识、保护自然生态环境的生态目标。

因此，保护区生态旅游开发与运行要严格遵循"保护优先"原则，在项目建设的同时进行环保设施建设；加强项目开发管理，有效控制项目建设和运行过程中的建筑垃圾、生活污水、废水与扬尘、交通噪声等，预防对大气环境、声环境、地表水环境及生态和景观环境造成不良影响；加强社区文化和景区历史文化、文物古迹的挖掘与保护，在旅游开发中建立地方民俗文化博物馆，收集、保护社区文化；加强宣传与教育，在景区中广泛设立符合生态环境保护主题的宣传标志碑，提示游客注意自身形象，时刻不忘环境保护；加强生态环境监测、游客监测及旅游项目管理，设计生态化项目和产品，对生态环境有可能产生不利影响的项目进行全程监控；严格按照环境容量要求控制游客人数等。

资料来源：王金叶，阳漓琳，郑文俊，等. 自然保护区生态旅游环境影响评价：以猫儿山国家级自然保护区为例 [J]. 中南林业科技大学学报（社会科学版），2010，4（01）：105-108.

分析与思考：什么是旅游规划与开发环境影响评价？

对旅游环境系统进行研究，特别是旅游规划与开发对环境现实的和潜在的消极影响进行客观评价并提出切实可行的预防和控制措施具有重要意义。旅游规划与开发的环境影响评价被认为是在规划阶段对旅游业可持续发展进行评估的重要工具，并日益受到旅游界与环境保护界的关注。

一、经济影响评估

经济影响又称经济效益，一般是指人们在社会生活中由于贯彻经济原则，以尽量少的劳动消耗（包括物化劳动和活劳动的消耗）和尽量少的资源占有（包括自然资源、社会资源和经济资源）产出尽量大的使用价值和价值量之比。在实际计算上，它表现为投入费用与产出收入的比较。

旅游规划与开发的经济效益包含的范围极广，既包括微观经济效益，又包括宏观经济效益，在评估旅游规划与开发经济效益时，不仅要研究个别旅游企业的经营情况，还要注意整个社会由于旅游规划与开发而获得的经济效益。

（一）正面效应

旅游规划与开发的主要正面影响多与经济方面相关，如就业机会、生活水平及收入、税收以及生活质量。旅游业发展所带来的经济影响总的来说是有益的。在很多国家和地区，旅游早已"被普遍看作是一种发展区域经济的工具"。我国自从 20 世纪 70 年代末开始发展旅游业以来，就一直把旅游业发展作为带动本国经济发展的重要产业部门来对待，实行适度超前政策。1998 年，旅游业被确立为应积极培育的国民经济新的增长点。多个省（自治区、直辖市）相继将旅游业列为支柱产业、先导产业，并对其发展给予前所未有的政策性扶持。旅游业不仅成为我国第三产业中最具活力的行业之一，而且已成为国民经济中发展最快的行业之一，旅游产业的发展对我国经济增长起到了巨大的促进作用。今天，几乎所有地区和城市都重视发展旅游业，其中一个重要原因就是旅游业具有很强的关联带动性，能够带来可观的经济收入，并拉动相关产业发展，同时提供和解决了大量的就业岗位。

（二）负面效应

1. 潜在经济收益的损失

如果旅游地的旅游设施由外来者控制和经营，那么会造成潜在经济收益的损失并引起当地居民对旅游业的不满。另外，如果旅游设施主要由当地的少数人经营，那么很可能会在当地社会形成一个小规模的特权阶层，大部分当地居民从旅游业中获得的好处就非常有限。旅游地在实施旅游规划过程中对旅游景区、旅游设施经营管理方式的选择，将有可能导致区域经济收益的损失，损害旅游地居民的利益。例如，国内部分景区因开发的需要引进外资或其他形式的投资，在区域经济发展和景区持续发展方面的贡献甚微。

如果旅游业所使用的商品和服务过多地依靠进口会造成外汇收入的漏损，如酒店聘用外籍管理人员，餐厅、酒吧、邮轮等高档餐饮场所聘请外籍侍者等都会造成外汇收入的漏损。

2. 经济和就业结构的扭曲

经济结构的扭曲主要表现在地域发展不平衡上，旅游业过度集中于国家或地区的一个或几个区域，而其他地方没有得到同等发展，就会引起未发展地区居民对这种情况的不满。就业结构扭曲主要指旅游业因收入较高或工作环境相对比较优越，导致旅游业也可能会从其他经济部门吸引走一些劳动力，如农业和渔业，如果区域剩余劳动力有限，过多挤占其他部门的劳动力就会造成问题。另外，旅游业的发展还可能造成地价和当地物价的上涨，给当地居民带来压力。

二、社会影响评估

旅游规划与开发对区域社会文化影响的产生主要源于旅游者与旅游地居民之间的文化差异，这种影响有正面的，也有负面的。影响的类型和程度主要取决于旅游开发的方向和密度、旅游地的社会文化特征等。

（一）正面效应

1. 保护文化资源

旅游地为满足旅游者需求而进行的有关文化旅游项目的开发，可通过对文化旅游资源的管理，达到保护各种类型文化资源的目的。旅游地通过对文化旅游项目的规划与设计，可以使游客观赏到原汁原味的自然生态与特色文化，进而能了解当地居民的生活方式、民风习俗、仪式和服饰等，为游客提供更加真实的旅游体验。

2. 增进文化交流

旅游业可以促进旅游者和旅游地居民之间的跨文化交流，促进双方相互了解对方的文化，从而增进相互理解和尊重，增强对不同价值体系和传统的认识和包容。国际旅游具有民间外交的作用，旅游地通过开拓国际客源市场，使得当地居民与承载着其他国家和地区文化元素的旅游者之间建立起沟通的桥梁，不同地域的文化产生相互渗透与影响。

旅游地通过深度挖掘区域文化，确定旅游区域的社会文化发展目标，可以使区域文化特色凸显，在旅游者心目中留下易于识别的鲜明形象，同时也有利于不同文化区域之间的交流。例如，山西晋中地区的民居建筑是北方民居的精华，近年来作为旅游开发的乔家大院、渠家大院、曹家大院、王家大院等都是其中的代表，这类民居的建筑风格与皖南民居差异较大，同时它们已与晋商兴衰的历史交织在一起，承载和体现的是独特的区域文化特色。

3. 强化民族认同

全球化进程的加快使世界上许多边缘族群慢慢地被主流族群所同化，导致很多古老的民族文化被淹没，而这些濒临失传的民俗文化又往往对现代人具有强烈的旅游吸引力。发展旅游正好可以弥补文化演变中少数民族文化被同化的缺陷，使得大量传统风俗习惯、民间艺术和历史能够因旅游获得新生，成为其他旅游地所没有的独特文化旅游资源。

在旅游开发的推动下，旅游民俗文化成为一种可供利用的市场资源和族群交往的外在符号，旅游者对民族文化的欣赏可增强旅游地居民对当地文化的自豪感，尤其在一些传统文化受现代经济发展冲击严重的地方，旅游地居民可通过参与民俗文化表演活动、制作民族手工业品等形式，强化参与者对本民族群体身份及其传统文化的认同意识，帮助他们走向民族本原的复归。

（二）负面效应

1. 造成社会失范

旅游者的大规模涌入打破了旅游目的地原来的状态，导致一系列社会病态现象的出现，如赌博、走私、贩毒、诈骗，偷窃、抢劫等。旅游发展可能会导致旅游地交通阻塞、商店或其他场所人员拥挤、犯罪率提高，从而干扰旅游地居民的日常生活。研究显示，当居民感知旅游发展导致犯罪率升高等负面影响时，他们渴望更多游客前来旅游的愿望会因此减弱。

2. 滋生思想变异

旅游者所代表的不同文化背景会给旅游地居民带来一定的示范效应，当地居民在不了解旅游者文化基础的情况下简单模仿旅游者的行为、着装和生活习惯，极易引起价值观的变异。同时，在一些情况下，旅游地文化会被看似更富有、更成功的旅游者带来的文化所淹没，失去自己的文化特性。对一些有特殊宗教信仰的旅游地，居民的行为受到教规约束，有很多宗教禁忌，如果旅游者的规模不受控制或行为不当就可能会造成居民与旅游者之间的误解和冲突，而且旅游者的某些行为方式也有可能动摇旅游地的原始宗教信仰。

3. 导致文化滥用

旅游地如果过分迎合旅游者的需求可能会造成当地传统的艺术、手工艺、风俗和仪式的失真。为了满足旅游者对纪念品的需要，当地传统的高质量手工艺品脱离传统风格和制作技艺而被批量生产，而当地居民已不再使用这些物品。传统的民间习俗和庆典仪式也在经济利益的驱动下被失真地反复展演，表演的地点和时间均不符合这些习俗与仪式本来的举行地点和时间。

旅游地对旅游规划与开发社会效益的评估要进行全面的分析，综合评估其对社会的正面影响和负面作用，并对这两方面进行分析比较，以确定是正面效应大于负面效应，还是负面效应大于正面效应。

三、生态环境影响评估

（一）正面影响

1. 重要自然区域的保护

旅游规划与开发有助于重要自然区域的保护。对于一些特殊自然区域，如水源地（河源地）湿地、生态脆弱区等，一方面可以通过保护性旅游开发为这些区域的保护支付费用，更好地实施保护。另一方面可通过合理的旅游规划，明确其功能区划分，实现对特殊功能区的有效保护。

对于自然保护区、国家公园、生态脆弱区等自然区域来说，不发展旅游业，这些地区也可能会被开发为其他用途，也会造成生态环境的恶化。例如，珊瑚礁海域具有强大的旅游吸引力，而对于海中的生物来说，珊瑚礁是其栖息地，保护珊瑚礁就等于保护众多的海洋鱼类。三亚市于 2009 年编制了《三亚市水下旅游规划》，其对游客下水旅游进行容量控制以保护珊瑚礁生态景观。

2. 历史与考古遗址的保护

旅游业可以保护某些历史遗址，旅游业为这些遗址带来资金，如果不是旅游业，这些资源可能会遭到破坏甚至最终消失，从而造成地区文化遗产的损失。欧洲、北美及其他一些地方都有大量的历史保护区，这些保护区都是重要的旅游景点，旅游业带来的收入使这些保护行为得到保障。在南亚和东南亚，很多考古和历史保护区由于能吸引旅游者而给这些低收入国家带来经济效益，有时这些景点的门票收入可直接用于考古研究和保护措施的投入。

3. 环境质量的改善

旅游地通过旅游规划的实施可以有效控制空气、水、垃圾和噪声污染，促进整体环境的净化。此外，通过旅游规划中的绿化工程，适宜的建筑设计、户外标牌控制和更好的建筑维护可以使区域环境得到美化。设计完美的旅游设施，如餐饮、住宿、娱乐、交通等设施，会为原本单调的乡村或城市景观增色。例如，旅游景区公路景观的打造，在改善景区交通条件的同时，为景区增色添彩。公路景观通常包括公路自身景观和公路两侧景观。其中，旅游公路自身景观包括路侧绿化带景观、中央分隔带景观、边坡景观、桥梁景观，附属设施景观；旅游公路内侧景观包括地形地貌景观、林地景观、水域景观、农田景观、荒地景观和城镇景观、郊区景观、乡村景观等。

应用案例 10-3

黄果树景区的申遗之路

黄果树风景名胜区是国家第一批国家级风景名胜区和第一批 5A 景区，因其壮美而驰名中外，1992 年，贵州省将黄果树首次提名申请列入世界遗产名录，但遗憾的是，当时景区内仅有 7.2% 的森林覆盖率，以及景区还存在"半边街"等众多的"人工痕迹"，这些都延长了此次申遗的时间。

按照规定，一处景区只能申报一次，若被否决，便永远不能再申报。因此，在联合国教科文组织召开会议讨论表决前，原建设部明智地将黄果树的申报材料撤回，在撤回黄果树景区申遗材料时，原住建部给贵州省作了以下回复：如果恢复生态环境，提高生态质量，搬迁"半边街"，加大水土流失治理，还有很大希望。

此后，黄果树景区加大投入，对大瀑布周围的植被进行了治理，由于一些地方土层较薄，工作人员便采取爆破填坑的方式进行植树。20 年后的今天，黄果树景区的森林覆盖率率达到了 50% 以上，且核心区的森林覆盖率已过 70%。虽然生态植被得到了恢复，但"人工痕迹"的重点——"半边街"的搬迁工作却因为种种原因，一直没有启动。

不少游客来到黄果树景区，看到气势磅礴的大瀑布时，会由衷地赞美大自然的神奇，但看见大瀑布对面山崖上老旧的民居，空气中还不时传来生活垃圾的臭味，顿时觉得大煞风景。村寨的大量建筑不仅破坏了原有的自然地貌和视觉景观，上千人的生产生活对瀑布也造成了极大的影响。因此，黄果树再次申遗的工作一直没了下文。

2006 年，"半边街"的搬迁工作正式启动，搬迁工作中，景区工作管理委员会采取较为优厚的条件，确保搬迁户"搬得出、留得住、能致富"，将区位较好的黄果树迎宾大道旁边的大型停车场对面作为搬迁安置区。"半边街"的所有住户搬迁后，产生了20万平方米的空地。按规划，景区将这些空地上植树绿化，把美景"还"给广大游客，让它们与大瀑布融合在一起，最终达到申报世界自然遗产的标准和要求。

2010年下半年，黄果树风景名胜区申遗办正式成立，待搬迁完成，搬迁空地上的植被恢复，黄果树景区的申遗工作将再次启动。

分析与思考：

1. 从旅游开发与保护的要求看，黄果树景区申遗失败的主要原因有哪些？

2. 如果黄果树景区要再次申遗，应该从哪些方面进行补救？

资料来源：金黔在线. 拆除半边街 黄果树要申遗［EB/OL］.（2011-10-13）［2020-01-03］. http://news.ifeng.com/c/7faYFJNq8k3.

4. 基础设施和服务设施的改善

旅游地的基础设施规划是旅游规划的主要内容之一，它一方面能为景区及游客提供服务，另一方面也能为旅游地居民提供便利，改善地方的基础设施状况。区域旅游业的发展可以分担部分基础设施开发的费用，如机场、道路、通信、供水、排污、固体垃圾处理和通信设施等，而这种基础设施的开发又能减轻整个地区的环境污染问题，提高地区环境质量。例如，四川九寨沟地处偏远山区，对外交通不便，20世纪80年代以前沟内产业主要以林业为主，森林砍伐造成森林大规模破坏，并导致一系列的自然灾害。九寨沟进行旅游开发之后，交通条件大为改善，对外联系加强，四川九寨沟目前主要以旅游业为主，生态环境得到改善。

（二）负面影响

不适当的旅游规划与开发，会对环境造成各种负面的、消极的影响。影响的类型与程度主要取决于旅游业开发方向、开发规模和旅游地的环境承载力水平。

1. 造成众多污染

旅游业区域不合理的规划与开发可能导致污染问题，如水污染、空气污染、噪声污染、视觉污染、垃圾污染等。旅游地供游客使用的汽车、巴士和摩托车等交通工具的排气系统若维护不良将会加剧车辆的尾气污染。如果旅游地服务设施与公共设施等的规划布局不当，饭店及其他服务设施的建筑设计与当地建筑风格或当地自然环境不协调，则会造成视觉污染。

应用案例 10-4

洱海流域无序开发严重破坏生态环境

洱海位于云南省大理白族自治州（以下简称大理州），为全省第二大淡水湖，是苍山洱海国家级自然保护区的重要组成部分，也是大理市集中式饮用水水源地。2015年1月，习近平总书记视察洱海时做出"一定要把洱海保护好"的重要指示。但督察发现，近年来，大理州对洱海周边旅游无序开发管控不到位，非煤矿山生态破坏问题整改不力，洱海环湖生态遭到破坏，洱海水质呈下降趋势。

一、有关情况

2016年中央环境保护督察反馈指出,云南省对高原湖泊治理保护的长期性和复杂性认识不足,工作系统性和科学性不够,部分政策措施没有严格落实,规划目标未能如期实现。部分湖泊"边治理、边破坏""居民退、房产进",群众反映强烈。其中,大理州等地部分自然保护区及重点流域存在违法开发建设问题。

二、主要问题

(1) 洱海周边旅游发展管控不到位。大理州"十二五""十三五"涉及洱海流域旅游产业发展规划,未依法开展环境影响评价,州政府存在违规审批旅游规划的情况。2016年中央环境保护督察反馈指出的"苍山洱海国家级自然保护区没有依法报批旅游发展规划,在保护区范围内开展旅游活动"问题,至"回头看"进驻时尚未整改。大理市、洱源县组织编制的多项旅游发展规划未充分考虑环境承载力,部分项目与洱海保护要求不符,洱海流域旅游发展处于无序状态。

(2) 洱海水质近年来呈下降趋势。2017年,洱海部分污染物年均浓度较2015年上升,其中总磷上升27%,化学需氧量上升11%,总氮上升10%,综合营养状态指数上升8%,藻类细胞数上升68%,高锰酸盐指数上升9%。2016年和2017年,洱海水质类别均评价为Ⅲ类,连续两年未达到水环境功能区Ⅱ类水质要求。

三、责任分析

2013—2016年,洱海流域餐饮客栈出现"井喷",大理州、市(县)两级政府及市场监管等部门重视不够,对违法建设问题执法不严、监管不力。截至2017年4月,洱海流域核心区内共排查在建违章建筑1 084户、餐饮客栈2 498户,其中1 947户证照不齐。违章建筑和违规餐饮客栈,侵占大量洱海湖滨带,损害洱海生态环境。

大理州擅自允许在洱海保护控制区对农村个人住房进行改建、重建或拆旧建新,违反《洱海海西保护条例》和《洱海保护管理条例》的规定。2015年、2016年大理市审批环洱海拆旧建新高达4 713户,为餐饮客栈无序发展推波助澜,导致大量生活污水直排环境。2016年6月,大理创新工业园区发改局在未查明企业违反国家产业政策的情况下,为大理市瑞泽建材厂页岩实心砖生产项目出具《投资项目备案证》,工作不严不实。该厂在未经批准的情况下于2017年4月擅自恢复生产,但大理市国土、林业、环保等部门及凤仪镇政府没有及时制止。洱源县小水坝石料加工有限公司石灰岩矿涉嫌私挖盗采,但洱源县政府及国土等部门长期监管失察。

资料来源:中华人民共和国生态环保部[EB/OL].(2018-10-22)[2020-01-04].http://www. mee. gov. cn/xxgk2018/xxgk/xxgk15/201810/t20181022 _ 664929. html? keywords=

分析与思考:

1. 洱海流域无序开发产生了哪些生态环境问题?

2. 产生这些生态环境问题的原因是什么?

2. 导致生态环境破坏

大量研究表明,即使是低水平的利用也会产生影响,除非旅游活动被限制,否则其对环境的影响就不可避免。旅游地规划中的游客数量及设施建设规模如果超出旅游地环境的承载能力，将会造成多种生态问题。旅游者对旅游地生态环境脆弱区域的过分使用会导致生态系统的破坏，如游径的建设与利用对植被的影响。游径的建设使植物更容易被接近，增加了植被被践踏和啃食的风险；践踏和啃食还会改变土壤条件；游径建设去除植被，改变了微气候和土壤状况；新的植物传播体的引入使得沿游径的外来物种增多，如表 10-1 所示。

表 10-1　旅游对环境的影响效应

环境因子	影响因素	影响效应
植物	游客的各类践踏、采集、刻画行为，牲畜啃食；旅游设施建设、环境污染等引起的生境变化；外来物种入侵	植物覆盖减少；地表裸露；植物个体高度、活力下降，植物繁殖与更新受影响；种群及群落组成与结构等特征改变
土壤	践踏行为，垃圾污染，植被状况的改变	土壤压实，理化性质变化；土壤生物组成改变；土壤侵蚀加速，水土流失加剧
动物	打猎，垂钓，食用，商品开发，观赏，喂食，游客干扰，植物、土壤状况改变引起的生境变化，外来物种入侵	行为变化，健康恶化；繁殖率下降，死亡率增加，数量下降，个体或种群迁移，物种分布改变，区域物种组成改变
水环境	旅游设施建设，外来物种引入，游船等水上旅游活动，岸边旅游活动	水体浑浊，营养物增加，致病细菌增加，水质量下降；水生生物数量和组成改变水资源数量下降；水资源空间分布改变

资料来源：根据巩劼，陆林《旅游环境影响研究进展与启示》中的数据整理，改编。

3. 破坏考古和历史遗址

对环境脆弱的考古和历史遗址的过度或不当使用会导致这些遗址被破坏。如对于历史遗址来说，通过开发进行保护是一种有效途径，但如果在对这类资源的规划与开发中偏重追求经济效益，将会导致这些遗址过度商业化的问题出现。例如，一些江南古镇因为商业开发驱逐了原住民，使得古镇几乎变成了商业街。

考古和历史遗址区的游客服务设施的类型和规模应根据游客的使用量及不同设施的功能进行合理规划布局，游客服务设施一般应位于遗址的主要入口处。在历史街区，游客设施和商业设施一般可布局于不太重要的历史建筑内。如果这类设施布局不合理，则会导致因拥挤或污染等问题造成的对遗址的破坏。

第二节　旅游规划与开发的环境影响评估的程序

一、旅游规划与开发的环境影响评价的意义

（一）科学论证旅游规划与开发的环境可行性

旅游规划实施造成的环境问题，一方面体现在对植被、生物资源、人文资源、自

然景观等的开发利用；另一方面体现在配套的旅游设施、旅游活动本身及旅游业所带动的其他产业发展对环境的直接与间接影响上。而且，一些环境问题不仅发生在具体的旅游资源开发过程和旅游接待过程中，在旅游规划制定之初，这些问题就已潜在地发生了。

旅游开发涉及旅游资源开发建设、旅游基础设施建设、旅游服务设施建设。开发就意味着对旅游资源及所处的生态环境、人文社会环境、经济环境等会产生一定影响。并且，旅游资源开发对外开放后，大量游客的进入也会对旅游资源及所处的生态环境、人文社会环境和经济环境产生种种影响。不同的旅游资源及所处的环境具有不同的环境承载力，一些自然旅游资源和人文旅游资源具有不可替代性，并且生态环境非常脆弱，对受外界的影响非常大，一旦遭到破坏，其损失是无法挽回和补救的。

编制旅游规划，以可持续发展理论为指导，以保护生态环境，协调旅游规划与开发的生态效益、社会效益和经济效益同步增长为目标所进行的环境可行性论证，识别旅游规划与开发环境影响因素，科学确定合理的评价指标体系，详细分析论证、预测和评价实施旅游规划与开发对环境可能造成的影响，有助于规划组全面调查了解规划区环境现状和开发对环境的影响程度，以及旅游活动可能产生的环境问题，如会对生态环境有什么破坏和影响，有哪些污染物，有多少进入环境；定量或定性给出环境受影响或受破坏的程度以及环境对这种影响或破坏的承受能力，尤其要指出受破坏或受污染后又不可逆的生态环境、社会发展问题或具有重大环境隐患的问题，论证旅游规划目标、战略、规模、结构、布局、重大旅游开发行为的可行性和合理性，推荐优化的旅游规划方案，并提出预防或者减轻不良环境影响的对策和措施等，能够有效避免在旅游规划与开发建设项目的选址、规模、性质上产生重大失误，减少因战略失误而造成的旅游开发过程中对旅游资源和环境的破坏，最大限度地减少对自然生态环境的破坏，做到对旅游资源的合理开发利用，从源头上控制生态环境问题、社会问题的产生。

只有对规划实施的各种情况产生的环境影响及程度做出分析准确的判断，才能提出合理可行的环境保护措施，避免或者减小对环境的影响，实现旅游地的可持续发展。这些都是旅游规划能否通过、旅游开发项目立项的重要依据和立项后项目设计、建设中指导环境保护的纲领，具有法律强制性和行政约束性，从而实现预防为主的战略目标，实现经济效益和社会效益、生态效益最大化，避免盲目开发给生态环境和社会环境造成的不利影响。

（二）优化旅游业发展的要素结构与空间布局

旅游规划提出的旅游开发项目或多或少地会破坏原有的生态平衡，污染环境。但这种破坏或污染的程度如何，怎样使其减轻到生态环境、人文社会环境可以接受的程度，往往是旅游规划编制者、组织者、实施者、建设者需要知道而又难以明确回答的问题。按照《国家和区域旅游规划方法与案例分析》中的内容，规划编制组需要的专家应包括旅游开发生态学家或环境规划师。在旅游规划编制过程中，应充分发挥旅游开发生态学家或环境规划师的作用，进行旅游规划的环境影响评价，其目的就是旅游规划组在全面调查的基础上，运用科学的环境影响评估方法，分析生态环境现状，能够正确处理旅游活动和生态环境之间相互依赖、相互制约的关系，科学论证旅游规划方案的经济建设与环境保护协调发展问题，综合考虑旅游要素的统筹安排和布局，科学划定旅游地的用地范围及空间布局，具体规定各区域的土地利用形态、资源保护强度、开发建设强度、游憩活动内容，为规划建设项目的选择和筛选提供科学依据，从项目的性质、功能区的要求、与相邻建设项目的相容性、区域环境承载力等方面确定项目建设的可行性。

（三）制定旅游资源环境保护管理措施

旅游规划的环境影响评估对旅游规划的环境影响的科学评定以及对旅游规划提出的修改建议，实质上起到了间接对旅游开发进行宏观环境管理的作用，它对旅游开发提出了更加合理的环境质量目标。同时旅游规划环境影响评估的结论需提出适宜的环境保护管理措施，如生态环境管理机构的设置、环境监测手段、对旅游活动的要求、旅游资源和环境保护管理原则和措施、规划期内的旅游容量，还需具体规定各区域的土地利用形态、资源保护强度、开发建设强度、游憩活动内容，控制各功能区的功能、土地利用强度、生态承载能力、规划利用强度，从人类活动、人工设施、土地利用等方面进行控制，这些措施和手段都为旅游管理者和旅游经营者提供了开发、建设和管理的方向，便于其分类、分片管理和规划的分期实施，达到预定的环境质量目标。

二、旅游规划与开发的环境影响评估的原则

旅游规划与开发是一个长期而复杂的过程，在旅游规划与开发中会涉及众多自然环境、社会环境、经济环境的问题。因此，旅游规划与开发环境影响评估也需要对自然环境、社会环境、经济环境进行考察评估。如果考察不周全，必然会得出片面的或者不科学的结论。

（一）客观公正的原则

旅游规划与开发环境影响的评估工作是涉及区域旅游可持续发展的一个重要评估项目。因此，对评估的对象必须持有客观公正的态度，要综合考虑规划实施后对生态环境、经济环境和社会环境可能造成的影响，为决策提供科学依据。规划组对于旅游规划与开发所带来的环境影响要进行客观实际的评价，既不能任意夸大其效益，也不能对旅游规划与开发所能带来的负面效益视而不见，做到评估结果要客观公正。

（二）科学实际的原则

在对旅游规划与开发进行环境影响评估时应具有严谨科学的态度和精神，同时，还要运用正确的方法对其进行评估。仅有客观公正的态度而没有科学的手段也无法得出理想的结果。在对旅游规划与开发的环境影响进行评估的过程中，应运用数理统计、经济学、生态学、人口学、社会学等学科的理论，采用模型法、趋势外推法、类比分析、生态敏感性分析法、生态适宜度分析法、景观格局分析法等方法进行环境影响分析，力求得出科学的评估结果，提出科学的对比选择方案，选出最优的规划方案，提出科学的防治措施，将旅游规划与开发对环境的影响和破坏到最小，实现旅游经济效益、社会效益和生态效益最大化。

（三）全面系统的原则

旅游规划与开发涉及了人类社会及自然界的各个方面，具有多方面的影响。因此，在进行旅游规划与开发环境影响评估时，规划组应综合考虑经济、社会、环境多方面的影响和带来的综合效益，从自然资源、人文资源、生态环境、自然景观、社会经济等几方面展开，全面综合地考察所涉及的评估对象，制定评估指标时要尽可能地全面反映出旅游规划与开发所能产生的各种效益，对社会—经济—自然环境影响进行综合评估，从各种替代方案中找出最佳规划方案。

表 10-2 为沈万斌等学者在《旅游专项规划环境影响评价探讨》中建立的旅游规划环境影响评价指标体系。

表 10-2　旅游规划环境影响评价指标体系

序号	指标类型	指标组成
1	社会经济文化指标	社会安定指标 当地居民对旅游业的态度 国民经济发展指标 风俗民情 宗教文化 文物保护土地利用
2	生态环境指标	植被覆盖率 森林覆盖率 动植物种数 物种相对丰度 土壤
3	自然环境指标	水环境质量 空气环境质量 声环境质量 自然景观指标
4	人文环境影响指标	旅游服务设施、景区景点建设对水环境的影响 旅游服务设施、景区景点建设对空气环境的影响 旅游服务设施、景区景点建设的水土流失 旅游道路建设的水土流失 旅游依托地设施建设的环境影响 旅游服务设施、景区景点建设的景观影响
5	风险灾害指标	滑坡、泥石流、洪水、火灾等 外来有害动植物物种侵入影响 外来有害传染性病毒侵入影响
6	可持续性指标	社会经济承载力 社会心理承载力 资源空间承载力 管理环境承载力 旅游生态环境承载力

（四）公众参与原则

旅游规划与开发涉及多方利益，可能引发诸多矛盾，广泛征求当地公众的意见和要求，使公众能够尽早对旅游规划与开发将涉的自身利益有所了解与掌握，充分保证其知情权和发言权，从而有效推进政府决策的民主化和科学化。

公众参与是确保旅游规划与开发环境影响评价客观、公平、平等的有力措施。由于旅游规划所涉及的范围较广、规划实施后影响范围较大，这就要求公众参与应贯穿到旅游规划环境评价的全过程。在规划环境影响评价中鼓励和动员多方专家和公众的积极参与，如采用问卷法、访谈调查、专家咨询等方法，充分吸纳和综合各方面利益和主张，取得公众的支持，从而有效避免决策失误，使规划更具可行性，另外，这还有利于提高公众的环保意识等。

（五）可持续性的原则

旅游开发活动的进行，在给社会经济发展带来良性促进的同时，也会造成对环境的破坏。过度的开发行为无疑是杀鸡取卵、涸泽而渔，这种舍本逐末的开发方式对旅游地经济、社会和生态环境可以说是有百害而无一利。在进行旅游规划与开发环境影响评估时，应树立可持续发展的观念。可持续发展的关键就在于正确认识人与自然的关系，经济效益和社会效益、生态效益的关系。对旅游规划与开发环境影响的评估应该从经济、社会和环境三个方面来进行，旅游规划与开发不能只顾经济效益而忽视社会效益和生态效益，也不能只注重正面效益而轻视负面效益，更不能只看重眼前利益而忽视长远利益，要综合分析旅游规划与开发对社会、经济、环境的影响，提出具有可持续改进功能的环境管理和保护措施，确保水、大气、声、固体废弃物及生态环境能够得到保护，以及生态环境、景观、绿化等环境建设同步规划、同步实施，使环境保护与规划建设实现科学有序发展，使旅游发展规划的实施实现环境、经济和社会同步发展，确保旅游规划区的可持续发展。

三、旅游规划环境影响评价的程序

旅游规划环境影响评价的程序主要包括以下九个方面。

（1）旅游规划综合分析。它包括分析拟议的规划目标、指标、规划方案与相关的其他发展规划、环境保护规划的关系。

（2）旅游规划地环境质量现状调查、分析与评价。它包括调查、分析环境现状和历史演变，对社会经济概况、对自然环境概况、规划实施环境的影响因素以及旅游资源进行评价，识别敏感的环境问题以及制约规划的主要因素。

（3）实施旅游规划产生环境影响的识别与确定环境目标、评价指标。它包括识别旅游规划目标、指标、方案（包括替代方案）的主要环境问题和环境影响，按照有关的环境保护政策、法规和标准拟定或确认环境目标，选择量化和非量化的评价指标。

（4）旅游规划地功能区划分与环境承载力计算与分析。

（5）实施旅游规划的环境影响预测与评价，主要包含了对旅游规划水环境、空气质量、社会经济环境、固体废弃物环境、生态环境以及景观格局等方面的预测、评价和分析。

（6）旅游规划的综合效益分析。

（7）旅游规划地环境保护的对策与措施，确定环境可行的推荐规划方案。

（8）旅游规划地环境管理计划。

（9）旅游规划环境影响评价结论。

第三节　旅游规划环境影响识别

环境影响识别作为旅游规划环境影响评价的主要环节之一，是确定环境影响评价指标及实施具体评价的必要前提，其识别质量直接影响到整个环评工作的科学性及有效性。

旅游规划与开发环境影响识别是指在分析旅游规划目标、指标及总体方案的基础上，通过一定方法找出旅游规划所确定的某个项目或活动对环境影响的各种变化指标，并定性说明环境影响的性质、程度及可能的影响范围。

一、旅游规划与开发环境影响识别的意义

旅游规划与开发环境影响识别是一种定性的和宏观的环境影响分析与认识过程，其重要性体现在以下四个方面。

（一）预防环境影响预测的盲目性

旅游规划涉及多个相关的部门（例如交通运输、宾馆服务、邮电通讯、环境保护等），影响面广，影响因子多，但不是所有的环境影响因子都需要列入环境影响评价考虑范围。通过环境影响识别可以确定所有受影响（尤其是不利影响）的环境因素，从而避免规划盲目的环境影响预测，提高评价效率。

（二）提高环境影响综合评价的可靠性

环境影响识别是确定环境影响评价指标的重要依据，环境影响识别结果的可靠性直接决定评价指标的可靠性，所以高质量的环境影响识别将极大地提高旅游规划环境影响综合评价的可靠性。

（三）增强污染防治对策及措施的针对性

对环境影响识别过程中确定的环境因素进行科学评价，确定其受影响的性质、程度、时间跨度等特点，规划组从而可以根据这些特点提出针对性的环境影响减缓措施及污染防治措施。

（四）节约环境影响评价成本

准确的环境影响识别可以科学地缩小评价因子范围，在保证评价科学性及有效性的同时，节约了大量的人力、物力、财力、获得信息的时间等，从而合理降低了整个旅游规划环境影响评价的执行成本。

二、旅游规划与开发环境影响识别的内容

从本质上来讲，旅游规划与开发环境影响是旅游相关产业（主体）与受影响的环境因子（受体）之间相互作用的结果。因此，旅游规划与开发环境影响识别的内容主

要有主体识别、受体识别和效应识别三个方面。

（一）主体识别

对旅游规划的整个实施过程进行识别，不仅包括具体的旅游区域规划建设工程、基础设施建设、交通运输建设及公共服务设施建设对环境的影响；同时，由于旅游业的高度综合性及关联性，旅游规划的实施将带动相关行业的发展，这些行业的发展都有可能带来一系列的生态环境问题；从规划的时段上来分析，应包括从建设施工期到规划实施运营期间的环境影响。对主体的识别过程应该充分体现分期、分段识别的特点，保证全方位、全时段地完成对主体的识别。

（二）受体识别

受体识别包括规划区域内的旅游资源、旅游景观、环境敏感区域（如拟规划区内的自然保护区、野生动物保护区、森林公园、地质公园、重要湿地等）、环境风险区内的主要生态系统和自然资源，以及当地社区（尤其是少数民族地区）与环境息息相关的社会经济与文化。

（三）效应识别

效应识别是指对环境有影响作用的生态效应进行识别。效应识别主要包括从局部和整体两个方面进行效应识别。局部要分析环境影响的性质、程度、时间跨度及可能性等内容；整体上应充分考虑旅游业发展目标，拟定旅游业发展的规模、要素结构与空间布局、旅游建设项目、旅游相关产业等方面潜在的环境影响。

1. 旅游业定位及发展目标的可能环境影响

对旅游业进行定位并提出旅游发展目标是旅游规划战略层面的内容，即要明确旅游业在当地国民经济和社会发展中的地位与作用，旅游业发展的目标与战略措施，在此基础上确定一系列旅游发展指标。旅游业定位及其发展目标与指标所产生的环境影响较为宏观，比较容易预判和把握，比如，如果定位为水上娱乐中心，就有可能会对水体环境产生影响。

2. 拟定发展规模及速度的可能环境影响

识别过程中应该根据当地的社会经济条件、预期的旅游相关产业发展、基础设施建设等状况，对规划所确定的发展速度及规模的可行性进行判断，并在此基础上确定其可能的环境影响。如当地的社会经济发展水平在规划期内无法达到拟定发展速度和规模对外部条件的要求，则可以断定在这样的发展速度及规模下，旅游业的发展将会超过当地资源及生态环境的容量。在传统文化浓厚的地区，过快的发展速度可能会超过当地居民的心理承受程度，给旅游氛围带来威胁。

3. 旅游业要素结构及空间布局的可能环境影响

这主要是指分析旅游业要素结构及空间布局是否与旅游资源保护、现有服务设施的布局相协调，包括旅游业内部各要素，如旅游接待设施、游览设施、生活服务设施、娱乐设施、医疗卫生设施、旅游购物、旅游交通等要素结构安排的合理性；规划确定的旅游接待区与旅游资源集中区，当地的自然生态环境脆弱区及原有的城镇及交通设施的位置关系等。结构的失调及布局的不合理将加大游客在旅游区游览及其他活动的无序性，不利于游客管理及景区经营，在影响经济效益的同时还将对当地的生态环境和社会文化环境带来负面影响。

4. 旅游建设项目的可能环境影响

旅游规划的一项重要内容是确定旅游建设项目体系（包括景区景点建设、旅游项目建设），并且提出施工的时间序列及空间布局，这是旅游业可能产生直接环境影响的最主要源头，因此是环境影响识别的重点所在。旅游建设项目的可能环境影响主要有：施工建设过程中对部分植被及其环境造成暂时或永久性的破坏，严重的甚至会破坏当地特有的生态系统；施工过程中产生的噪音会影响动物正常活动，严重者可能会引起部分动物群体的迁移；建材运输及建筑机械的燃油尾气排放会造成大气污染；施工阶段带来的生产及生活垃圾会对土壤及水体带来一定程度的污染；施工过程中会产生大量的建筑垃圾以及弃土弃渣，有些施工会破坏天然的土体山体，如果处理不当，在雨季来临很容易造成滑坡、塌方、泥石流等灾害，这可能会破坏当地原有的自然景观及旅游资源，同时影响到规划区内的动植物群落及生态系统。

5. 旅游相关产业发展的可能环境影响

一个地区旅游业的发展对其他相关产业具有较大的影响，尤其在旅游业作为支柱产业的地区，其作用可能是决定性的。旅游业的发展可以带动餐饮、宾馆、交通、通讯、农副产品、旅游商品、房地产等产业的发展，而这些产业当中有很多是资源消耗型及污染型产业，如果发展方式比较粗放，规模不断扩大，生活污水、各种固体废弃物、污染物、噪声会大大增加，这将给原有的生态环境带来很大的威胁。在环境影响识别过程中，规划组应该识别出相关产业的发展对区域生态环境可能造成的影响。

思考题

1. 什么是旅游规划与开发环境影响评估？
2. 旅游规划与开发环境影响应从哪些方面进行评估？
3. 旅游规划与开发对社会文化环境的正面影响有哪些？负面影响有哪些？
4. 旅游规划与开发对生态环境的正面影响有哪些？负面影响有哪些？
5. 旅游规划与开发环境影响评估的意义体现在哪些方面？
6. 旅游规划与开发环境影响评估应遵循哪些原则？
7. 旅游规划与开发环境影响识别包括哪些内容？

参考文献

[1] 范业正, 陶伟, 刘锋. 国外旅游规划研究进展及主要思想方法 [J]. 地理科学进展, 1998 (03): 89-95.

[2] 苏平, 吴必虎. 国外城市旅游规划研究述评 [J]. 国外城市规划, 2000 (03): 10-12, 43.

[3] 罗明义. 中外合作编制旅游规划的实践与体会 [J]. 旅游学刊, 2001 (05): 39-44.

[4] 杨春宇. 人文主义在旅游规划中的对比性研究 [D]. 昆明: 云南师范大学, 2003.

[5] 许春晓. 中国旅游规划的市场研究历程 (下) [J]. 旅游学刊, 2003 (04): 52-57.

[6] 范业正, 胡清平. 中国旅游规划发展历程与研究进展 [J]. 旅游学刊, 2003 (06): 25-30.

[7] 李经龙. 旅游规划核心内容动态分析 [D]. 芜湖: 安徽师范大学, 2004.

[8] 许春晓. 当代中国旅游规划思想演变研究 [D]. 长沙: 湖南师范大学, 2004.

[9] 周玲. 旅游规划与管理中利益相关者研究进展 [J]. 旅游学刊, 2004 (06): 53-59.

[10] 周建明. 我国旅游规划的近今趋势与发展思考 [C]. 中国城市规划学会. 城市规划面对面: 2005 城市规划年会论文集 (上). 中国城市规划学会: 中国城市规划学会, 2005: 693-699.

[11] 裴沛. 旅游规划研究发展趋势 [J]. 合作经济与科技, 2005 (19): 39-40.

[12] 张瑞敏, 徐红罡. 旅游交通研究述评 [J]. 桂林旅游高等专科学校学报, 2005 (06): 41-44.

[13] 周军. 可持续旅游规划的理论研究 [D]. 武汉: 华中师范大学, 2007.

[14] 李九全. 国外社区旅游规划的研究进展及其主要理念 [J]. 经济地理, 2008 (01): 147-151.

[15] 周晓霞. 旅游规划类型与编制内容研究 [D]. 上海: 同济大学, 2008.

[16] 邹统钎, 万志勇. 中国旅游规划思想的演变（上）：中国旅游规划 30 年回顾与反思 [J]. 北京第二外国语学院学报, 2009, 31 (05): 1-7.

[17] 臧丽莎. 中国旅游规划发展的阶段特征及主导思想对比研究 [D]. 青岛: 青岛大学, 2009.

[18] 邹统钎, 万志勇. 中国旅游规划思想的演变（下）：中国旅游规划 30 年回顾与反思 [J]. 北京第二外国语学院学报, 2009, 31 (07): 13-22.

[19] 贾婷婷, 蔡君. 国外旅游规划的发展历程及主要规划方法评述 [J]. 河北林业科技, 2010 (01): 32-35.

[20] 崔佳. 中外旅游规划与开发比较研究及其对我国的启示 [D]. 南昌: 南昌大学, 2010.

[21] 钟韵, 彭华. 旅游研究中的系统思维方法：概念与应用 [J]. 旅游学刊, 2001 (03): 48-53.

[22] 顾朝林, 张洪, 徐逸伦, 等. 旅游规划理论与方法的初步探讨 [J]. 地理科学, 2003 (01): 52-59.

[23] 吴人韦. 旅游规划的定位与定向 [J]. 人文地理, 2000 (02): 38-40+23.

[24] 周军. 可持续旅游规划的理论研究 [D]. 武汉: 华中师范大学, 2007.

[25] 吴人韦. 旅游规划理论的结构 [J]. 地理学与国土研究, 2000 (01): 52-55.

[26] 龙俊芳, 王路, 李静. 旅游规划理论研究综述 [J]. 商业文化（学术版）, 2010 (08): 312-313.

[27] 黄细嘉, 李雪瑞. 我国旅游资源分类与评价方法对比研究 [J]. 南昌大学学报（人文社会科学版）, 2011, 42 (02): 96-100.

[28] 王维克. 世界旅游业发展回顾与趋势展望 [J]. 乌鲁木齐职业大学学报, 2005 (01): 32-33, 41.

[29] 陈蔚德. 世界旅游业的发展趋势 [J]. 重庆工业管理学院学报, 1997 (01): 45-52.

[30] 席婷婷. 国内外旅游业发展现状和前景分析 [J]. 市场论坛, 2017 (10): 69-72.

[31] 温兴琦. 改革开放三十年来我国旅游规划理论研究进展及评述 [J]. 珞珈管理评论, 2009 (1): 209-217.

[32] 郭丽华. 基于利益相关者的旅游规划优化模式研究 [J]. 云南财经大学学报, 2006 (05): 56-61.

[33] 李正欢, 郑向敏. 国外旅游研究领域利益相关者的研究综述 [J]. 旅游学刊, 2006 (10): 85-91.

[34] 王波, 章仁俊. 基于利益相关者理论的国内外旅游应用研究综述 [J]. 特区经济, 2008 (07): 156-158

[35] 石美玉. 从利益相关者视角看我国旅游规划的发展 [J]. 旅游学刊, 2008 (07): 7-8.

[36] 邹统钎. 中国旅游规划四十年 [N]. 中国旅游报, 2018-10-23 (003).

[37] 保继刚，孙九霞. 旅游规划的社区参与研究：以阳朔遇龙河风景旅游区为例 [J]. 规划师，2003（07）：32-38.

[38] 吴人韦. 旅游规划原理（全国旅游院校统编教材）[M]. 北京：旅游教育出版社，1999.

[39] 王大悟. 关于旅游规划若干认识的探讨 [J]. 旅游学刊，2001（05）：45-48.

[40] 侯晓丽，董锁成，贾若祥. 旅游规划整合：对"大旅游"内涵的再认识 [J]. 旅游学刊，2005（04）：43-50.

[41] 李经龙，郑淑婧. 旅游规划核心内容动态分析 [J]. 地理与地理信息科学，2005（01）：83-87.

[42] 马勇，肖智磊，卢桂芳. 区域旅游规划的创新思考 [J]. 旅游科学，2007（03）：37-43.

[43] 唐代剑，池静. 旅游规划方法研究进展 [J]. 北京第二外国语学院学报，2005（03）：86-90.

[44] 张述林，邹再进. 面向复杂系统的旅游规划综合集成方法 [J]. 人文地理，2001（01）：11-15.

[45] 邓辉. 关于旅游开发体系构建的思考 [J]. 中南民族学院学报（人文社会科学版），2002（06）：108-111.

[46] 吴人韦. 旅游规划的作用 [J]. 桂林旅游高等专科学校学报，2000（01）：70-73.

[47] 王亚萌. 浅谈旅游规划的功能：从规划入（旅游）法谈起 [J]. 法制与社会，2013（32）：180-181.

[48] 郭来喜，吴必虎，刘锋，等. 中国旅游资源分类系统与类型评价 [J]. 地理学报，2000（03）：294-301.

[49] 王建军. 旅游资源分类与评价问题的新思考 [J]. 旅游学刊，2005（06）：7-8.

[50] 李雪瑞. 我国旅游资源分类与评价研究进展 [J]. 中国商界（下半月），2009（05）：255.

[51] 尹玉芳. 我国旅游资源分类的理论综述 [J]. 江苏经贸职业技术学院学报，2017（04）：28-33.

[52] 蔡敬敏，朱其梅，李国梁. 白洋淀风景名胜区旅游资源分类及评价 [J]. 山西师范大学学报（自然科学版），2007（02）：105-109.

[53] 陆林. 旅游资源定量评价及其分级：以皖南地区为例 [J]. 资源开发与保护，1990（04）：224-227.

[54] 李占海，柯贤坤，周旅复，等. 海滩旅游资源质量评比体系 [J]. 自然资源学报，2000（03）：229-235.

[55] 孙静，王永红. 国内外海滩质量评价体系研究 [J]. 海洋地质与第四纪地质，2012，32（02）：153-159.

[56] 马丽君，孙根年，李馥丽，等. 陕西省旅游气候舒适度评价 [J]. 资源科学，2007（06）：40-44.

[57] 钟林生，吴楚材，肖笃宁. 森林旅游资源评价中的空气负离子研究 [J]. 生

态学杂志, 1998 (06): 57-61.

[58] 石强, 舒惠芳, 钟林生, 等. 森林游憩区空气负离子评价研究 [J]. 林业科学, 2004 (01): 36-40.

[48] 俞孔坚. 论风景美学质量评价的认知学派 [J]. 中国园林, 1988 (01): 16-19.

[49] 保继刚. 旅游资源定量评价初探 [J]. 干旱区地理, 1988 (03): 60-63.

[50] 陈娅玲, 马耀峰. 基于旅游市场调查的游客旅游体验研究: 以桂林市为例 [J]. 西北农林科技大学学报 (社会科学版), 2006 (02): 102-106.

[51] 余颖, 张捷, 任黎秀. 老年旅游者的出游行为决策研究: 以江西省老年旅游市场为例 [J]. 旅游学刊, 2003 (03): 25-28.

[52] 王冬萍, 阎顺. 1998—2000 年新疆国内游客调查分析: 兼析新疆旅游市场的发展 [J]. 干旱区地理, 2003 (01): 68-72.

[53] 王文丽, 刘继生. 赤峰市旅游市场定位与营销策略研究 [J]. 人文地理, 2003 (03): 64-67, 7.

[54] 曹亚东, 安巍, 陈泽奇. 辽吉黑冰雪体育旅游市场定位的研究 [J]. 冰雪运动, 2013, 35 (04): 86-91.

[55] 唐峰陵. 广西红色旅游市场定位与营销策略 [J]. 广西社会科学, 2010 (12): 33-36.

[56] 林振华. 旅游市场的分析与定位 [J]. 中南林业调查规划, 2005 (01): 53-56.

[57] 周彩屏. 基于 SSM 方法的入境旅游市场客源结构分析: 以浙江省为例 [J]. 旅游学刊, 2008 (01): 46-51.

[58] 吕帅, 汪宇明, 龚伟, 等. 旅游市场客源结构的 SSM 分析: 以上海市海外游客市场为例 [J]. 旅游学刊, 2006 (11): 60-64.

[59] 邵筱叶, 成升魁, 李琛. 河南省旅游市场分析及客源目标市场选择 [J]. 经济地理, 2006 (01): 164-168.

[60] 张立生. 我国国内旅游市场规模分析与预测 [J]. 地域研究与开发, 2004 (01): 59-61.

[61] 保继刚. 主题公园发展的影响因素系统分析 [J]. 地理学报, 1997 (03): 47-55.

[62] 王丽芳. 中国旅游市场细分研究综述 [J]. 中国集体经济 (下半月), 2007 (11): 99-100.

[63] 张宏梅, 陆林, 朱道才. 基于旅游动机的入境旅游者市场细分策略: 以桂林阳朔入境旅游者为例 [J]. 人文地理, 2010, 25 (04): 119, 126-131.

[64] 曹欢德. 近期国内外旅游客源市场研究述评 [J]. 天津商学院学报, 2006 (02): 37-44.

[65] 毛金凤. 旅游市场的特点与市场定位 [J]. 辽宁教育学院学报, 1999 (04): 22-24.

[66] 周慧. "市场定位" 在旅游地研究中的应用现状 [J]. 长沙大学学报, 2007 (06): 26-27.

[67] 郭英之. 旅游感知形象研究综述 [J]. 经济地理, 2003 (02): 280-284.

[68] 吴必虎，宋治清. 一种区域旅游形象分析的技术程序 [J]. 经济地理，2001 (04): 496-499，512.

[69] 刘锋. 区域旅游形象设计研究：以宁夏回族自治区为例 [J]. 经济地理，1999 (03): 97-101.

[70] 李蕾蕾. 旅游点形象定位初探——兼析深圳景点旅游形象 [J]. 旅游学刊，1995 (03): 29-31，61.

[71] 程金龙，吴国清. 旅游形象研究理论进展与前瞻 [J]. 地理与地理信息科学，2004 (02): 73-77.

[72] 李山，王铮. 旅游地品牌化中的旅游形象与旅游口号 [J]. 人文地理，2006 (02): 5-11.

[73] 李娟文，彭红霞，何军. 论城市旅游形象塑造：以武汉市为例 [J]. 人文地理，1999 (03): 17-20.

[74] 程金龙，王发曾. 旅游形象的影响因素与塑造策略 [J]. 经济地理，2009，29 (10): 1753-1758.

[75] 李蕾蕾. 旅游目的地形象口号的公众征集：误区与思考 [J]. 桂林旅游高等专科学校学报，2003 (04): 43-47.

[76] 李飞，黄耀丽，郑坚强，等. 旅游目的地形象测量方法评述 [J]. 桂林旅游高等专科学校学报，2005 (02): 56-60.

[77] 王红国，刘国华. 国外旅游目的地形象测量方法述评 [J]. 旅游科学，2009，23 (06): 62-66.

[78] 王君怡，吴晋峰，王阿敏. 旅游目的地形象认知过程：基于扎根理论的探索性研究 [J]. 人文地理，2018，33 (06): 152-160.

[79] 李蕾蕾. 旅游目的地形象的空间认知过程与规律 [J]. 地理科学，2000 (06): 563-568.

[80] 李蕾蕾. 旅游地形象的传播策略初探 [J]. 深圳大学学报 (人文社会科学版)，1999 (04): 87-93.

[81] 李燕琴，吴必虎. 旅游形象口号的作用机理与创意模式初探 [J]. 旅游学刊，2004 (01): 82-86.

[82] 周年兴，沙润. 旅游目的地形象的形成过程与生命周期初探 [J]. 地理学与国土研究，2001 (01): 55-58.

[83] 石培基，李先锋. 旅游形象传播研究 [J]. 西南民族大学学报 (人文社科版)，2006 (08): 212-214.

[84] 李巍，张树夫. 旅游地形象的认知与构建 [J]. 资源开发与市场，2002 (06): 27-30.

[85] 苗学玲. "旅游地形象策划" 的 10 年：中国期刊全文数据库 1994—2003 年旅游地形象研究述评 [J]. 旅游科学，2005 (04): 64-70.

[86] 乌铁红. 国内旅游形象研究述评 [J]. 内蒙古大学学报 (人文社会科学版)，2006 (02): 98-103.

[87] 周娟. 旅游感知形象与旅游地形象塑造 [J]. 桂林旅游高等专科学校学报，

2007 (03): 353-356.

[88] 汪德根, 陆林, 陈田, 等. 区域旅游形象设计的理论与实证研究: 以内蒙古自治区为例 [J]. 地域研究与开发, 2004 (05): 63-67.

[89] 韦瑾. 关于旅游地形象重新定位和形象传播的探讨: 以桂林为例 [J]. 西南民族大学学报 (人文社科版), 2004 (01): 355-359.

[90] 朱孔山. 论旅游产品设计与开发的原则 [J]. 商业研究, 2002 (14): 116-118.

[91] 苟自钧. 旅游市场需求与旅游产品的开发设计 [J]. 经济经纬, 2001 (05): 91-93.

[92] 谭成文, 杨开忠, 彭朝晖. 论古文化旅游产品的开发: 以洛阳市为例 [J]. 人文地理, 2001 (02): 82-85, 21.

[93] 黄羊山. 对旅游产品的几点看法 [J]. 桂林旅游高等专科学校学报, 2001 (01): 39-41.

[100] 陈才, 王海利, 贾鸿. 对旅游吸引物、旅游资源和旅游产品关系的思考 [J]. 桂林旅游高等专科学校学报, 2007 (01): 1-4.

[101] 许刚. 旅游产品的结构划分及对策 [J]. 桂林旅游高等专科学校学报, 2004 (01): 28-30, 40.

[102] 邱文华. 关于旅游产品开发与创新的若干思考 [J]. 江西财经大学学报, 2005 (06): 111-113.

[103] 冯维波. 对我国旅游产品开发操作中若干问题的思考 [J]. 旅游科学, 2001 (02): 10-13.

[104] 陈青光, 周茂权. 桂林旅游产品开发和线路设计 [J]. 旅游学刊, 1995 (03): 32-35, 62.

[105] 吴忠军, 黄月玲. 龙胜旅游业的经济效益评估及其策略研究 [J]. 广西民族学院学报 (哲学社会科学版), 2005 (05): 127-130.

[106] 吕君, 刘丽梅. 旅游产品组合的内涵分析与启示 [J]. 前沿, 2004 (10): 63-65.

[107] 杨文华, 林移刚. 旅游形象定位与旅游产品体系建设关系 [J]. 商场现代化, 2007 (27): 237-238.

[108] 赵立新. 浅谈延边旅游产品形象的定位和开发 [J]. 延边大学学报 (社会科学版), 2002 (03): 43-45.

[109] 龙江智. 旅游目的地营销: 思路和策略 [J]. 东北财经大学学报, 2005 (05): 55-57.

[110] 乌兰. 略论旅游形象营销战略 [J]. 经济师, 2002 (09): 164-169.

[111] 秦宇. 试析旅游产品定义问题 [J]. 北京第二外国语学院学报, 2000 (01): 28-32.

[112] 朱孔山. 旅游产品及其市场营销的若干问题 [J]. 地域研究与开发, 1998 (02): 81-86.

[113] 张勇. 旅游资源、旅游吸引物、旅游产品、旅游商品的概念及关系辨析

[J]. 重庆文理学院学报（社会科学版），2010，29（04）：155-159.

[114] 宋书楠，张旭. 对旅游产品概念及其构成的再探讨：兼与曲玉镜等同志商榷 [J]. 辽宁师范大学学报，2003（02）：16-18.

[115] 李小梅，刘文伟，吴春山，等. 生态旅游规划环境影响评价的方法和案例 [J]. 福建师范大学学报（自然科学版），2007（03）：98-103.

[116] 王琳. 旅游产品体系研究 [J]. 经济研究导刊，2009（19）：138-139.

[117] 谢彦君. 对旅游产品及相关问题的探讨 [J]. 东北财经大学学报，1999（03）：70-73.

[118] 李经龙，郑淑婧. 旅游规划核心内容动态分析 [J]. 地理与地理信息科学，2005（01）：83-87.

[119] 韩春鲜，马耀峰. 旅游业、旅游业产品及旅游产品的概念阐释 [J]. 旅游论坛，2008（04）：6-10.

[120] 王玉明，冯卫红. 关于旅游产品概念及产品结构的进一步探讨 [J]. 太原师范学院学报（自然科学版），2007（03）：35-39.

[121] 吕君，刘丽梅. 旅游产品组合的内涵分析与启示 [J]. 前沿，2004（10）：63-65.

[122] 任朝旺，谭笑. 旅游产品定义辨析 [J]. 河北大学学报（哲学社会科学版），2006（06）：97-100.

[123] 武光，韩渝辉. 再论旅游产品概念及其特征 [J]. 哈尔滨商业大学学报（社会科学版），2006（05）：82-84.

[124] 邵祎. 旅游产品、资源及吸引物的概念辨析 [J]. 经济论坛，2006（09）：63-65.

[125] 袁国宏. 旅游产品新论 [J]. 北京第二外国语学院学报，2003（03）：1-5，13.

[126] 宁德煌. 昆明市旅游产品开发研究 [J]. 昆明理工大学学报，1998，23（4）：13-18.

[127] 孟爱云. 旅游资源开发与规划 [J]. 北京：北京大学出版社，2013.

[128] 马勇，李玺，李娟文. 旅游规划与开发 [J]. 北京：科学出版社，2004.

[129] 楚义芳. 关于旅游线路设计的初步研究 [J]. 旅游学刊，1992（02）：9-13，57-60.

[130] 马晓龙. 基于游客行为的旅游线路组织研究 [J]. 地理与地理信息科学，2005（02）：98-101.

[131] 史春云，朱传耿，赵玉宗，等. 国外旅游线路空间模式研究进展 [J]. 人文地理，2010，25（04）：31-35.

[132] 吴凯. 旅游线路设计与优化中的运筹学问题 [J]. 旅游科学，2004（01）：41-44，62.

[133] 张朝枝. 旅游地衰退与复苏的驱动力分析：以几个典型旅游景区为例 [J]. 地理科学，2003（03）：372-378.

[134] 李渊，丁燕杰，王德. 旅游者时间约束和空间行为特征的景区旅游线路设计方法研究 [J]. 旅游学刊，2016，31（09）：50-60.

[135] 陈启跃. 旅游者对旅游线路的选择 [J]. 镇江市高等专科学校学报, 2003 (02)：46-48.

[136] 谭彩荷. 旅游线路设计的问题及实证研究 [J]. 重庆工学院学报, 2004 (04)：66-68.

[137] 周存宇, 钟振全. 我国旅游线路设计研究概述 [J]. 科技信息（科学教研）, 2008 (20)：649-650.

[138] 刘法建, 章锦河, 陈冬冬. 旅游线路中旅游地角色分析：以黄山市屯溪区为例 [J]. 人文地理, 2009, 24 (02)：111, 116-119.

[139] 黄万华. 湖南旅游线路设计与开发中的几个问题 [J]. 人文地理, 1997 (01)：74-77.

[140] 梁玉华. 论贵州旅游线路的设计与开发 [J]. 贵州教育学院学报（社会科学版）, 1999 (01)：82-85, 98.

[141] 廖建华, 廖志豪. 区域旅游规划空间布局的理论基础 [J]. 云南师范大学学报（哲学社会科学版）, 2004 (05)：130-134.

[142] 樊信友. 论区域旅游产业空间布局的形成机制：以九寨沟为例 [J]. 特区经济, 2008 (11)：158-159.

[143] 王昕. 关于旅游线路设计的思考 [J]. 重庆师范学院学报（自然科学版）, 2000 (S1)：34-36, 46.

[144] 庞规荃. 旅游开发与旅游地理 [M]. 北京：旅游教育出版社, 1989.

[145] 周尚意, 李淑方, 张江雪. 行为地理与城市旅游线路设计：以苏州一日游线路设计为例 [J]. 旅游学刊, 2002 (05)：66-70.

[146] 张立明. 旅游学概论 [M]. 武汉：武汉大学出版社, 2003.

[147] 张立明. 湖北区域旅游空间发展模式与战略布局 [J]. 资源开发与市场, 2005 (05)：473-475.

[148] 董巍, 刘昕, 孙铭, 等. 生态旅游承载力评价与功能分区研究：以金华市为例 [J]. 复旦学报（自然科学版）, 2004 (06)：1024-1029.

[149] 骆华松. 区域旅游环境影响评价 [J]. 云南师范大学学报（自然科学版）, 2002 (03)：53-58.

[150] 钟林生, 徐建文. 旅游规划的环境影响识别探讨 [J]. 长江流域资源与环境, 2008 (05)：814-818.

[151] 刘赵平. 再论旅游对接待地的社会文化影响：野三坡旅游发展跟踪调查 [J]. 旅游学刊, 1998 (01)：49-53.

[152] 王建春, 任丽军. 旅游景区开发规划环境影响评价研究：以锦屏山旅游规划为例 [J]. 山东师范大学学报（自然科学版）, 2008 (01)：87-90.

[153] 钟林生. 旅游规划环境影响评价：促进旅游产业可持续发展的有效途径 [J]. 旅游学刊, 2008 (09)：6-7.

[154] 林增, 程玉芝. 旅游规划环境影响评价研究 [J]. 环境科学与管理, 2016, 41 (01)：177-180.

[155] 巩劼, 陆林. 旅游环境影响研究进展与启示 [J]. 自然资源学报, 2007

（04）：545-556.

[156] 林卫强，管东生. 生态旅游和旅游环境影响评价 [J]. 重庆环境科学，2000（01）：23-25，30.

[157] 梅占军. 旅游环境影响预警研究：以安徽黄山为例 [J]. 滁州学院学报，2008，10（06）：64-66.

[158] 高翔. 近十五年来旅游环境影响研究综述：基于国内外旅游期刊的统计分析 [J]. 广西广播电视大学学报，2016，27（04）：79-83.

[159] 刘晓冰，保继刚. 旅游开发的环境影响研究进展 [J]. 地理研究，1996（04）：92-100.

[160] 崔凤军. 旅游环境研究的几个前沿问题 [J]. 旅游学刊，1998（05）：35-39.

[161] 杜炜. 关于旅游对环境影响问题的思考 [J]. 旅游学刊，1994（03）：49-52，63.

[162] 黄震方，陈志钢，袁林旺. 我国区域旅游环境研究综述 [J]. 地理与地理信息科学，2004（03）：99-104.

[163] 郭伟，柳玉清，张素梅，等. 目的地居民对旅游影响的认知态度实证研究 [J]. 中国人口·资源与环境，2006（05）：57-61.

[164] 李健，钟永德，王祖良，等. 国内生态旅游环境承载力研究进展 [J]. 生态学杂志，2006（09）：1141-1146.

[165] 秦远好，谢德体，魏朝富. 旅游业的环境影响研究 [J]. 经济地理，2006（03）：504-510.

[166] 刘瑶. 我国旅游的环境影响研究及其方向 [J]. 重庆环境科学，2003（11）：153-155.

[167] 于航，董德明，于连生，等. 旅游环境容量的计算方法 [J]. 吉林大学学报（理学版），2008（03）：571-574.

[168] 张国忠. 生态脆弱地区旅游开发的环境影响及其对策：以新疆四地州旅游战略规划为例 [J]. 中国沙漠，2006（01）：126-130.

[169] 秦远好，谢德体，魏朝富. 国内旅游业环境影响研究述评 [J]. 西南大学学报（人文社会科学版），2006（05）：134-140.

[170] 段德罡，刘恋. 旅游区控制性详细规划编制体系及内容探讨：以丽江宝山石头城旅游区为例 [J]. 规划师，2011，27（06）：48-53.

[171] 张宏，魏素俊，杜慧荣. 旅游区修建性详细规划编制探析 [J]. 地域研究与开发，2008（03）：61-64.

[172] 刘家明，陶伟，郭英之. 传统民居旅游开发研究：以平遥古城为案例 [J]. 地理研究，2000（03）：264-270.

[173] 王莉，陆林，童世荣. 江南水乡古镇旅游开发战略初探：浙江乌镇实证分析 [J]. 长江流域资源与环境，2003（06）：529-534.

[174] 刘丽梅. 旅游业发展的区位理论探讨 [J]. 内蒙古财经学院学报，2003（01）：15-18.

[175] 殷平. 高速铁路与区域旅游新格局构建：以郑西高铁为例 [J]. 旅游学刊，

2012, 27（12）：47-53.

［176］汪宇明. 核心—边缘理论在区域旅游规划中的运用［J］. 经济地理，2002（03）：372-375.

［177］肖光明. 自然保护区的旅游产品开发浅析：以鼎湖山生物圈保护区为例［J］. 旅游学刊，2001（03）：72-75.

［178］祁洪玲，刘继生，梅林. 国内外旅游地生命周期理论研究进展［J］. 地理科学，2018，38（02）：264-271.

［179］文彤. 丹霞山世界地质公园生命周期解析［J］. 经济地理，2007（03）：496-501.

［180］尹泽生，陈田，牛亚菲，等. 旅游资源调查需要注意的若干问题［J］. 旅游学刊，2006（01）：14-18.

［181］陈文婷，韩春鲜，董琳. 新疆滑雪旅游资源评价及市场分析［J］. 干旱区资源与环境，2009，23（06）：192-195.

［182］王金叶，阳漓琳，郑文俊，等. 自然保护区生态旅游环境影响评价：以猫儿山国家级自然保护区为例［J］. 中南林业科技大学学报（社会科学版），2010，4（01）：105-108.

［183］宋力夫，杨冠雄，郭来喜. 京津地区旅游环境的演变［J］. 环境科学学报，1985（03）：255-265.